工科研究生
科研实践导论

黄理志　朱联东　主编

WUHAN UNIVERSITY PRESS
武汉大学出版社

图书在版编目(CIP)数据

工科研究生科研实践导论/黄理志,朱联东主编.—武汉:武汉大学出版社,2023.12

ISBN 978-7-307-23777-3

Ⅰ.工… Ⅱ.①黄… ②朱… Ⅲ.工科(教育)—研究生教育—科学研究 Ⅳ.G643

中国国家版本馆 CIP 数据核字(2023)第 095404 号

责任编辑:李 玚 责任校对:李孟潇 版式设计:马 佳

出版发行:**武汉大学出版社** (430072 武昌 珞珈山)
(电子邮箱:cbs22@ whu.edu.cn 网址:www.wdp.com.cn)
印刷:湖北云景数字印刷有限公司
开本:787×1092 1/16 印张:13 字数:308 千字 插页:1
版次:2023 年 12 月第 1 版 2023 年 12 月第 1 次印刷
ISBN 978-7-307-23777-3 定价:49.00 元

前　言

　　科学是对自然规律的客观描述，科学是社会前进的推动力，而科学研究就是获取科学真理的过程。工程科学是现代科学、历史经验、文化、艺术和祖传生存技能的选粹结晶，是科学的重要组成部分，与基础科学研究主要由个人兴趣和好奇心所驱动不同，工程科学是由人类社会生存发展的需求所驱动。

　　研究生教育是本科教育后以研究为主要特征的高层次专业教育，不同于大学生专注于学习能力培养，研究生教育重在通过科研实践活动，提高创新能力。对工科研究生教育来说，除了要加强研究生阶段的基础理论课程学习，更要重视培养阶段的科研实践活动和解决实际工程问题的能力。基于当前"产学研用"的创新国策，立足于工科的专业特点，研究生要在科研创新等方面的业务素质过硬，更要有较强的实践能力，对"产学研用"的实现体制机制和合作模式有深刻认识。高校和科研院所培养的工科研究生是我国工程科学研究的主力军，也是我国工程科学发展的未来。在研究生培养环节中，如何在课程建设优化的基础上，及时跟踪社会动态、了解社会需求，提高研究生发现和解决实际问题的能力，对提高研究生质量至关重要。在当前"产学研用"的背景下，工科研究生不仅要关注基础理论的学习和科研实践能力，更要关注研究课题与市场行业企业的对接和实用性。

　　从解决问题的角度来看，科研能力是一种独立的创造性解决问题的综合能力，主要应包括如下基本要素：

　　(1)科研创新能力。科研创新能力是对未知世界的探究能力和发明新事物的能力，是科研能力的核心部分。主要体现为：用不同方法和观点解决和探索问题的能力；把常规方法转用在新情况的能力；想象力的丰富性、思路的新颖性及发明才能。

　　(2)发现问题和解决问题的能力。科学发现往往从问题开始，问题解决则贯穿着科学研究的全过程，同时也是科学研究的落脚点，因而发现问题和解决问题的能力理所当然是研究生必备的一项基本科研能力结构要素。

　　(3)资料搜集和处理能力。科学研究是纳承和创新的结合，是系统地搜集和评价信息的探索过程，因而离不开资料的搜集和处理。资料搜集和处理能力的高低影响着所要研究问题的正确形成，也就是说，科学研究的结果必须建立在搜集资料并对其进行有效处理的基础上，只有经过对资料的处理过程，才能保证资料的准确性。因此，资料搜集和处理能力是研究生必备的一项基本科研能力要素。

　　(4)逻辑思维能力。逻辑思维能力是人们根据一定的先知条件，通过自己拥有的知识、思维进行判定、推断，对事物得出自己结论的能力。主要包括归纳推理能力、演绎推理能力、类比推理能力、寻求因果联系的推理能力。

　　(5)口头和书面表达能力。系统的思想和理论成果必须借助语言去准确地表述，广泛的学术交流也是通过语言表达来实现的。因此，语言表达能力也是研究生科研能力的基本要素。根据表达方式的不同，可以将其分为口头表达能力和书面表达能力。

（6）动手操作能力。动手操作能力是运用已有的知识经验去解决实际问题的能力。其基本特征：第一，它是在实际活动中并通过一定的操作实现的，所以又称为实际操作能力；第二，它通常与动手相结合或表现在动手上，所以又称为动手能力；第三，要保证动手操作能力有效地进行，必须善于把动手与动脑、实际操作和智力操作相结合。

培养研究生的科研能力，应该重点培养上述六方面的能力。

需要指出的是，出于培养目的差异，对不同类别、不同层次、不同学科的研究生的科研能力的要求也是不同的。因而其能力结构会呈现出差别。文、理、工三科研究生科研能力结构要素有所差别，因此，研究生科研能力的培养，还需要注意类别、层次、科类特点，进行有针对性的训练。例如，对文科而言，语言表达能力和言语理解能力以及感悟力要求较高；对理科而言，数字运算能力呈现出相对重要性。对工科而言，动手能力比较重要。当然，不同类别、不同层次、不同学科研究生科研能力的基本要素是基本趋同的。

研究生的科研能力能否培养？答案是肯定的，并且早已为研究生教育所证明。

首先，科研能力作为能力的一种，并不是先天决定的，而是在后天教育和环境影响下逐渐提高的。心理学研究表明，人的能力的形成，有天赋的因素，但更重要的是后天的培养。一些杰出的科学家之所以科研创造力杰出，除了本身的天赋之外，更是因为他们得到了更多更好的训练和培养。可以说，天赋只为研究生科研能力的形成提供了一个前提，但这种天赋要变成能力，则需要学校、导师、研究生本人的共同努力。

其次，高校通过研究生教育教学和培养改革，如教研究生如何从事科研等，可以培养研究生的科研能力，研究生也可以通过学习科学研究的方法、诀窍来提高科研能力。研究生科研能力的高低，与其所接受的科研教育和训练密切相关，这一点已为实践所证明。我国每年评选的全国优秀博士学位论文，为什么主要集中在一流大学和科研院所中，这与他们在一流的科研环境中接受严格科学的训练和指导、大大提升了自身科研水平是密切相关的。

再次，研究生在导师指导下的科研实践是训练培养研究生科研能力的重要途径。毛泽东说："从战争中学会战争。"科研能力作为个人的经验和技能，研究生也只能从研究实践中学会科研的本领。当然，在这个过程中，导师的作用非常重要。作为导师的科研助手，研究生在接受指导过程中，导师的科研设想、研究技巧在科研实践中通过潜移默化而习得，并因此提高了科研能力。

本教材主要包括7章，以实际课题中和生活中的事迹为案例，全方位生动形象地阐释了如何打好科研的基础、如何进行科研选题、如何进行实验方案的设计、如何将实验结果转化为科技论文、如何将科研成果投入实际生产生活中以及硕博士的毕业论文的撰写和就业。主要内容包括：

第一，科研知识储备。包括选择科研方向：介绍科研方向的定义，科研方向选择的重要性，寻找科研方向的方法，科研路上可以寻求的帮助；基础知识：介绍基础知识的定义、意义与必要性，基础知识的学习方法和参考资料；专业知识储备：介绍专业知识的定义、意义与必要性，跨领域研究，专业知识的学习方法和参考资料。

第二，科研选题及开展。包括论文选题：介绍选题的方法，选题的依据，选题的原则，选题的资金支持，选题的理论依据；科研工作开展：介绍科研工作的流程，科研工作开展的原则，科研工作的成果，科研工作开展的注意点。

第三，实验的设计开展。包括实验及设备安全：介绍实验室安全，实验设备安全，实验室安全培训的必要性，实验设备安全培训的必要性，实验室危废品的处置方法；预实验：介绍预实验的定义，预实验的必要性，预实验的设计方法，预实验的成果归纳，预实验的方法总结，预实验的错误总结，科研笔记的重要性，实验材料的选择；正式实验：介绍正式实验的定义，正式实验的设计方法，正式实验的设计原则，正式实验是纠正思路错误的良机，在正式实验中发现科研问题，正式实验障碍的处理；分析处理数据：介绍数据处理的方法，数据处理软件介绍，数据处理软件的学习，数据可视化软件介绍，Origin 的学习；科技论文的撰写：介绍科技论文的内容，科技论文的投放，诚信科研的原则，科技论文的审稿周期，论文参考文献的选择，文献管理工具 Endnote 的使用方法。

第四，实际工程应用简介。包括从实验室到实际工程，介绍理解工艺开发环节的全流程，理解实验室在该流程中的地位；学科竞赛在工程应用环节的应用，介绍学科竞赛的意义，学科竞赛的分类，学科竞赛的培训，学科竞赛与实际工程结合的方法和举例。

第五，毕业及就业。包括毕业论文撰写：介绍毕业论文的框架，毕业论文的内容，毕业论文的完成周期，毕业论文的写作方法，优秀毕业论文评选的依据；硕士博士就业：介绍硕士就业的方向和待遇，博士就业的方向和待遇；学生个人职业发展分析，介绍学生培养方案的制定，科研或实习的选择。

第六，科研故事。从自己身边同学的科研故事、身边老师对科研的独到见解中了解科研实践能力培养在现实生活中的体现，将前几章的内容通过真实案例的形式展现，让学生更好地理解。

本教材面向工科研究生编撰，聚焦研究生科研实践教育，主要特点有四：一是依托科研训练载体，凸显普及性；二是遵循学生培养规律，凸显学理性；三是援引工程实践案例，凸显实践性；四是融入科学研究动态，凸显前沿性。

特别感谢研究生李玥琦协助完成全书的图文修订和文字编辑工作，感谢武汉大学研究生教材建设培育项目的资助，感谢武汉大学出版社给予的大力支持，感谢本书中引用参考的有关书籍和文献资料的作者。特别感谢武汉大学土木建筑工程学院"Whu 土木风华"微信公众号、测绘遥感信息工程国家重点实验室"GeoScienceCafe"微信公众号和相关文章的作者，为本书提供了平凡但精彩的科研故事。

由于作者学识和经历所限，书中肯定还存在不足和疏漏之处，恳请读者批评指正。

黄理志

2023 年 2 月于珞珈山

目　　录

1 绪 论

1.1 工科研究生科研实践教育的意义

随着我国对科研人才培养的重视，越来越多的学生走向了科研，走进了实验室。科研工作的开展往往是漫长而又艰辛的，是失败与成功并存的。很多刚刚投入科研工作的学生会感到迷茫或无助，不知自己应该怎样踏上科研的道路，不知道怎样将自己的想法转变为实验方案，不知道怎样将自己的数据转化为科研成果，不知道怎样将自己的科研成果投入实际生产生活中。本课程及教材具有普适性、实践性，旨在帮助刚刚踏入实验室的学生寻找科研的方向，传授基本的科研思路和方法，使其恪守科研的诚信原则，增加学生的科研热情。

当今时代，全球范围内科技创新呈现出前所未有的发展态势，新一轮科技革命和产业变革呈现出历史性交汇。自中华人民共和国成立以来，我国高校已累计培养超过1000万研究生，已成为令世界瞩目的研究生教育大国。研究生教育作为国民教育体系的顶端和国家创新体系的重要组成部分，践行"高端人才供给"和"科学技术创新"双重使命。研究生教育作为教育、科研的最佳结合部，是拔尖创新人才培养的主要途径，日渐成为驱动科技创新发展的核心引擎，对经济社会发展具有支撑和引领能力。高校是创新型人才培养的主阵地，研究生是高层次创新人才中的主力军，2013年7月，《关于深化研究生教育改革的意见》发布，研究生教育启动全面深化改革，"立德树人、服务需求、提高质量、追求卓越"成为我国研究生教育事业发展的共识线和遵循线。2020年7月，习近平总书记对研究生教育工作作出重要指示强调，"研究生教育在培养创新人才、提高创新能力、服务经济社会发展、推进国家治理体系和治理能力现代化方面具有重要作用"。2020年9月，《关于加快新时代研究生教育改革发展的意见》进一步强调，"聚焦基础学科，以强化原始创新能力为导向，实施高层次人才培养专项"[1][2][3]。

研究生教育注重提高研究生的科研能力，尤其是提高科学及学术研究、技术与开发研究的科研创新能力。具体来讲，研究生的科研能力包括科研创新能力、资料搜集和处理能力、发现和解决问题能力、口头和书面表达能力、动手操作能力和人际交往能力。提高研究生的科研能力特别是科研创新能力，是研究生培养目标的具体要求、是衡量研究生教育质量的核心要素、是增强国家创新体系的动力、也是国家教育发展的必然趋势。工科研究生科研能力的培养具有其独特性。从学科特征上来讲，工科研究生在培养过程中更强调学生的实际动手操作能力；从培养目标来看，工科研究生更注重培养应用型、技能型人才，这是由该学科性质决定的；在培养过程中，工科研究生用于科学研究的时间相对于文史类研究生多，因为他们要用更多的时间进行实际实验操作；在毕业要求上，工科的研究生要完成毕业设计和毕业论文，毕业设计对学生动手实验能力要求很高[④⑤]。

因此，科学研究能力的培养是工科生教育的核心，也是工科教育的基本特征。工科研究生通过科研，不仅能培养和提高自身的独立研究能力，而且为国家创新体系的建立提供丰富的人才资源。课堂是研究生培养的重要阵地，课程是研究生培养的重要渠道，该教材涉及"水质分析方法与仪器""给排水处理新技术和给排水专题讲座""博士英语"等课程，该教材可以作为以上课程参考教材，与课程教学知识有机融合，相得益彰，为研究生创新实践能力培养提供支撑和保障[⑥]。

1.2　工科研究生科研实践教育现状

结合相关文献报道以及近年来指导研究生的实践，笔者发现研究生的科研能力在以下几方面尤其薄弱：(1)创新思维不足。工科研究生比较缺乏追求创新、乐于创新的精神，对已有知识和文献进行批判和综合的能力较弱，不能形成系统的新观点、新研究点。(2)科研实践能力有待加强。部分工科研究生在进行科学研究过程中表现出实践动手能力较差，洞察实验现象的能力不足，不善于发现问题和独立思考，研究中遇到问题和困难时不会分析原因并想办法加以解决。(3)科学研究能力不足。研究生提出或发现新问题、创造新的研究方法、发明新技术的能力不足，在文献检索和处理能力方面不善于熟练查阅、准确理解英文文献，不能快速甄别、合理应用文献；在统计分析能力方面不善于运用相关软件对试验数据进行正确的统计分析；在论文撰写能力方面不善于撰写摘要、前言和讨论，语言文字功底不扎实。(4)原创性成果较少。在国际重要学术刊物发表的论文数量不足，质量不够高，与国外研究生有较大差距。

造成工科研究生科研创新能力不强的主要原因有以下几个：(1)在科学问题发现方面，尚不具备敏锐的洞察力。在研究方面，深度不够，往往是跟踪研究较多，原创研究少，将科学问题进行一般化的系统深入的研究能力较弱。(2)自由探索较少，围绕导师现有课题的研究较多。我国研究生的大部分研究内容来源于导师的课题，导师设定好了研究思路和技术路线，课题一般比较容易完成。这从客观上造成学生在自由选题上的思考深度不够，对科学问题的提炼能力不足。(3)部分导师尚缺乏创新能力。部分导师本身就缺乏创新意识，创新能力不够，难以指导学生进行创新实践活动。(4)部分研究生缺乏远大的理想和学术追求。研究生应该具备为追求科学真理而献身的精神，为民族的振兴而奋斗的使命感。但是在社会功利主义的影响下，部分研究生应该具备的学术品质逐渐丧失，造成追求真理和学术的自我驱动力不足[⑦]。

对研究生科研能力的培养问题一直是研究教育方面的主要问题。特别是研究生的科研创新能力的培养问题更是现代社会的焦点问题。以研究生科研能力、创新能力为关键词进行搜索，可以发现在高等教育和学位与研究生教育类期刊、杂志上，关于此类的文章非常多。国内很多学者都强调了科研能力培养的重要性，周蕴薇在《研究生科研能力的培养途径探讨》中提出，要培养的能力，普遍强调科研道德和科研创新。李吉霞在《试述研究生科研能力的培养》中，从研究生教育出现的问题着手，论述了研究生科研能力提高的必要性，并指出了研究生科研能力培养的多种途径，以提高研究生综合素质的能力。雷剑波在《研究生综合科研能力培养的教学与实践》中指出，在研究生科研能力的培养方面，从科研学术道德到项目申报完成，都有了系统规划，对于促进研究生综合科研能力培养，将具有重要意义。归纳起来，当前对研究生科研能力培养途径主要集中在：

1.2.1 通过课程进行培养的研究

邢晓辉在《以课程教学为切入点培养研究生的科研能力》中指出，培养研究生的科研能力，应以抓好研究生课程教学为切入点。针对研究生课程体系中缺乏对研究生科研能力的培养的现状，从完善教学管理机制、改进教学方式及调整课程设置等角度，提出了在课程教学中加强对研究生科研能力培养的具体措施。段辉等在《课程教学是研究生创新能力培养的基础》中指出，通过课程教学研究来促进研究生创新能力的培养；通过调整课程设置，改变传统教学方法，开展多种形式教学，创造活跃的学术环境等方法来发挥研究生的创新能力。杨春梅、席巧娟在《课程与教学·研究生创新能力的培养的基础》中提出，通过课程设置的基础化和综合化，实行学生自主学习和教师重点讲授相结合来促进研究生创新能力的培养。

1.2.2 通过科研实践进行培养的研究

科研实践主要包括：各种学术交流活动(学术报告会、讲座、联合培养等)、参与课题研究、专业实习等，有学者还提出企业中建立高校学生科研活动基地。何剑、梁铿浩在《论加强对高校学生科研能力的培养》中提出，高校学生参加学术科研活动是培养具有创新能力人才的重要途径。本文阐述了加强对高校学生学术科研能力培养的重要性，对当前高校学生科研训练活动中存在的问题进行分析，并在此基础上提出了解决问题的方法与途径。周云飞在《校企合作培养研究生科研能力的探索与实践》中专门探讨了校企合作共建研究生培养基地，从培养新模式、科研实训、业务培训方面阐述如何对研究生科研能力进行培养。谭迎新等在《高校产学研合作培养创新人才的探索》中提出，合格的人才只能在高等学校积极参与社会实践中造就，因此产学研合作是培养创新人才的必然发展趋势。王兰珍在《研究生创新能力的培养途径的实践与探讨》中，通过设立研究生培训基金，实验课教学方式的改革，鼓励研究生参加研究兴趣小组，加强博士生导师对研究工作的指导，采用灵活的注册学习方式等途径来达到培养研究生创新能力的目的。张乐勇《对研究生创新能力培养的途径探索》中，通过树立创新教育观念、强化和激发研究生的创新意识、加强学校学科建设和导师队伍建设、重视培养过程创新能力的培养、做好科研和论文阶段的创新能力的培养以及加强研究生实践环节来加强研究生创新能力的培养。

1.2.3 通过导师进行培养的研究

耿箔等在《重视学位论文的开题创新确保创新要求》中强调，通过规范研究生学位论文的选题、开题、研究、导师指导、答辩等环节，确保创新要求，切实提高研究生科研能力、创新能力、创新精神。戴排、张世贤在《导师具有创新观念，才能培养创新人才》中，通过分析研究生导师队伍的现状及存在的问题，指出必须加强导师队伍建设以适应学科发展和研究生教育的需要，提高导师的创新观念，才能培养创新人才。黄学在《试论研究生导师的素质、职责及指导研究生的途径》中指出，研究生导师在研究生教育中起着主导性的作用，因此研究生导师应具备较高的政治思想素质和较强的科研能力，立足学科前沿，全面培养研究生的创新精神、创新思维、创新能力，使研究生端正严谨的治学态度和掌握科学的研究方法。简言之，导师最重要的职责是利用自身的科研思维和科研成果来提高研究生的思维能力和创新能力。钱存阳在《研究生创新能力培养的障碍与对策分析》中提出，目前导师队伍建设也不太合理，这些问题都严重影响了我国研究生创新能力的培养。为此，我们在研究生教育中要加强导师队伍建设，改革招生制度和培养方式，严格论文管理，积极营造有利于研究生成长的环境，以利于研究生创新能力的培养。

1.2.4　通过学术环境对研究生科研能力的影响研究

马永斌等在《研究生科研集体建设的探索》中，以研究生在校期间学习、科研、生活的主要集体——教研组和课题组为载体对研究生进行日常教育。以研究生科研集体建设，营造良好的科研氛围。宋晓平等在《从研究生育才环境谈起》中主张，通过营造创新自由开放的学术环境，构建良好的学科生态环境，追踪学术前沿，发展探索问题的争鸣环境。周蕴薇在《研究生科研能力的培养途径探讨》中，通过鼓励研究生参与导师科研课题及与导师共同举行研讨会、学术报告，参与导师的科研活动，外出调研等培养科研实践能力。以研究小组为单位的经常性的科研工作讨论是培养研究生创新能力的主要方法，通过研究生反复的写作实践培养论文写作能力。陈洪根在《高校研究生科研创新团队特性研究》中，立足于提高研究生科研创新团队的科研创新绩效，基于对高校研究生科研创新团队基本内涵的分析，研究了其不同于传统团队的固有特性，内容包括高校研究生科研创新团队的组建方式、团队目标、成员特性和管理手段等方面。

1.2.5　通过课题的方式提高研究生科研能力的研究

薛天祥在《研究生教育学》的第九章中专门对研究生科研进行研究，提出科学研究是培养研究生的重要方面，科学合理地组织研究生进行科学研究活动，对创新成果的出现有重大意义。并且提出研究生参加导师的科研课题与独立申请课题，尤其对博士研究生非常重要。黄浩涛、王延中的《课题制研究》介绍了以课题为中心进行的科研组织和管理活动，提出了完善课题的相关思考，对科研的规范研究有所借鉴。周殿昆的《参加课题研究活动是学生提高科研能力的有效途径》，作者认为学生也只有在研究活动的实践中，才能学会进行科学研究的本领。因为学生的科研能力是个人的经验和技能，它只能从科研实践中获得，而不可能从书本上得到。王雪竹等在《高等教育中研究生科研能力的培养模式研究》中，认为更新教育理念，树立起培养科研创新人才的观念，是改善研究生科研创新能力的基础所在。以问题为导向，以科研课题为组织形式。谭晓宁在《论基于课题制的高校科研项目管理》中，从课题立项到结题，对科研管理存在的问题进行了分析，并提出了改进建议。周艳敏等的《高校科研课题管理体制研究》指出，违背管理科学的不良现象依然存在，课题优势的全面发挥受到制约，学术创新性不强，经费管理不规范，成果保护不健全。提高科研管理质量的关键在于管理体制建设。所以，应全面建立科学的监管与激励机制。

1.2.6 提高科研创新能力方面的研究

王瑞飞等在《关于研究生创新素质和能力的调查》中，通过实证调查的数据，从师生关系、环境方面探讨如何激励研究生创新精神，促进研究生创新能力的发展。瞿海东等在《略论构筑研究生培养质量保证体系的若干思路》中，介绍了心理学家斯滕伯格的"创造力投资理论"，得出了研究生的创新过程主要受个体和环境两大方面的因素影响的结论。李东、王晖在《简析研究生教学模式》中，提出应建立一种以"人格发展"为主，以"激发思维力"为辅的教学模式，以此来提高研究生的科研能力。孙庆祝等在《研究生创新能力的培养和建立多维教学模式的研究》中提出，建立多维教学模式，以培养研究生创新能力，并进行了大量的教学实验[8]。

从19世纪的德国洪堡提出科研与教学相结合的大学教育理想后，科学研究成为了国外大学的一项基本的活动。同时，对研究生科研能力的培养也成为世界各国关注的焦点。各国专家学者共同致力于研究生教育的研究，为大学对研究生的培养提供理论支持。国外关于如何培养研究生能力的研究比国内发展较早，也更加深入。

1. 关于研究生科研能力培养的制度及方式方法研究

具有代表性的有美国著名高等教育专家伯顿·克拉克(Clark B. R.)运用集体研究的方法，在《研究生教育的科学研究基础》中，就五国(美、英、法、德、日)研究生教育制度进行全面介绍和比较研究，并就各国研究生科研训练的特点进行了深入的分析。作者指出研究生的科研训练和科研活动可以在大学内进行，也可以结合国家的科研中心或者企业联合培养。把大学看作以探索为方向的知识机构的观点，从而理解科研—教学—学习联结体既对很少被研究的最高层次的教学和学习具有重要意义。兰森(Lanser E. G.)就研究生与导师的关系进行了研究，认为指导双方不仅仅是教育与学习的关系，更应该是一种合作关系，导师的主要工作是引导而非指导，让学生养成独立思考、刻意创新的习惯。德莱蒙特等(S. Delamont et. al)及皮纳德等(Peluchette J. V., et. al.)则论证了集体指导能够有效地提高研究生科研能力。史密比(Smeby)提出撰写硕士学位论文是极其重要的科研训练过程，在这一过程中，学生学会了以批判性的方式处理问题。文菲尔德(Winfield)委员会通过调查，认为应该对博士研究生进行科学研究方法和技巧的训练并提出建议。布威克(William J. Brink)阐述了入学研究生所需具备的条件，包括其大学成绩、研究计划、研究背景、资格考试，等等。金圭洙、李民衡的《韩国政府研究机构的课题管理制度》指出，从20世纪90年代起，韩国政府下属的研究机构，实行以课题为中心的管理制度。该制度以课题负责人为核心对课题进行管理。课题负责人拥有执行课题的权利与责任。管理的形式由过去的以部门、研究室为主转换为以研究小组为中心进行管理，以此来提高研究机构的生产力和竞争力[9][10]。

2. 研究生科研能力培养的环境研究

在研究生科研能力的培养方面，国外研究比较集中。首先是欧内斯特·瑞德的 *The Highest Education：A Study of Graduation in Britain* 一书中系统地讲述了英国研究生教育的发展历史以及研究生的学习与科研能力的培养，并且认为研究生的科研场所不仅仅只是指方便他们看书的寝室，而建议在学校方面提供给学生良好的科研交流的环境和条件，例如研究实验室（research lab.）、常规实验室（general lab.）、图书馆（library）和研究室（study room）。Jens-Christian Smeby 的《挪威研究生教育的学科差异》以挪威的研究生教育为例，指出了研究生在撰写论文的过程中，存在着学科之间的差异。Ellen G. Lanser 在《导师制的受益》（Reaping the Benefits of Mentorship）中就研究生与导师的关系进行了深入研究，认为导师与学生不仅是一种教与学的关系，更是一种互动的关系。认为要使学生从导师身上学到更多，建议学生应该确保有充足的时间和充沛的精力，制定明确的期望和目标以及坚持学术交流会制度。William J. Brink 在《入学研究生的选择》（Selecting Graduate Students）中阐述了入学研究生所要具备的条件，其中包括了其大学成绩、研究计划、研究背景、资格考试，等等。他着重提出要根据条件，严格筛选入学研究生[①]。

3. 国内学者视角的国外研究生科研能力培养及启示

李盛兵在《研究生教育模式嬗变》中，探讨了研究生教育模式的演变和发展，提出了学徒式、专业式、协作式之研究生教育模式，在分析西欧中世纪，美国、德国研究生教育模式的运行规律后，对我国研究生教育进行了反思和重构。陈学飞等在《西方怎样培养博士》中就国外的教育培养做了全面的介绍和分析，对国外研究生科研能力的培养也有所介绍。顾明远的《世界研究生教育发展和改革的动向》中介绍了研究生教育的发展历史和发展方向；易红郡在《英国现代研究生教育的发展及特点》中提出，英国现代研究生教育是在德国大学的影响下发展起来的。在长达一个世纪的发展过程中，英国研究生教育形成了自己的特点，如建立严格的研究生导师制度，注重研究生科研能力的培养，重视高校与企业联合培养研究生等，这些基本经验对于我国当前研究生教育的发展无疑具有借鉴意义。李帆在《美国研究生教育的历史进程及其特点》中研究了美国研究生教育的历史进程及其特点，李帆表示美国是当今世界上高等教育，包括研究生教育十分发达的国家。一百多年来的研究生教育历史，使美国建立了一套比较成熟的研究生教育体系。美国研究生教育的发展，对其政治、经济、文化、军事和科学技术的发展，及其综合国力的增强发挥了重要作用[⑧]。

1.3　国内外同类教材优缺点分析

一直以来，研究生教学过程中，并没有统一的专业教材，造成许多课程与本科课程重复性较大，反映最新成果并不多。实际上，高水平研究生教材建设一是学科"双一流"建设的需要，能在一定程度上反映本学科的水平和影响力；二是有利于提高研究生学习的积极性、目的性和系统性，能较好地掌握培养单位的学术研究水平，激发研究生思考问题的主动性，提升其科研创新能力。

整体而言，关于研究生科研能力方面的学术研究已取得了一定成效，也产生了相应的研究著作，这些研究成果为研究生的教育和培养发挥了理论启迪和参考作用，成为我们开展教材编写工作的基础。在高校研究生科研工作方面，国外着手研究的时间较早，实证研究比较多，论述的范围比较全面，研究程度也比较深入。既有从基本理论上研究，也有从教学方法上研究；既有从教学方式上研究，也有从入学资格中研究。从文献来看，国外对于研究生科研成果方面的分析比较全面，对我们具有较强的启示作用。我国学者主要是从科研能力的结构、要素方面和科研能力的现状、原因及对策方面对研究生科研能力进行研究。虽然研究方法有定量分析法和定性分析法的不同运用，但是得出的结论基本相似；虽然对于科研能力现状、原因及对策研究的角度与出发点不同，但是得出的结论存在诸多共性，表现在研究结果上普遍认为研究生科研能力不容乐观，且一般将原因归为高校研究生培养中存在的各种问题上。选取部分教材进行对比分析：

1.3.1 由周新年主编，科学出版社出版的《科学研究方法与学术论文写作（第二版）》（普通高等教育"十三五"规划教材）

该教材从科学到科学研究，从基础理论、选题到写作技巧，从撰稿、编辑技术到案例，从一般认识到复杂规律组织材料，循序渐进，既突出重点与难点，又兼顾疑点涉及的知识面。全书共八章。第一章为科学与科学研究；第二章为科学研究与学术论文选题；第三章为科学研究的方法；第四章为信息检索与利用；第五章为学术论文特点与写作流程；第六章为学术论文的写作方法；第七章为毕业论文的答辩与评价；第八章为学术论文示例。书中总结了科学研究与学术论文写作方法及其技巧，选入综述论文与学术研究论文范文，便于读者循序渐进，系统学习。可供高等学校专科生、本科生、硕士与博士研究生在相关课程中使用，如科研方法与学术论文、科研方法与科学论文、科研方法与论文写作、科研方法与文献综述、文献检索与利用等，也可供学生在科研实训和撰写毕业论文时参考，还可作为有关科研人员、准备晋升职称人员从事科学研究和撰写学术论文时的参考书。相比较而言，该书缺乏工程案例，重点仅仅聚焦了科研选题和论文撰写，对于工科研究生科研训练不具有针对性和实践性。

1.3.2 由张瑛主编，中央民族大学出版社出版的《本科生科研能力培养和提高方法研究》

该教材立足于大学生科研能力培养研究文章，针对没有全面、系统、深入研究培养和提高大学生科研能力的问题，撰写学术性专著，以填补研究空白。该书研究较系统、全面地论述培养和提高大学本科学生科研能力的途径。该书研究继承和发展国内外学者对培养和提高大学生科研能力的研究成果。在这基础上较系统、全面地论述培养和提高大学生科研能力的途径，对如何拓宽和提升教学过程各个环节都有较深入的探讨。提出改革大学生学习方式并强调培养大学生创新思维的模式途径。该研究特别强调纠正以往教师只管传授知识，即只管教，而忽视教学生如何学的能力。强调对大学生学习方式进行改革，提出培养大学生自主学习能力的措施。该研究提出了系统、全面、具体案例教学法的实施流程和操作步骤，方便操作，克服了以往案例教学缺乏系统性、规范性和操作不便的缺点。相比较而言，该书偏重于学理性研究，理论观点较多，实践案例较少；书中视角基于高校和政府较多，基于研究生视角编写内容较少。

1.3.3　由赵大良主编，西安交通大学出版社出版的《科研论文写作新解 ——以主编和审稿人视角》

该教材以期刊主编和审稿人的视角剖析论文的写作重点和发展困惑，坦诚期刊出版的运作方式，揭示审稿的基本原则，感悟论文写作的重点，诠释期刊选择稿件的策略，以求帮助学者提高科研论文写作的层次。全书共七章。第一章为论文与期刊；第二章为编辑与审稿；第三章为博弈与发表；第四章为写作与准备；第五章为格式与规范；第六章为版权与不端；第七章为评价与传播。本书应该更适合已经基本掌握科研论文写作基本知识的学生和有过写作经历特别是有过投稿经历的作者阅读。相比较而言，该书聚焦论文写作，没有全面系统介绍研究生科研载体和路径；书中基于主编和审稿人视角，仍需要增加基于研究生视角内容；内容介绍中技巧性信息较多，可以进一步增加理论性内容。

1.3.4　由高烽主编，国防工业出版社出版的《科研素养的自我训练 ——科技人员"三五"修炼法》

该教材提倡科技人员进行全过程、全方位自我训练。修炼过程分三个阶段，每个阶段包含五个修炼内容。第一阶段为基础修炼，以初步实现从学生到设计师的角色转换为目标，实施"五个入门修炼"：专业理论入门，专业技术入门，科研方法入门，科技写作入门，建库立业入门。第二阶段为在岗修炼，以提升科技人员的基本素质为目标，实施"五会修炼"：会策划，会实施，会分析，会编审，会演讲。第三阶段为能力修炼，以培养全能型技术骨干为目标，提升"五种能力"：学习能力，创新能力，自立能力，组织能力，培养能力。该教材可以作为科技人员提升科研素养的参考读物。三个修炼阶段相互关联，在岗修炼是基础修炼的延伸，能力修炼是在岗修炼的高级阶段。本书既可以作为"科技人员'三五'修炼法"讲座的教材，也可以作为科技人员和科研管理人员的参考文献。相比较而言，该书列举案例过于集中于特定领域，基于科研工作者视角的经验介绍同样需要具备一定科研基础[12]。

1.4　国内外研究生科研能力培养的主要经验

1.4.1　国外研究生科研能力培养的主要经验

1. 德国研究生科研能力培养重在项目参与

德国研究生科研能力培养的核心是在强调理论与实践相结合、教学与科研相结合的前提下，突出研究生的科研训练，着重培养其在工程实践中的独立工作能力和创新能力[13]。教授在选拔研究生时，首要注重的是学生的科研素质和实际能力，兼顾其学习成绩。学习成绩要求本科的论文总分达到优秀。面试通过之后，将被作为助教录用。但还需要考察1~2年。如果导师认为其不堪深造，还可以解除合同。实际上，最终被淘汰的达到近1/3。导师最重要的作用就是确定课题，为学生提供研究条件。此外，还帮助他们审阅论文，为他们在关键研究处进行相应的指导，或进行讨论。然而，根据最新调查数据统计表明，每名研究生平均11周才能与导师讨论一次。论文完成通过评审，在答辩获批之前，还需要在校内公示两周，接受公众的监督。如果有人举报答辩人抄袭或造假，则取消其答辩资格。另外，学校还注重对研究生进行基础知识和专业知识的全面考核。多数大学规定，研究生不但要对毕业论文内容进行答辩，还要参加三门课程的口试。这三门课程包括一门主修和两门辅修。口试委员会成员必须包括相应科目的教授。口试中，只要有一门不及格，就视为口试不通过。允许学生一年内进行一次补考。即使答辩本身，提问范围也很广泛，涉及许多基础理论和专业知识，有的学校还要求答辩前须做一个一级学科范围的讲座⑮。

2. 美国研究生科研能力培养采取多管齐下

源于美国从基础教育阶段就开始注意培养学生能力、塑造学生个性、促进学生创造力，为研究生阶段进行创造性学习和科研创新能力培养提供了先决条件。美国研究生课程并非大学课程的简单延续，而是为了发展学生的科研能力。美国研究生教育的特色在于科学研究和研究生培养一体化的美国科研体制，同时为美国大学发展科学研究和研究生教育创造了优良环境。通过举行讨论会、撰写论文，参加科研活动，研究生既是教育客体，也是研究主体。科研活动成为一种特定的教学模式。在传授知识技能外，导师也非常看重对学生规范、标准、价值观以及态度等科学品质的培养。美国研究与教育相结合的研究生培养模式同时也为学生科研风格、批判态度以及理性思维等无形能力的培养提供了平台。美国的研究型大学以培养研究生特别是博士生为主，以研究与教学相结合的方式，积极培养学生的创新意识、创新能力、创造精神，积极培养学生独立工作的能力、分析问题的能力、解决实际问题的能力、终生学习的能力和团队精神。此外，美国培养高层次科研人才的高等教育机制在最大程度上推动了科技创新。众多优秀的美国留学生毕业后留在美国，从事重要的高科技发明和科研计划实施，包括核技术、计算机、航天工程、生物技术和新材料应用等。

3. 英国研究生科研能力培养注重加大政府监管力

英国学者认为，研究工作是否具有独创性取决于研究者是否具有创造性的思维。在研究领域，一方面需要研究者具备理性的分析能力，另一方面也要求研究者的思想不能局限于理性分析。创造性，不少时候来自灵感、直觉、幻想、顿悟。创造性思维是可以培养的，并经过一些训练可以得到提高。只有当研究者的思维既是理性的，又是创造性的，其研究工作才有可能具有独创性。英国的课程教学培养研究生的创新能力做法也值得借鉴。在英国，大多数研究生课程并不指定教材，原则上也不发放教材。但教师提供若干本参考教材和与课程相关论文的索引给学生，同时提供相应大纲性的资料和一定量的在相关学科中具有影响力的或有争议的论文给学生，教师的授课一般不是按照一本书的章节进行而是根据内容去组织讲义和授课。因此，学生不得不阅读多本教材并同时跟踪与课程相关的比较新的理论发展和实践应用情况，在这个过程中学生的科研创新能力无形中得到了培养⑯⑰。

4. 日本研究生科研能力培养偏重企业主导

日本研究生教育在引进了德国的讲座制和美国的研究生院制的同时也建立了自己的产学一体化的研究生培养机制，形成了以"工业实验室"为主的研究生教育和科研模式，从而发展出有日本特色的研究生培养模式。其最显著的特点在于研究生培养与社会需求，尤其是与企业需求，密切相关。日本高校与企业密切结合，开展合作，双方都承担着重要的教育科研责任，在研究生教育中起到关键作用。虽然日本研究生培养以学术型为主，但承担技术研究的主力在日本企业，资金雄厚的公司一般拥有自有的科研队伍和设备。即使是普通的研究生院，也比较注意把握企业需求的变化，及时转化对学生新的质量要求，研究生也通过在企业中进行科研活动，增强了科研实践能力。通过研究中日两国研究生创新教育的差异，探索研究生教育发展与改革过程中带有普遍规律的东西，避免其一段时间内过于重视应用研究而忽略基础研究的弊端，有利于为我国研究生创新教育改革提供参考和借鉴[15]。

1.4.2　国内研究型大学科研能力培养的经验

1. 北京大学在课程教学中培养研究生的科研能力

北京大学在硕士研究生科研能力培养中的一大特色就是采取科研与课程相结合的方式，将类似于科研的经验融入课程学习过程中。这种方式是研究生科研能力培养和提高的有效途径。第一，保持研究生课程涉及内容的前沿性。保证研究生课程学习中，专业课程领域所涉及的内容是社会经济发展的热点、难点或者重点，是专业领域内存在激烈争议尚未解决的问题，代表了学科研究发展的趋势和新动向。即课程内容的前沿性不但有理论性，还应具有导向性。在实际课堂教学中，学校要求教师课堂教学要保持教学内容的前沿性，特别是以往或当前学者们讨论争议的学术热点问题，从而保证学术的活力。第二，重视研究生从事科学研究方法的训练。对科研能力而言，研究方法及方法论是核心要素。在研究方法课的教学过程中，特别重视训练研究生怎样提出研究问题，针对问题怎样获取全面的针对性的文献资料，如何对收集的资料进行梳理归类，怎样进行分析和得出研究结论，文章写作中的抄袭、剽窃是什么，以及文献参考引用及脚注标注等。学校要求研究生必须很好地掌握论文学术研究的一般规范，如论文摘要、关键词、注释、参考文献的规范。对于研究生的论文选题，则要求进行研究的选题应当建立在前人已进行的相关研究的基础之上。同时，研究之前，要说明自己的研究及成果与已有的研究成果之间的关系。在此基础上，还必须如实、详细地说明自己的数据是如何收集的，结论是如何得出来的，整个研究过程应该公开。第三，重视研究性学习。在北京大学研究生课程教学中，教师将课程视为一个主动建构的过程，是教师、学生和教材之间的合作和对话，注重课程教学的开放性、内在超越性和不确定性。教师首先设计具有研究性的、探索性的或未确定性的问题，然后是激发学生去思考、设计、总结和报告，整个工作自始至终由学生自主完成。

2. 浙江大学创新研究生培养机制和模式促进科研能力培养

浙江大学在多年的改革实践中逐渐形成和发展了科研主导、导师主责、激励相容和协同创新四个在逻辑认知上逐层递进的核心理念，不断提升研究生的科研能力。结合浙江大学的特点，逐步实现研究生培养模式的改革。具体包括四方面内容：第一，根据学校各学院不同学科特点，实行分类培养。即在各学院的专业课程设置，人才培养过程，专业学位授予以及人才质量评估等方面，根据学科特点，建立不同标准。各学院在人才培养过程中，要遵循规定的标准，但可在框架内根据需要做变动，确保高质量和高素质人才培养工作的顺利进行。区分硕士和专业型硕士两种不同类型的研究生，根据分类指导的原则，针对不同类型的研究生制订不同的培养方案。第二，推进研究生教育逐步走向国际化。确立国际化的研究生培养目标，并有效吸引国际知名高校的学生来浙江大学攻读研究生学位，同时，学校还加大与国外一流大学联合培养研究生的力度。建设具国际化的研究生课程与教学体系。研究生的课程安排、教学大纲、教学内容及方式方法、教材选择等方面要与国际接轨，符合研究生教育国际化的要求。逐步构建研究生教育国际化的培养环境与国内外大学合作，采取联合培养，研究生互访以及学科间互认学分等形式，联手培养研究生，鼓励研究生参加各种类型的国际学术会议，拓宽他们的学术视野，培养和提高他们的科学思维能力和科研创新能力。第三，建立培养特区。在制定研究生培养方案的过程中，开辟"培养特区"。即在学习年限要求，专业课程设置，人才培养，论文要求及外出学术交流人才标准等环节中，逐步建立和完善能有效促进优秀研究生培养成长和科研成果产出的培养环境。鼓励各学院设立交叉学科的研究方向和研究团队，鼓励开展交叉或边缘学科的前沿研究课题，并给予充足的科研资金。第四，健全研究生培养的淘汰机制。逐步完善研究生课程考核评估体系，对专业核心课程和部分辅助课程采取严格的考试制度。课程教师上岗实行严格的教师竞聘制度，每期学业结束，学生要对教师教学进行评估，作为下一届任课教师选拔的参考，进一步加强课程教学在研究生培养中的作用。在研究生课程教学中，设置中期和期末考核，论文开题及答辩，学生学籍管理等环节引入淘汰机制。同时，建立健全研究生考核机制，开通多条研究生申诉途径，多方面促进和提高研究生培养质量。

2 科研知识储备

2.1 选择科研方向

2.1.1 什么是科研

联合国教育、科学及文化组织(教科文组织)将研究定义为采取系统和创造性的行动，以增加有关人类、文化和社会的知识并将其应用于新的兴趣领域。科学研究是通过应用系统的和构造的科学方法来获取、分析和解释数据而进行的研究。

《赫尔辛基宣言》指出，"对志愿者进行医学研究的主要目的是了解疾病的原因、发展和影响，并开发保护性、诊断性和治疗性干预措施(方法、手术和疗法)。即使是最有效的干预措施，也应通过可靠性，有效性，效率，可及性和质量方面的调查来不断评估"。在各行各业的科学研究中，提出问题、回答问题的方法和科学研究中的困难可能会有所不同，但设计和结构通常是相同的。

2.1.2 怎样对待科研

1. 保持科研源动力和幸福感

通过几乎所有诺贝尔奖获得者的故事不难发现，兴趣、好奇心、富有质疑和探索精神，是坚持科研的源动力，也是引领科学进步的重要力量。虽然我们在科研工作初期对未知充满了好奇，对揭开未知的神秘面纱翘首以待，但是科研创作过程总归不能一帆风顺，败兴而归时常有之，折戟沉沙的惨痛教训也是有的。然而，对于我们来讲"科研是一辈子的事"丝毫不夸张，保持科研工作中的幸福感、避免失落感，可能是我们科研工作长期"有效输出"的必要保障。那么，在科研工作中，如何坚持和呵护科研源动力？

首先，客观认识科研创作过程中的有用功和无用功。施一公曾经谈及，"如果所有的实验都是阳性结果，那只用两年就能完成博士"。确实如此，50%时间精力要花在没有任何输出的探索上，而这样的探索却是博士毕业生最重要的经历和素质。科研探索未获得理想结果是客观存在的，是科研创作不可分割的一部分。

其次，分段实现科研小目标，保持科研源动力的持续性。马拉松选手山田本一以分段目标方式获得马拉松冠军的小故事，对笔者颇有启发。那么，对待科研是不是也应该有这样的布局，将最终目标分成若干阶段性小目标，不断鼓励自己，分段实现科研的小目标，逐步实现科研的最终目标。这些阶段目标的成功会给科研工作带来幸福感和持续不断的动力。

再者，提升精力分配和价值清单的匹配度，拥有均衡的科研生活。有这样一段话："感到不快乐的根源在于精力分配和价值清单的不匹配。在最有价值、能带来幸福感的事情上，可能花精力较少，而不能带来幸福感的事情花了太多精力，最可怕的是人们往往不得而知正在犯这样的错误。"那么，如何拥有均衡的科研生活？这可能是我们科研工作者永恒的课题。

2. 比起解决问题，最重要的是找到合适的问题

爱因斯坦曾说："We can not solve our problems with the same thinking we used when we created them."我们不能用创造问题的思维方式来解决问题。换言之，问题若是按产生问题的思路去解决问题，那是解决不了的。以企业项目为例，如何针对企业面临的难题提出有效的技术问题，是设计实验解决难题的关键前提。企业大多难题是技术"顽疾"甚至是行业难题，不可掉以轻心，关于如何应对，有以下两个方面的教训和体会。

一方面，"接地气"的科学常识应该是思考问题和交流问题的出发点。长期学生生涯和科研工作经历所建立的科学知识框架和系统体系，是技术输出的基础和优势，但是市场现况和前景也是科研工作的盲区。如何针对问题提出科学和技术方面的独到见解，是体现专业性和建立技术品牌的关键。依此与企业充分交流、互相信任才会有一个好的开端。

另一方面，研究生期间的选题开题过程对项目的立项和实施有借鉴作用。针对企业存在的技术问题，充分调研技术发展趋势和行业瓶颈，提出关键技术问题和研究方案，多方论证可行性并最终确定研究重点。值得一提的是，请教有经验的前辈，特别是企业有经验的技术人员，多请教多问问也许是避免我们科研工作踩雷的有效方法。

3. 能动性与方法论

科研是一个创造性过程，没有人会手把手地教我们解决问题，问题有待于自己去发现，解决方案也要自己去寻找。科研工作是孤独的，即使我们属于人数较多课题组团队的一员，但是往往各自负责的方向不一样且是相互独立的，在这个细化方向是需要独自担当的。但是我们并不孤独，我们的朋友是文献，文献是灵感的源泉，学会和文献有效交流"原来别人已然有类似的想法，别人也曾经面临过类似问题"，这样才能排除孤独感、寂寞感，才能有解决问题的思路，进而有明确的实验方案。

科研创作的过程，探索实验是不可或缺的。"应该尽可能在研究工作的初期进行关键性探索实验，以判断基本假设是否可行"，科学家贝弗里奇提到。科研项目探索实验包括前期必要的尝试和验证实验，同时前人工作结果和认识也属于其范畴。以企业项目为例，技术问题现场的交流至关重要，企业技术人员对问题有很深的认识，这些认识其实是源于他们前期工作的探索实验。所以，他们的看法和想法对解决问题和建立研究方案有启示和指导作用，有利于项目的推进。

科研项目规划的重要性，时间管理的重要性，是不言而喻的。总是恍惚时间过得真快，怎么还没能突破技术问题，怎么还没有发出论文，怎么还没有获得成果？"凡事预则立，不预则废"，前期细致的布局和规划会给科研工作带来殷实的收获和成果。科研创作

虽然具有不可预测性，但是柳暗花明的机会属于有准备的人。只有对研究课题有扎实的知识储备，对可能的反常现象才能做出及时反应，形成能解决问题的观念或想法。另外，实验进程的设计常规分为主线实验和辅助实验，坚持实施主线实验，灵活调节辅助实验，有利于把控项目进程。

新想法需要空间，所以需要快刀斩乱麻，释放大脑内存。一项工作长期占据大脑内存空间，会影响新工作的进展，应尽快处理或者暂时搁置，留下充足空间有利于新的思考产生新的想法。另外，随时记录顿悟结果，会有意想不到的收获。

4. 科学、技术、工程的学习和认识

科学、技术、工程的认识，对科研目标和方法论的定位有指导作用，特别是有利于针对科研工作中涉及的"疑难杂症"提出问题、分析问题和解决问题。周光召院士曾经阐述了科学、技术和工程的区别和联系：

科学是人类在认识世界和改造世界过程中所创造的，是正确反映客观世界现象、物质内部结构和运动规律的系统理论知识。科学理论内容必须符合客观实际，要逻辑严谨，没有矛盾，能够指导实践。它由已知的观测和实验事实总结而来，又必须具有预测的能力，能够在其适用的范围内预测可能发生的新现象，并通过科学实验验证其预测。

技术是在科学的指导下，通过总结实践的经验而得到，在生产过程和其他实践过程中广泛应用的，从设计、装备、方法、规范到管理等各方面的系统知识。技术直接指导生产、服务生产，是现实的生产力，也是一种商品。简言之，一切能够在市场上有竞争力，获得市场承认，推动市场发展的知识都可以称为技术。科学产生技术，技术推动科学，二者相互促进，密切相关。

工程是人类有组织地综合运用多门科学技术进行的大规模改造世界的活动，它除了要考虑技术的先进性和可行性，还要考虑成本和质量，做到经济、实用、美观，要考虑对环境的影响，以避免污染。它的成功有赖于多种科学技术的综合集成和科学的管理[18]。

2.1.3 什么是科研方向

万事开头难，任何一个成功的科研实验室要想不断取得科技创新成果，尤其是开创性成果，就应当在每个发展时期根据科技发展的需要，与时俱进地选择好科技创新方向，并适时转变，这是非常重要的。同样对于一个刚刚进入科研生涯的学生来说，选择一个课题良好且难度适当的方向是十分重要的[19]。

科研方向是主观的规划和长期的坚持，它不是一个虚幻的问题。科研方向客观上是由科研工作者成果产出所勾勒的，是用高质量的论文、专利、专著等实实在在的成果形成的方向。

在形成科研方向的过程中，一定要坚持"以我为主"。人格独立和学术独立是筛选、形成和稳定科研方向的基础。要从自身学术基础和理想出发，独立思考、独立自主，切忌在科研团队和科研大潮中迷失自己。坚持以我为主，坚持自己的理想和情怀，一定要保持自己的科研优势和特色，稳定自己的科研主线[20]。

2.1.4 科研方向的选择方法

选择科研方向的第一步通常是选择感兴趣的科学领域。通常我们可以将每一个学科进行大的分类，例如你可以将科学分为诸如"生物学、化学、医学、物理学"等，之后你需要在这些大的方向中选择一个略小一点的方向，例如"力学，光学，细菌学，电学等"，之后，你需要将注意力集中到某个子领域，例如"衰老的生物学、高级氧化、肿瘤的治疗"，或者你本质上感兴趣的问题，例如"如何延长人的寿命"，"我们能不能做出探索宇宙的机器人"。在选择科研方向前，我们需要思考以下问题：

1. 科研方向对于技能的培养

科研方向的确定是一定会伴随与之对应的研究方法的。最基本的，学术写作、英文阅读、报告展示(＝Word+PPT+PDF)，可是如果你感兴趣的科研方向只需要这三个技能，一般会觉得有一点限制个人成长。同理，如果你感兴趣的方向需要许多高级的设备和研究方法才能做一个实验，则需要考虑成本、智商、心理承受能力(如果失败了一个被试要浪费多少资源，如果都折腾完了还是没有效果还能不能承受等)，还有导师的经费资源。因为做成一个这样的实验，需要大量的统计数据分析技能、做图画图视频编辑技能、编程技能，甚至统筹安排和与人沟通的能力，而这些，大部分是要自己学习探索的。如果需要的技能过多，尤其是在学术的初级阶段，会不会也顾此失彼？所以与其说要选择"科研方向"，不如也考虑一下"科研方法"要用什么样的方法来研究问题？定性还是定量？有没有时间跨度(你可不可以接受这个跨度)？希望学习哪些研究方法、获得哪些学术技能？这些技能里最好能有几个即使有一天退出学术圈了也还能用得上。

2. 科研方向本身的跨学科程度

这是一个非常"功利"的角度。如果你对一个句法、一个物理定律、一个朝代极其感兴趣，想使用各种办法去研究它，那么请跳过这一条。但大多数同学，尤其是在学术初期(博士甚至博士后毕业)都不会确定自己是不是一辈子做学术，所以如果能在读研读博期间多做几手准备是有优势的。跨学科研究提供了这样的机会，一个恰当的跨学科问题会涉及多个领域，打开了不同的空间和可能性。比如学语言出身的同学去做了一个计算机语言学相关的话题，这就要比文科纯语言学多了 NLP 知识和计算机技能，不能说这一定保证毕业后就能找好工作，但是确实扩大了"主流"选择的空间和可能性。

3. 个人兴趣和意义

个人兴趣也是非常重要的。可以说如果没有这个内动力，其他都是零。但只停留在"喜欢""感兴趣""好玩"的层面有时候是不够的，因为很多研究做着做着就不好玩了，那这时候这个动力来自哪里？很多科学家认为，来自你研究这个问题的意义：就是你能看到一个研究方向为这个知识领域创造的价值，或者为一群人或为现实生活带来的改变，哪怕只是很小很小的一点，都是很好的。然后这个意义不能太过宏观("移民太阳")但也不能太过微观("炒菜多放盐")，最好是在这两者之间的一个平衡点上，这样就算有一些变动

（比如导师要换题目），但只要没有脱离那个意义，你心理上也是可以接受的。

2.2 选择导师

2.2.1 研究生导师的作用

1. 课程选择

研究生阶段的培养主要包括两个阶段：第一，基础课程的选择与学习；第二，毕业论文的撰写。为了更好地衔接这两个阶段，研究生前期选课就显得非常重要。选的课程既要考虑学生的实际情况和接受能力，又要考虑到毕业论文的课程设置。要把课程学习与论文工作有机结合起来。而作为刚入校的研究生，是不具备这个能力的。这个时候，导师的作用就显现出来了，及早地确定研究生的研究方向，并选择与之相关的基础课程，收集与之相关的论文资料，及早进行课题研究，把平时的课程学习与毕业论文有机结合起来。

2. 文献检索及写作能力的培养

文献检索是获取信息的重要途径，也是提高研究生科研学习、创新能力的重要前提之一。针对自己研究的方向及课题获取有用的信息资源，是研究生必须具备的素质。导师在这方面可以提供很好的指导。比如，导师布置一个研究的课题，要求学生完成相应的信息搜集任务，布置一定的文献资料收集工作，使得学生的信息获取能力不断提高。通过这种搜集信息、文献检索的方式，让学生养成良好的分类、归纳以及积累的良好习惯。写作是一个积累的过程。有了大量的文献资料后，必须不断地练笔，才能写出好的论文。不少学生看的资料非常多，但是真正写出来的文章却不行，主要原因可能就是平时练笔的次数少了，驾驭文字的能力不够，文章思路不够清晰。如何提高学生练笔的次数，如何提高学生组织文字的思维，需要导师的督促和指导。导师可以布置相应的写作任务，并对学生写出来的文章给予专业的指导。让学生在不断的写作、修改中获得进步。

3. 创新能力的培养

研究生的培养方式是以知识传授为基础、以能力提高为核心、以素质培养为目的的教育过程，这其中以创新能力的培养最为关键。而创新能力的培养，不仅需要对学生发现问题、解决问题的能力进行培养，还要培养学生的科学精神。发现问题、解决问题能力的培养，关键需要导师培养他们能够发现研究过程中最核心的问题，并能透过现象看本质，不被繁杂的外象所迷惑。而真正的科学精神，应该是敢于创新、不断追求真理的精神。科学严谨的治学态度，不屈不挠的钻研精神在科研创新中都显得尤为重要。导师可以通过平时的学术训练和教导对学生慢慢地培养。

4. 思想品德的表率作用

在导师对研究生培养良好的"人格""做人"这一方面的影响程度调查中，认为导师对其影响程度"很大"和"较大"的研究生分别占 37.6% 和 36.8%，二者合计为 74.4%。可见，研究生导师对学生的影响面还是非常广的，导师在研究生心目中的位置也是非常重要的。导师严谨的治学态度、高尚的人格情操、务实的敬业精神都对研究生正确树立良好的世界观、人生观、价值观起着潜移默化的作用。导师不仅担负着教书的职责，还担负着育人的职责，牢固树立"育人为本，德育为先"的理念。把对研究生的政治信仰、理想信念、诚信意识、集体观念、学术道德等教育贯穿于科学研究、论文指导等具体的培养环节中，将"做人、做事、做学问"的全方位培养贯穿于指导研究生发展的全过程，提高研究生的综合素质。

5. 心理教育解惑作用

区别于本科生，研究生由于年龄的特殊性，在贯穿平时的学习当中，往往还面临着经济压力、恋爱婚姻、择业就业等方面的困惑。如果得不到及时正确的引导，则很容易产生心理上的压抑和抑郁，不利于研究生的心理健康。

导师是学生的良师益友，可以通过平时给予学生的经济资助，跟学生的沟通交流给予学生相应的指导和引导，使其深入地了解到自己的问题，并顺利地化解自己的问题，培养积极向上的心态。

6. 生涯规划顾问作用

职业生涯规划是研究生阶段重要的任务之一。学习也是为了更好地择业就业，如何根据自己的实际情况选择适合自己的职业生涯规划是研究生入校以后一直都需要思考的问题。有时候学生对自己的认识不一定非常到位，而导师通过对学生的了解和学术造诣的挖掘，更清楚学生到底适不适合继续做科研。是继续科研读博，还是深入实践就业工作？往往导师的意见显得一针见血。通过导师对学生就业的指导，以便于学生做出更适合自己的生涯规划[21]。

2.2.2　与导师相处的方法

(1)写下需要导师的原因，并且让自己不断进步，让自己有可以展示的成果和令人信服的风度。

(2)你能够为导师做什么？你能为导师带来什么价值？所以你需要找到自己的优势，并用优势造福他人。

(3)你需要过硬的理由和激情，导师希望看到你的决心，你自己决心不够，没有人愿意帮你。

(4)坚持，要赢得导师的心需要时间，坚持最能打动人心。

(5)接受考验，在不知道你是否值得他投入精力前，他为什么要把自己宝贵的时间花在你身上？顶级导师只对远大志向的人才感兴趣。

(6)导师培养你解决问题的能力，而不是替你解决问题，不要让你的问题给导师带来麻烦，要向导师展示你的自信和你解决问题的能力，并向导师寻求最佳方法。

(7)与导师保持定期联系，甚至把你的公司部分所有权转让给导师，你会由于与导师的合作关系而立刻身价倍增。

（8）尊重导师的时间，尽可能经常对导师花费的时间表示感谢。

（9）认真考虑你的问题，变成自己的导师。

（10）带着开放的心态而不是怀疑主义去倾听，相信导师和他的意见，没有信任的教学是没有效果的。

（11）赢得导师的心，尽可能经常赠送礼物给导师，感谢他，告诉他他的谈话对你多么有价值。

（12）迅速回复导师的来信。

（13）给导师反馈，导师当然想知道他的建议是否有效，所以要定期与导师沟通，告诉他事情的最新进展，给他尽可能多的信息反馈。

（14）用成功对导师表示感谢，以超出导师期待的成功和成功速度给导师惊喜。

（15）效仿导师，尽可能多地真诚地赞美老师，模仿老师的行为举止、思想行为，只有通过现在的模仿才能实现将来的独立。

（16）不要揭短，导师也不是十全十美，不要对导师要求过多，眼睛盯住导师的优点而不是缺点，你是在向导师学习，而不是在向他证明你的正确。

（17）饮水思源，像导师帮助你那样，去帮助他人，最好的学生往往会成为最好的导师。

2.3 基础科学知识储备

2.3.1 基础科学知识储备的必要性

1990 年由埃里克·莱克纳（Eric Lechner）和拉斯·诺普芩（Lars Norpchen）提出了一个恶作剧，他们宣称这个世界上存在一种危险品———氧化二氢，它的危险包括：对温室效应有推动作用，在不可救治的癌症病人肿瘤中已经发现该物质，全球每年因一氧化二氢死亡者超过 37 万人，等等。对于没有学过基础化学的人来说，这简直是骇人听闻！殊不知，一氧化二氢就是我们每天常喝的水，而有趣的是，这个恶作剧描述一氧化二氢的所有性状都是符合的。

在我们走向科研的过程中，我们会发现各种各样的现象，随之对应的是各种各样的科学解释，在这些解释中，有些学者的观点建立在诸如一氧化二氢这样的诡辩上，而有些解释建立在已经被证实的定理上，也就是我们常说的基础科学，对于基础科学的研究称为基础研究。

基础科学以自然现象和物质运动形式为研究对象，探索自然界发展规律的科学。包括数学、物理学、化学、生物学、天文学、地球科学、逻辑学七门基础学科及其分支学科、边缘学科。边缘科学有物理化学、化学物理、生物物理、生物化学、地球物理、地球化学、地球生物等。研究成果是整个科学技术的理论基础，对技术科学和生产技术起指导作用。基础科学的研究对象是自然界物质运动基本形式的普遍规律。它的直接目的是发现新现象、新原理，不断完善科学理论，而不考虑这些理论的实际应用。基础科学是整个科学发展的前沿，并为新技术、新产品以至新生产部门的形成开辟道路。

基础研究是所有科学技术的理论和知识源头，是科技、技术、产业和社会发展的源动力。一个国家基础研究能力的强弱决定着其科技水平的高低和国际竞争力的强弱。英、德、法、美、日等科技强国都是高度重视基础研究的基础科学研究强国。我国当前多项科技指标位居世界前列，但对现代人类知识体系的基础科学贡献仍不多见，领先技术屈指可数。

从近现代科学发展进步历程来观察基础研究会发现，牛顿的力学三大定律，使力学最早成为系统科学的自然科学；力学和热学的理论发展，推动了蒸汽机和内燃机的发明，开启了工业革命；电磁学的发展，促进了电动机和发电机的发明，使电力成为各行各业发展不可或缺的必要条件；门捷列夫发现了化学元素周期律，为人类认识物质世界提供了系统的指引；香农在1948年创建了信息论，阐明了通信的基本问题，给出了通信系统的模型，奠定了信息时代的理论基础；图灵在1936年首次阐明了现代电脑原理，从理论上证明了现代通用计算机存在的可能性；孟德尔定律、DNA双螺旋结构的发现等，开启了生命科学研究的新范式；钱学森预见到高超声速飞行技术的可能性，为我国高超声速飞行器的研制和发展起了非常重要的作用；美国麻省理工学院肖尔教授提出的量子分解Shor算法，证明了可以用量子计算机来破解RSA加密算法，掀起了研究量子计算机的高潮。

可见，基础研究为应用技术创新提供理论基础，是技术创新的知识源头，基础研究的进步不断引发应用研究的突破、新产品的研发以及商业化应用，促进人类生产生活方式的不断迭代革命。同时，基础研究的进步不断更新和逐步深化着人类对世界的认知，不断刷新人类对客观物质世界、生命世界的思维和观念。

在当前国际竞争日益加剧、世界已经进入以创新为主题和主导的发展新时代背景下，世界各国争夺科技与产业主导权的竞争日益激烈，特别是主要科技强国和欧盟都在积极实施创新驱动发展的战略，致力于巩固自身优势领域的固有地位，争夺在新兴领域的主导权和话语权。只有重视和保护容易被忽视的基础研究，才能为应用研究与产品开发提供原创的理论与技术供给，才能摆脱核心技术受制于人的不利状况[22]。

2.3.2 学习基础科学的方法

1. 培养兴趣，创新学习方法

基础科学的学习是一个循序渐进的过程，我们首先应当学习基本的科学理论。以化学为例，基本理论是较概念、化学用语、命题学习更为复杂的高级层次的学习。一般是在化学现象和事实的基础上，要运用科学的认识和方法论，采用实验、分析、综合、概括、抽象获得事物本质的结论。因此学习这部分内容，主要运用抽象思维活动、认知心理活动而获得知识。所以在认知的学习上要采用以下的策略：

（1）利用好实验手段，直观教具，增强其直觉与形象。

（2）与宏观的物理现象相类比，使微观问题宏观化，以求理解。

（3）多用正例和反倒，归纳、演绎相结合来推理现象。

（4）在理解的基础上巩固练习，认真做好小结。

(5)知识学习要灵活，运用达到举一反三的效果，使知识正向迁移，这将是高级的问题解决性学习。

(6)在学习过程中，爱用探究式的模式，了解获得知识的过程和方法也是十分重要的学习。它是学习知识、探索科学的有利方法。

2. 培养基础科学学习的兴趣，通过兴趣的引导来创新基础科学学习的方法

兴趣是最好的学习伙伴，若没有学习的兴趣就失去了学习的动力，尤其是基础科学这种需要积累的重要学科。大部分的同学，通过长期的基础科学知识的学习，提升了自身的基础科学水平，因此，基础科学的学习和不学习之间导致的个体差异性也较大，为此我们平时要多翻翻课本，多推演公式。

3. 注重培养创新性

俗话说"变则活，不变则板"，基础科学学习要注重创新性的培养，并结合自己的学习情况创造出一套符合自己发展的基础科学学习方法。同时，在学习中要及时和教师进行沟通，通过老师的指导帮助自己提升学习技巧，培养良好的学习习惯。

4. 制订学习目标，坚持不懈

"凡事预则立，不预则废"，每个人活着都需要制订一定的目标，否则将导致自己盲目不堪，被琐事困扰，基础科学的学习也是如此。研究生的基本目标是解决某一行业的局部小问题，实现自己的人生理想。若在这个关键的阶段放纵自己将导致自己无所事事，荒废学业。因此，在基础科学的学习中，我们也要结合自己的实际情况，制订合适的学习目标，同时，还需要根据现状来不断地修订学习的计划。学习目标的实现过程也是基础科学知识的积累过程，根据学习目标的定制来丰富基础科学知识的学习，并坚持不懈，从而提升基础科学的学习技巧。

2.4 专业知识储备

"三百六十行，行行出状元"，每一个行当都会出现杰出的人物，任何一个专业都有未被研究的科学问题。当我们去看新闻或者科学杂志，我们不难发现，每一位杰出的科研工作者在他的领域内都是无所不知而又贡献丰盛的。当你想要参与人工智能的研究时，也许你应该从基础科学例如数学学起，再开始学习你的专业课程。你需要懂什么是字符串，你需要懂数据结构，你需要懂编程语言，不然你的科研进程将被极大地延误，甚至只能成为一种空谈或幻想。因此，在接受基础教育的同时，我们应当在专业知识上下更大的功夫。

所谓有效地学习知识，应是指学会知识，能够将知识内化，并在实践中灵活运用知识。而达到这样的效果，你需要做的是个人知识管理。在田志刚老师的《你的知识需要管理》一书中，将个人知识管理划分为学习、保存、分享、使用、创新五个环节。

1. 构建个人知识体系

知识体系不是知识储备量，也不是关于知识的整理（管理）。知识体系不是囤积，它的核心在于处理。知识体系需要你基于已有的东西，对新事物快速做出反应。

2. 建立准则和规范建立规范

首先要依据你的知识体系，辨别知识，划定范围；而后再建立知识存储和沉淀的规范。在知识存储过程中要建立文件命名和分类原则，有了规范以后，就要坚持，如果发现无法坚持，找下原因，若规范本身不利于执行，要及时调整更新，尽量简化到便于自己执行。

3. 选择知识管理的工具

好的工具无疑可以提升效率，解放自己的生产力。工具有通用的，也有专业的。专业范围要依据你的知识体系而选择，这里撇开不谈，只介绍几个知识管理的通用工具。知识学习工具有康奈尔笔记，视觉笔记，知识卡片，思维导图。视觉笔记既是工具也是方法，这里不展开，仅简单提供知识卡片的模板。

4. 选择合适的学习方法

人与人不同，学习方式也会不同，适用于一个人的方法也许对另外一个人无效，况且，对于不同的学习材料，也许需要不同的学习技巧。所以，不管什么样的学习方法，适合自己的才是最好的，而怎么才算适合呢？发现一个学习方法，最重要的就是实践。

5. 不断更新

持之以恒的更新和维护是变量，个人的知识是变量，那么个人知识管理也一定是变量。所以，前面几个步骤中，每个部分都需要持之以恒的更新与维护。我们要不断地更新知识体系；维护并及时更新准则和规范；更新并尝试使用新工具；改进并尝试新的学习方法。

6. 学会管理个人知识

个人专业知识的应用，或许是个永恒的话题，我们不断地学习，不断地实践，从而造就了我们一生的成长。而你所具备知识的广度与深度决定着你的选择权，越广，可选择余地越多；越深，选择权越大，自己便拥有主动权。可以说，知识决定了你的生存、生活，甚至整个人生。那么，学会个人知识管理，将助力于你一生的成长。

3 科研选题及开展

3.1 论文选题

3.1.1 论文选题的必要性

学习的第一步是提出研究问题，研究问题决定了你的实验方法和方向，有助于指导你的整个决策过程，并有助于防止干扰因素分散你对主题的注意力。

通常，研究人员从一个广泛的主题开始，然后去探索这个主题领域内哪些问题已经被解答，哪些问题仍旧值得探讨或无人问津。此过程有助于将广泛的主题缩小到更具体的研究问题。这时你需要查阅大量的科技论文，根据查阅的结果，你需要觉得你是要回答一个新问题还是尝试复制以前的研究。

你的研究问题应适合你的学科。因此，合适的研究问题的性质随学科领域的不同而有很大差异。例如，对于物理、心理学、生物学和政治学来说，可接受的研究问题看起来有所不同。但是，它们具有一些共同的特质：研究问题必须清晰明了。因此，在读者阅读你的论文摘要时，读者应清楚地了解你的研究目标。此外，请确保你研究的范围足够小，以使你的研究可以被证明。

通常，提出研究问题通常是从你感兴趣的主题开始，并涉及一些初步研究。这项初步研究可帮助你制定可行的研究问题。但是，在提出问题之后，你需要对文献进行更深入的审查。并且，你可能会执行一些迭代的微调。在文献综述期间，你可能会发现自己正在调整研究问题。

3.1.2 论文选题性质

论文选题通常需要具备以下性质：

1. 科学性

科学性是指选题要有理、有据，必须深刻掌握科学理论、充分了解拟选课题的国内外研究现状和发展趋势，避免选题误入歧途或低水平重复。论文选题的科学性有如下要点：

（1）并非所有问题都是科研领域的问题。人们所面对的问题可分科研领域和非科研领域的问题两大类，显然，论文选题要将后者排除在外，例如，日常生活问题、宗教道德问题等就应排除在选题之外。

（2）并非所有科研领域的问题都是"真实问题"。根据其应答领域的真实性来说，科研领域的问题可区分为真实的问题和虚假的问题两大类。根据现代分析哲学的理论，即便是科研领域的问题，也不都是真实问题。科研人员应根据自己的背景知识，研究、分析并判定问题的应答域是否具有真实性，如果是真实问题，可继续保留在选题域内；若是虚假问题，则应将其排除在选题域之外。科研领域中的虚假问题往往具有很大的诱惑性，"怎样制造永动机"的问题，曾吸引众多科学家研究它，结果证明是徒劳的。

(3)并非所有"真实问题"都是能进行研究证明的真实问题，根据对其背景知识和技术手段的把握程度，可进一步区分为能解待解问题、知识性问题和无法解决的问题。应该将后二者排除在选题域之外，知识性问题尽管属于科研领域的真实问题，但由于在当时的科学技术条件下已经得到解决，如果再把它作为课题，势必重复前人或他人的研究工作。为了避免这类无效劳动，在选题前要尽可能多地进行文献检索与查新，了解研究前沿动态，避免重复科研。同样，无法解决的问题虽然也属于真实问题，但在当时的主客观条件下根本解答不了，跟科研领域中的虚假问题一样，无法解决的问题也具有很大的诱惑性，往往能吸引很多的科研人员去研究。例如中世纪提出的"如何将贱金属炼制成贵金属"的问题，便属于此类，炼金术士们在当时条件下无论如何也不能解决这一问题。又如人力资源管理中绩效考核的定量研究问题，即便是一个真实问题，也是一个无法解决的问题，由于其工作性质不可能产生直接成果或最终成果，这就决定了考核工作主要只适于采用定性的考核技术，谁要想以此为选题，就走进了一个"死胡同"。多年来国内外的研究状况也表明，绩效考核的定量研究的确没有取得什么进步。因此，在科研领域的真实问题中，能解和待解的问题才是贝尔纳所说的"实质性"的科学问题，才是爱因斯坦所讲的"标志着科学进步"的科学问题，才可纳入选题域。

伪科学者想靠不严密性来浑水摸鱼，懒惰者不想过于劳累。提倡严密性的目的之一就是要暴露他们的真面目。认为世上很多东西，通过科学、逻辑推算出来的不正确，与实际相差很大，特别是在社会科学领域，这些都是不能用逻辑来研究的。这是对科学和逻辑的一种很流行的误解，科学工作者自身的失误(宣传科学就是绝对正确，以及不考虑精确度问题就乱加以应用)是造成这种误解的重要原因。

事实上，科学并不代表真理，只能代表人类当前对世界的认识，出现误差是很正常的，而这误差只表明当前采用的科学不成立，并不表明研究科学的方法不成立。误差正好可以用来改进、发展科学，并不是一件坏事。同时，在运用科学时，必须考虑精确度范围，如在用公式计算锅炉体积时，要考虑到锅炉截面只是近似于圆，而不是理想的圆，锅炉表面不是绝对光滑等因素，因此与公式的前提有一定误差，并导致结果会有一定误差。尽管该误差一般情况下是可以忽略的，但有时就因此造成重大错误，从而使人们对科学有了不应有的怀疑。另外，经验公式与理论推导并不矛盾，运用经验公式也是以此为起点进行逻辑推导，科学本身也可以看成一个很复杂的经验公式，二者的区别仅在于逻辑推导的起点不同，或者说是两个结构相同而公理不同、复杂程度不同的科学(经过适当的形式上的整理后)[23]。

2. 创新性

创新性是整个工作的"亮点"，是衡量研究水平高低的主要标准，其重要的标志就是看有无新技术、新理论、新方法、新材料等。

3. 实用性

研究具有现实意义，能产生社会效益和经济效益，即使是基础研究，也应具备应用前景。

3.1.3 论文选题常见问题

从现实意义上讲，硕士研究生学位论文的选题，是发现问题并确认研究对象、开始思考和准备学位论文的前提性步骤和关键性环节。许多硕士研究生的学位论文之所以质量不高、创新性不强，其中一个重要的原因，就出现在这一前提性步骤和环节上。当前，硕士研究生学位论文的选题存在的主要问题有：

1. 论文选题盲求"大"，忽视了选题的针对性、可行性以及自身学术能力的局限性

论文选题盲目求"大"，这是当前硕士研究生学位论文选题中较多存在的问题。在许多硕士研究生看来，似乎"大"的选题才能够体现出选题的理论性和学术性，才能够证明自己的理论功底和研究能力。其实，这是一种认识上的误区。并不是说硕士研究生不能选"大"的选题，"大"的选题确实能够展开多方面的探究，比如，"高级氧化工艺"就是一个包容量较"大"的理论性和学术性选题，但这样"大"的选题，并不适于做硕士学位论文。因为，这样的选题范围过大，研究的针对性不强[24]。

是对羟基自由基进行研究还是对硫酸根自由基进行研究，这个反应涉及怎样的电子转移过程？对于硕士研究生来讲，是很难驾驭的。虽然在研究生的培养过程中，重视研究生科研能力的培养，但大多是一般性的专题研究，或就专题的某一方面进行深入探究。而如此"大"的论题，对于硕士研究生来讲，其困难是显而易见的，不仅材料收集存在困难，即使是展开基本的论证，也存在着思维能力的局限。如果仅能整理众所周知的相关资料、重复他人反复讲过的观点，最多只能写出一篇平庸的学位论文。

2. 论文选题盲目求新求异，误解选题的学术前沿性，局限了创新性

盲目求新求异也是硕士研究生学位论文选题中较多出现的问题。很多研究生认为，选题新、异，才能走在学术研究的前沿，才能表明所确认的研究对象与众不同，才能使论文具有创新性，其实，这是对学术前沿性和创建性的一个很大的误解。不可否认，新的问题能够引发新的思考，也容易站在学术的前沿，并且也存在着获得与众不同结论的可能性，但问题是，许多研究生学位论文的选题所追求的新和异，并不是上述意义上的新和异，只不过是一些冷僻偏窄的题目，表面看起来新、异，事实上仅仅是不同研究领域的简单拼组或嫁接，而不是跨学科或交叉学科的合理整合。如此种种的求新求异，不仅不能体现论文的学术前沿性，即使是论文的理论性和学术性，也难以让人信服，反而在很大程度上局限了论文的创新性[25]。

3. 论文选题过于平淡，不敢涉及具有前沿性和挑战性的研究领域，体现不出应有的开拓性

与前两种情况相反，有些选题确实过于平淡，缺乏应有的前沿性、挑战性和开拓性。比如，"学校教育改革的若干问题研究"这一选题，不能说没有价值，但也确实一般。这样的选题，一是容易避重就轻，把理论和学术问题转变为技术性的或应用性的问题；二是容易泛泛而谈，研究对象就模糊不清了，甚至会陷入自己在研究什么都不清楚的尴尬境地，论文很难具有前沿性、挑战性或开拓性。当然，硕士生学位论文，特别是文科的硕士学位论文，也确实很难做到每一个选题都具有创新性。但选题具有一定的前沿性、挑战性和开拓性，是研究生学位论文的基本要求，应该不是太困难的或做不到的事情。比如，前人已经提出、已经做过但还没有解决或目前存在着不同的理论和观点的问题，仍不失为具有前沿性、开拓性、挑战性的选题；再比如，在前人或他人研究的基础上，提出认识和分析问题的新视角或新方法，把前人或他人的研究向前推进，这样的选题仍具有创新意义[25]。

3.1.4 影响论文选题质量的因素

1. 研究生导师的因素

研究生导师是影响研究生学位论文选题的重要因素，也可以说，研究生学位论文选题质量的高低，导师负有不可推卸的责任。首先，导师的学识、研究能力和水平，导师所具有的前沿性研究视野以及所具有的开拓性和挑战性的学术勇气及品格等，直接影响着研究生对研究领域和研究方向的确认、研究兴趣的产生以及研究的前沿意识和展开研究的精神品性等。这些方面对于研究生是否敢于选择具有前沿性、挑战性和开拓性的选题，具有直接或间接的影响。

其次，导师的把关或甄选，也直接或间接地影响着研究生学位论文的选题质量。如，哪些研究领域是具有学术研究的意义与价值的，哪些领域是具有前沿性、开拓性、挑战性的，哪些领域对硕士研究生来讲确实存在着很大的困难，哪些领域没有再展开深入研究的必要或缺乏研究的价值，等等，导师就上述方面的问题向研究生提出可能性、务实性和可行性的建设性意见或建议，一是可以避免研究生的选题盲目求新求异，误解前沿性和创新性的内涵所指；二是避免研究生在选题上盲目求大，忽视自身的研究能力的局限性。

2. 研究生课程设置的因素

研究生课程设置也直接影响着研究生学位论文的选题。目前在研究生的课程设置上存在一些问题：首先，部分课程内容反映不出本学科领域内的最新知识和科研成果。尤其是一些学科领域中的热点、难点和尚存争议的问题及边缘学科或跨学科性的研究与发展情况很少能够及时地、迅速地反映到研究生教育的课程内容中。其次，研究生选修课程、学术讲座和学术讨论等性质的课程，在设置上也存在着不少的问题。比如研究生选修课程的开设，其目的是供研究生进一步拓宽专业基础、扩大知识面及进行相应能力培养，但事实是，这些课程却成为研究生累积学分的课程，而学术讲座和学术讨论等性质课程的开设，不仅存在着组织管理上不规范的问题，也存在着质量差和数量少等问题。总之，由于课程设置上的诸多缺陷，致使研究生在接受教育期间，缺乏必要的研究意识、探究专业前沿性问题的意识，研究的思维视野不够宽广，从而影响了研究生研究方向的确立及论文的选题。

3. 研究性信息资料获得和占有方面的因素

研究性信息资料的丰富性、宽广性以及即时性，对于研究生学位论文的选题质量，也有着直接的影响。事实上，研究生研究意识的形成、研究能力的提升以及研究视野的拓展和研究敏感性的养成等，固然与导师的指导以及课程的设置有着一定的关系，但如果研究生不能够及时而广泛地获得关于不同研究领域的最新进展以及不同研究领域的热点、重点和难点等前沿性、开拓性和挑战性的研究信息和相关资料，那么，研究生的研究视野就可能得不到应有的拓展，研究问题的意识，特别是发现问题的敏感性就可能得不到充分的激发和养成。因而，国内外相关研究的新进展、已有的研究成果以及已达到的水平等，就可能成为研究生思考学位论文选题的盲区。

4. 科研训练的因素

研究生学位论文选题之所以出现诸多问题，与研究生缺乏充分而严格的科研训练有着直接的关系。导师会甄选或把关研究生学位论文的选题，但导师不能也不应该替代研究生确认学位论文的选题，这就要求研究生个体必须具备一定的科研判断能力，能够以自己的思维判断自己的选题是否具有前沿性、开拓性和挑战性，是否具有进一步展开研究探索的必要性、可能性以及可行性。当然，这种能力的形成和提升，必须经过充分和严格的科研训练，比如参加导师的课题，经常性地撰写研究性综述报告、调研报告、科研小论文等。但事实上，研究生在接受教育期间，缺乏这种科研训练，所以其不良后果首先就在选题上明显地表露出来[7][20]。

3.1.5 论文选题的方法

1. 进行大量的文献搜索，以使自己熟悉已有的学术信息，并且了解在研究领域内存在哪些未解决的问题

学海无涯，学生不可能阅读每篇论文，在进行研究时，一方面为了在领域内做出一定的贡献，另一方面不想在时间、财务等方面造成资源的浪费，因此需要通过阅读论文来避免重复前人已经完成的实验。此外，文献搜索将帮助学生设计实验并确定要使用的适当实验条件。阅读文献时，请记录详细的笔记。学习完成后，你可能会在此笔记的基础上写论文，并且此信息将成为你入门的基础。

2. 选择你认为有价值的方向

关于价值的判断因人而异。在日本，一名普通职员由于上大学时得知自己是叔父的养子，亲生母亲在其出生后不久去世，这种经历使他产生了投身医疗事业的决心。这名普通职员的真实姓名为田中耕一，他发明了"对生物大分子的质谱分析法"，于 2002 年获得了诺贝尔化学奖。兴趣是最好的老师，在自己感兴趣、觉得有价值的领域进行科研活动，可以具备更高的行动力和创造力。

3. 选择重要的问题

在人类迈向知识的汪洋的路上，会遇到很多的科学难题，但在这些难题中有些是急需解决的，有些是现有技术不能解决的，因此在选题过程中我们需要对一些重要的、可行的问题进行研究。判断一个问题是否重要一般分为以下几点：

（1）该问题在 5 年内是否依旧值得研究。热点往往具有时效性，比如在生物科学领域，表观遗传在 2010 年前后是热门，单细胞测序在 2015 年前后是热门，基因编辑在 2017 年是热门。对于热点的把握某种程度像炒股一样具有运气的成分，但创新程度的时效性，比如原创突破或组合创新，无论是单一领域还是跨学科，是可以自己判断的。

（2）是否解决了领域内共同关注的重要问题。顶级杂志每年会汇总学界最重要的 100 个科学问题，这些问题均是各个领域非常重要而又难以突破的问题。同样地，由行业领域内泰斗级科学家撰写的高质量 review 中一定会提及该细分领域目前重要的问题、可能的方法，以及重要的意义。当学生对所在领域有一定了解或者有参加领域内学术年会的经历和经验，相信这个问题会迎刃而解。

4. 确保有足够的可用资源（资金和实验室设备）来解决该问题

我们经常会听到某个重大研究项目花费了多少亿元人民币，得出了什么重大的成果。科学研究离不开大量的经费和各种资源。学生在就读硕士研究生伊始，首先需要加入一个课题组，这个课题组可以为学生提供大量的科研资源，比如资金、技术、仪器和学术氛围等。学生需要在该课题组有限的资源的框架下，对于论文进行一定的筛选。

5. 与教授或其他研究人员交谈，让他们帮助你确定可以解决的问题

在科研道路上，尽管阅读文献可以对一些问题进行一定的解释，但是在实际科研活动中的经验以及在实际生产生活中的需求是学生所欠缺的。在科学文献中，读者可以得到的信息都是经过处理的、进行多次检验的结果，而实际实验的过程中困难重重。因此，在论文的选题上，需要科研人员交流并讨论，从而可以提出一个可行性强的课题。

6. 选择符合职业规划的科研题目

如果学生没有明确的攻读博士学位并继续进行科研活动的打算，或者并不确定自己是否能胜任和获得永久的学术职位，但有进入专业界就业的打算，那么，在论文选题时，可以选择有产业化价值的科研方向。在每个行业内，均有一些实力强大的企业，多关心一线企业的科研动向，甚至在硕士、博士阶段就可以和企业有一些合作。利用已有的知识和技术，通过帮助企业解决实际生产生活中的问题，来选择出一个具有创新性而具备实用性的题目。

7. 在基本选择命题后进行冷静的思考

在基本选择一个方向的论题后,我们需要去认真思考一下科研题目的目的是什么?创新点是什么?要解决什么样的问题?很多学生在做科研的时候会发现自己做了半天,由于创新性不足,无法取得像样的成就或结论。所以,请在开始实验前,将创新点、实验安排和实验计划列举出来,同实验室同学、老师进行讨论,讨论后对于错误的地方进行订正,对于缺漏的地方进行完善,从而得到一个明确的、具体的好课题。

3.2 科研工作的开展

科研不是一蹴而就的,它是一个长期而又缓慢的过程。通常,需要经历以下步骤:提出问题,分析问题,解决问题,得出结论,最后将结论加以应用。提出问题的过程需要寻找良好的课题和研究方向,之后需要通过实验或者理论计算来帮助解决这一问题,当问题得到解决后,需要将实验过程和论证方法记录下来,并得出一个切实可靠或者可拓展的结论,将它发表在科学杂志上,以期待别的学者对你的研究进行进一步讨论。当你的理论被完全验证时,或许需要将你的理论应用到实际复杂的人类生活中,使其最终能够投入实际使用。

通常科研工作的开展包含以下五个步骤。

3.2.1 融入课题组

融入课题组对于之前从未接触过科研的新生尤为重要,它可以让我们更加清晰明确了解导师的研究方向,了解师兄们具体都在从事哪方面的分工,以及各自都有何进展突破。

师兄师姐是你们进入课题组的大门,和师兄师姐们在一起的时候尽量多聊一些他们各自的课题,还有他们碰到的一些问题,虽然此时自己还是一个地地道道的门外汉,也没能帮助解决问题,但是他们在倾诉交流的过程中可能会冒出解决问题的点子。综合他们每个人的课题,差不多也就是导师目前正在进行的研究课题项目了。在师兄师姐做实验的时候当围观群众,一方面帮忙打下手,另一方面科研学习基础的实验和仪器操作的规范。

此外,不要放过每一次开组会的机会,组会是相对正式地讨论课题的时候,每个人都会汇报自己的工作情况,导师也会对每位学生的进展做一个很好的总结,然后建设性地提出下一步方案。经过几次会后,对于整组的研究方向也会有一个整体直接的把握。

这个过程还是有点类似于传统的填鸭式教育,在大脑的数据库里不断增补新名词、新想法,但是这也是必须经历的一个过程。把握好这过程还会潜移默化地培养自己的科研兴趣,引导性地指导自己今后的选题和开题。兴趣不是凭空想象的,只有我们接触了解了,它才会走向我们。

3.2.2 调研和选题

所谓的调研,也就是获取信息,这里并非盲目漫无目的地获取信息,而是在导师给的大方向上快速精确地获取对学生开题及后续的实验规划具有指导性和建设性的信息。在这一过程中，大部分时间和工作是查阅文献。

为了比较全面地获取学生理想的信息结果，一些新手习惯性地将各个信息关键词不分青红皂白全往搜索栏里堆，殊不知检索系统无法准确了解学生所需的信息，这就出了两个极端，要么结果多的学生完全无法凭借纯手工、纯体力地去分析每一选项，要么出来的结果可怜巴巴的屈指可数。这都并非学生想要的，学生需要的理想结果是尽量涵盖广的信息面，又不至于出现无关信息的干扰。

关键词的选择很重要。外文文献的检索一般情况是首选 web of science，和有机相关的可以用 Sci. Finder 检索(可以直接画有机结构式，很方便，免去了命名的烦恼)。下面简单介绍一下 web of science 搜索，首先是确定关键词，因为关键词是检索式的主体。接下来用逻辑运算符和搜索指令编写检索式，根据其具体的查询要求从不同角度对关键词进行搜索限定。对于新手，尤其是对自己的研究课题方向还不怎么明了的，最好先筛选出几篇比较好的 review，不要求太多(一般 5 篇以内)，注意一定要精读！弄懂里面的专业名词、试验方法。这个过程很煎熬，可能看了一整天文献，没有任何收获，这时必须把放弃阅读的念头抛到九霄云外，不然前功尽弃。坚持读完一篇，揣摩一篇文献后，你会意外地发现开窍了，这时一定要趁热打铁，乘胜追击。渐渐地生词越来越少，阅读越来越流畅。读完 review 后，进入下一个阶段，找和自己方案相关的文献，看看别人都在做哪些工作。读文献时需要带着问题去阅读，读完一篇文献思考三个问题：本文作者出于什么目的？做了什么实验？得出什么结论？当然，进一步地慢慢学会思考作者的 idea 或实验有无改进空间。

3.2.3　实验方案拟定和开展实验

课题已定，查阅具体文献，重点关注 Abstract and Experiment，看的时候动动手，比划比划，最好用个本子简单记录一下，一方面可以加深理解，另一方面方便日后查找。比较各个不同的实验方案，优选出一个最适合的，实验设置主要看反应条件如温度、pH 值、反应时间等是否合理且是否能和自己的后续的实验有机结合。当然，理论功底够强大的话，可以自己设计反应。

3.2.4　解决实验问题

无实验，不问题。实验中必定有问题或者新发现，除非学生没好好做，没认真思考。发现问题，带着问题找寻书本和文献。目的性地寻找突破口，能找到理论依据那就更完美了。值得注意的是，不要唯文献论，书本理论在实验过程中很有帮助，因为它很成熟。接着重新修改实验方案，再次实验，直到得出可观的数据。

3.2.5　论文撰写

为什么要写科研论文，原因很多。为教学、科研、社会服务，是高校的三大任务之一，目前晋升职称需要考核科研论文，甚至也需要发表一定数量的科研论文。抛去各种功利需求不说，科研论文还有积极的一面。比如，目前对于学者而言，写科研论文，也许是学者能够寻找得到的，最能挑战学者的事情之一：尤其是未来，在某个领域"顶级"刊物和会议上，能够发表自己的科研论文。

挑战意味着难，全世界的科研人，都在没日没夜地努力，并梦想登入心目中的科研高峰。挑战能够带来前进的动力，就像心目中的珠穆朗玛高峰，登峰的过程虽然艰辛，但可以拓展你恐怕一辈子也没法涉及的、新的学习领域，并最大化地挖掘出你的潜力。而这种类似探险的挑战，和努力学习的经历，最终能够给予很好的人生体验。比如英语，如果不需要用英文写作科研论文，会有那么大的动力一直坚持去学习并使用吗？再比如，数学和算法，如果不是为了登顶的喜悦，能一直坚持沉浸在枯燥的深渊而津津有味吗？所谓兴趣，其实是为实现信念而坚持所获得的一种奖赏。而这种信念就是，一直努力，攀登心目中的珠穆朗玛，直到再也不能。

科研论文，也是一种创新，也可以说是一种全世界范围内的创新。也许你发表的论文没有什么大不了，但似乎只要有一点，就足够支撑所有的努力和付出的艰辛——你是全世界第一个发表了这个创新想法的人；也许目前看不到什么实际的应用，但也许它似一粒可以跨越时空飞行的种子，在未来的某个时空，或者能够激发另外一颗创新的种子，或者甚至能够生根发芽。

因此，科研论文，也可以是一种形式、一种载体、一种生活、一种存在，一种呈现登峰者心目中的所谓珠穆朗玛顶峰的映射。至于为什么要登顶，其实，可以思考一下那些不惜牺牲自己而已经长眠在登峰雪山中的勇士。

4 实验的设计开展

4.1 实验室安全

4.1.1 实验室进入管理

在进入实验室之前，所有实验人员均经过相关安全培训(包括安全规章制度的学习、危险警示标识的识别、危险品的使用规定、废弃物的处理、实验室内仪器及设备的安全使用、安全施设及安全防护用品的使用、非正常工作时间单独进行实验的安全注意事项等)；通过培训之后，还需获得导师及实验室负责人的同意方可进入实验室；所有实验室均应设有门禁系统；进入安全级别高的实验室必须获得特别授权；每个进入实验室的人均有记录可查。

4.1.2 实验室的安全防护设施及物品

主要防护设备包括手部的防护(防高温手套、绝缘手套、乳胶手套等)，面部及眼部的防护(防护面罩、防毒面具、护目镜等)，耳的防护(降噪耳机、耳塞等)，身体的防护(防静电、防酸碱服等)，足部的防护(防滑、防酸碱、绝缘鞋等)，急救设施及物品(紧急洗眼器、紧急淋浴器、急救箱、紧急呼叫器等)，工作环境的防护(灭火器、减震仪、氧气检测报警仪、烟雾报警器、火警装置、消音降噪设备、通风设备、恒温、恒湿设备等)。

4.1.3 安全责任及实验流程的审核

每个实验室均设有安全责任人；导师亦为安全责任人，其对学生的实验安全负责；所有实验均有书面流程并通过安全审查；如实验流程存在安全隐患，则不得进行实验，需在安全隐患排除之后(或增加实验安全设施或改变实验流程)方可进行；尤其是化学实验，较其他实验而言更具危险性，审查就更为严格(涉及哪些毒害试剂、如何进行控制、是否需要增加相关专业培训；通风设备是否能达到要求、反应过程存在哪些潜在危险、急救设施和物品是否能满足要求等)；在正常工作时间之外进行实验，需获得安全责任人的特别许可。

4.1.4 工作环境安全

所有与实验无关的物品(如食品、饮料、背包等)不准带入实验室；进入实验室后，实验人员检查实验室各控制仪表是否工作正常、所有安全设施是否可正常使用、实验仪器是否可正常运作；实验人员在实验前会对实验台面进行清洁；实验室的物品摆放有序并标有标识；实验人员严格遵守实验规程、按规定取用实验试剂及器皿；随时标注标签；实验过程之中出现任何安全问题，可随时联系实验室安全员；实验未完成之前，实验人员不许离开实验室；实验完毕之后，再次清理实验台面、清洁并归还实验器皿；清洁地板并保持地板干燥；如因特殊原因，地板在离开之前仍未干，则应摆放"小心地滑"的安全警示标识；最后关闭水电及门窗。

4.1.5 废弃物的处理

严格遵守废弃物处理规定。首先将废弃物分为有害类与无害类。有害废弃物又可被分为可转化(为无害)类(如浓盐酸，经上千倍的稀释后可直接排放)与需专业回收类(如毒害类化学试剂，依照毒害废弃物处理规定进行分类，密封后存放于指定地点，待统一回收)。无害废弃物又分为可回收类(如玻璃、塑料、金属、纸类等)与不可回收类；不应出现随意丢弃或排放废弃物的现象。

4.1.6 实验室的防火

3~5m内必设有阻止火势蔓延和烟气扩散的防火门，防火门长期处于关闭状态，所有人习惯于随手开、关防火门；防火门之间设有绿色的"安全出口"标识；紧急出口外绝无堆放杂物现象；实验室按要求配有不同类别(常见的有3类：二氧化碳灭火器、泡沫灭火器和干粉灭火器)的灭火器；易燃物按级别分类隔离存放；灭火器由供应商进行定期检查(至少每年1次，检验记录标识于灭火器外侧)，如重量减轻或出现泄漏，则应立即更换；安全员定期测试烟雾报警器、火警装置，保证各装置处于正常运作状态；定期进行消防演习，强化防火意识和防火习惯。

4.1.7 电器设备的使用和检查

电器设备均备有安全指导书；实验人员在第一次使用前会安排专人进行培训和指导；使用前及使用后会对电器进行安全检查；使用时间、使用目的、仪器运行中的各项指标均有书面登记；电气设备由系部专业人员进行定期安全检测，通过安全测试的即更新合格标签，未通过测试的则根据情况进行维修或申请报废。

4.1.8 意外事故的防范

各系部均配备经验丰富的紧急救护人，一旦发生意外，可随时与之取得联系；实验室负责人定期接受相关紧急救护培训；实验室及走廊均配有紧急洗眼器、紧急呼叫器和急救箱；走廊中设有紧急淋浴设施；涉及有毒试剂的实验室备有紧急解毒药品(如防氢氟酸中毒的葡萄糖酸钙软膏等)；一旦发生意外，会立即启动紧急救助程序；意外事故的全过程会成文抄送大学安全办公室；分析事故发生原因对于预防类似事故的再次发生至关重要，因此每次事故原因均会被详细讨论，直至提出最佳的整改方案；一旦确定整改方案，实验室会在限期之前完成整改；如无法完成，会说明原因；如是整改方案不可行，则会再次修改整改方案；直至安全隐患被消除。

4.1.9 安全培训

安全培训既有所有人均需参加的常规培训(如防火培训、人身防护设备使用培训等)，也有针对不同领域的专业培训(如罐装气体安全培训、野外安全培训、化学安全与 COSHH 培训、紧急救护培训、放射性安全培训、电气安全培训等)。安全培训由大学安全办公室统一安排，导师决定学生应参加哪一类培训；培训有多种形式，如讲座、演示、操作，或在特定场所进行实践等；培训结束时会设置相关考核，如未通过考核，则需再次进行培训，直至通过为止；如涉及特殊领域，无统一培训可选择，则由导师指定某一具有资质的专业人员进行一对一的培训；培训的类别会根据需要进行增减[20]。

4.2 预实验

4.2.1 预实验的定义

所谓预实验，就是在正式开展实验之前，按照研究设计的方案做一个小样本的实验，但是主要的目的不在于得出什么结论，而是为了摸索条件，看实验是否可行。

4.2.2 预实验的原则

预实验的第一原则，是重要性原则。重要性原则是指应该选择关键性实验，关键性实验是能对你提出的假说产生最重要的支撑作用。设想一下，你获得这个关键数据就意味着你将来实验成功达到 80% 的概率，你会多么激动，因此第一原则也可以叫激动原则。预实验的成功意味着有了新的发现，后来的实验只不过是为围绕这个发现进行实验结果上的丰富和再确认而已。

预实验的第二原则，是经济原则。如果一个实验很难实现，作为预实验就不太理想，无论困难是在技术层面，还是在经费层面，难实现的实验都不适合作为预实验。值得庆幸的是，一般情况下，越是经典的实验越是便宜，而越能说明问题。

预实验的第三原则，是灵活性原则。选择什么实验为预实验，最好是结合本实验室的条件和积累，如果本实验室已经建立了实验方法，就拿来直接使用，这样更容易实现，而且有更容易获得熟悉实验方法老师同学的帮助、取得的结果可靠性、分析数据的客观性和更多相关既往实验结果作可参考等优点。

4.2.3 预实验的类型

预实验的类型有很多，最常见的是针对一个不熟悉的研究方法，实际上就是学习技术，找找感觉，但这类预实验并不是真正的预实验。我们经常听到研究人员之间交流的所谓"摸条件"，就主要是这样的情况。有时候在进行一个复杂的实验前，对所有的步骤进行全面的演练，也十分必要，因为实验材料、操作人员、环境等因素可能会导致实验的失败，对一些复杂的多步骤实验，不进行实际的操作，没有办法对所有的偶然因素进行客观分析，需要进行预实验，但也不是真正意义上的预实验，这样的情况称为预演实验更合适。但最重要的或者真正意义上的预实验是针对一个研究设计的可行性开展的预实验。例如我们希望观察一个治疗药物或治疗方案对某一个疾病是否具有治疗作用，如何开展这类研究的预实验，是对一个研究方案准备前最重要的工作，是决定某一思路是否可行的最重要的准备工作。对一个科学家或课题组而言，预实验的重要性不言而喻，甚至可以夸张地说，对待预实验的态度往往是反映一个科学家的科学精神，反映一个课题组或实验室整体水平的一个指标。是否拥有一套预实验工作模式往往是某个课题组和实验室研究稳定和成熟的标志。

4.2.4 对预实验的误解

误解一是把学习技术等同于预实验，学习技术当然是非常重要的内容，特别是对一个新的课题需要的新技术，但新技术不能等同于预实验。误解二是把建立模型等同于预实验，这和新技术存在类似的情况，新的模型也不属于预实验。对预实验更大的误解是把预实验作为正式实验的简单压缩，这种用小样本先摸索的方法在心理学问卷调查中有一定合理性，但在步骤复杂的研究中，往往并不合适。开展预实验有三个原则：经典经济、激动和方便。经典就是使用最经典、最经济的手段，激动是一旦结果满意将决定主要实验目标基本成功，方便的原则是容易实现的手段和方法。但具体到一个实验，怎么做预实验仍要具体问题具体分析。

4.2.5 预实验的必要性

科研过程中预实验是非常有必要的，它可以帮助科学家们更好地理解研究问题，更有效地设计实验，更准确地预测结果，并有效地利用有限的资源。预实验可以帮助科学家们更好地了解实验条件，更好地控制变量，更好地识别可能的问题，以及更好地评估实验结果。此外，预实验还可以帮助科学家们更好地了解实验的可行性，更好地评估实验的可行性，以及更好地识别可能的问题。总之，预实验是科学家们在科学研究中不可或缺的一部分。

我们在设计一个课题前，必须先进行预实验。原因有三个方面，一是这种设计的创新性要求，一个课题是否值得开展，创新性和可行性都是必要的，但可行性和创新性往往有一定的矛盾，创新性大的风险也比较大，可行性往往比较小，为尽量减少风险，用最小的代价确定一个具有一定风险的课题的可行性，最有效的方法就是预实验。预实验过程中，切勿贪心求多，要力求一次中的。如果发现失败，经过认真考虑，可以及时中止计划，另选其他方案。

在设计实验时，可以先设置规模较小的预实验，它可以帮助你收集必要的信息，以进行正确的功效分析，从而计算出正式实验需要的条件。如果你没有能力和条件进行预实验，请根据从文献中收集的信息，进行一些粗略的估计。

4.2.6 预实验的设计

在设计预实验时，首先应当确定实验所需用到的样本和样本量。为了确定需要什么样本，我们需要了解需要哪些指标来支撑结论，为了使实验有意义，我们需要有足够大的实验样本以进行统计分析，从而获得一个普适性的结论。

在预实验阶段，学生首先要进行对照实验。对照是保持恒定的条件，用于测量实验条件的变化对于实验的影响。没有适当的控制条件进行比较，实验数据将毫无用处。如果预期会有已知的反应，则将其视为阳性对照。如果预期没有响应，则将其视为阴性对照。一般对照实验只有一个变量和多个定量，以确保结果中看到的任何变化都是由变量的变化引起的。要测试不同的变量，你需要进行多个实验。

在预实验中可能会犯下很多错误，总结出很多实验方法，建议学生记录下详细的实验步骤和操作，其中包括要测试的每个条件和所有必要的计算，这些工作看似繁琐，但是在正式实验过程中会大有用处。

如果预实验的结果表明观点是基本正确的，学生就可以开始设计正式实验了。有很多学生认为预实验做的比较顺利，表明自己已经熟知了整个实验流程，就可以自由地发挥了，这里给出的建议是：不要骄傲，写一份实验方案。一方面，预实验得到的结论十分有限，而实验的操作者经常性会犯一些低级的甚至是系统性的错误，因此学生认为实验方案的撰写有助于研究者发现自己的问题，走在正确的科研轨迹上。另一方面，在撰写正式实验方案的同时，也会使你反思自己的立意是否正确，自己的思路是否狭隘。总而言之，一份详细的实验方案是必要的。

4.3 正式实验

当你针对自己预实验的结论和自己的观点写出一份实验计划后，你就可以开始进行正式实验了。很多同学写出了详细的实验计划，但是执行过程中显得没有章法，混乱甚至错误百出，针对这些问题，导师希望学生制定一份合理的时间表来安排每个实验的时间。有人会觉得这份计划表会比较繁琐，但它确实很有帮助，这个日程表会让学生合理安排实验时间，减少实验过程中犯的错误，并可以调节一些大型仪器的使用时间。

导师通常可以要求学生使用每周或每月的日历来安排实验时间，并在公共文档中进行记录，其中也包括分析解释结果的时间。当然，所有的实验不是一帆风顺的，当推进实验进度时，可能会有些不顺利，或者得到相反的结论，这很正常，这时导师不要求学生做过多的时间安排，导师希望学生多空出一定的时间去反思总结问题出在了哪里，或者进行休闲活动来调整心态。

在实验的当天，应当按照之前所写的方案严格进行操作。如果实验计划有所调整，需要进行与计划不同的操作，也需要记录下来哪些操作出现了变动，保留所有实验的实验记录对进行研究至关重要。在进行实验时，很多学生很可能会犯错或出问题，这是完全正常的，记下笔记，并从错误中吸取教训。

在正式实验过程中，导师希望学生能够注意到一些细节，如配置好溶液后贴标签，实验结束后清理台面等，这些都是良好的习惯，有助于培养学生的责任心。没有独立高尚的人格，没有关爱自己和他人的心灵，没有普世天下的公心，再多的研究、再高的学问也终究毫无意义。

4.4 分析处理数据：以 Origin 的学习为例

在进行一定的实验得到了一些数据后，学生需要分析这些原始数据。对于大多数实验，原始数据并不能直接地反映出问题的所在，学生有时需要将它们归一化处理，有时学生需要将它带入公式中，不管怎样，处理数据是科研过程中一项非常重要的工作。

在分析原始数据时，学生可以借助一些工具，对于一些专业领域的数据，会有专业的软件帮你进行分析，并得出一个有效的结论。而当想要处理数据但是没有良好的工具时，也许需要学习一些编程知识，Python，Matlab 甚至是 Excel 自带的 Visual 都是非常简单上手而功能广泛的存在。

当学生得到一些可以证明论点的数据后，通常需要将数据进行可视化，毕竟比起数字，图像可以说明更多的问题。Origin 是一款功能强大的绘图软件，受到广泛科研工作者的喜爱，在很多大型视频网站上都有该软件的教程，可以进行浏览学习，但更加推荐学生找到一个数据集，亲自操作一遍，这样会更加地熟练。同样地，PowerPoint，Python，Matlab 等都可以实现绘图的功能，无论使用哪款软件绘图，请保持学术诚信的原则。

4.4.1 数据界面

Origin 支持自己填写数据，也支持从 Excel 表格里面导入数据。

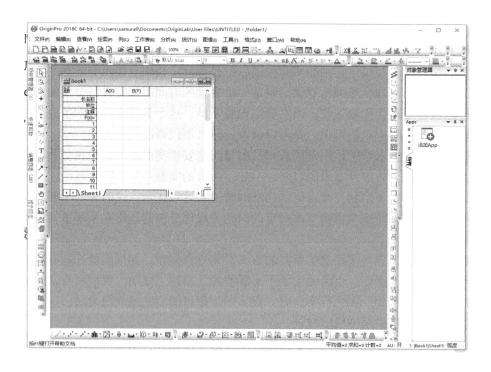

其中，"长名称"表示坐标的名称，"单位"表示坐标的单位，"注释"表示对数据的说明。

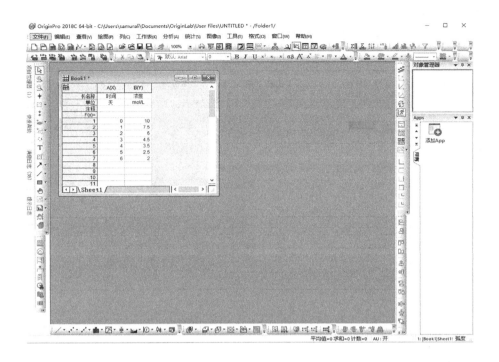

点击左上角的绘图图像按钮选择要绘制的图形。弹出选项框，选择 X 和 Y 轴数据。选择散点图。

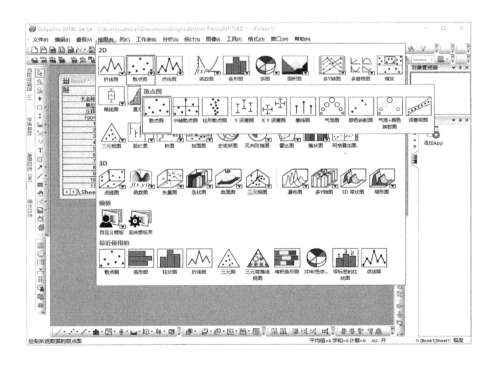

4.4.2 图形界面

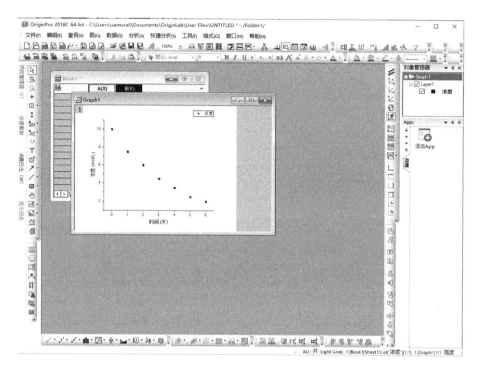

对坐标轴进行调整：双击坐标轴弹出设置框，进行设置。

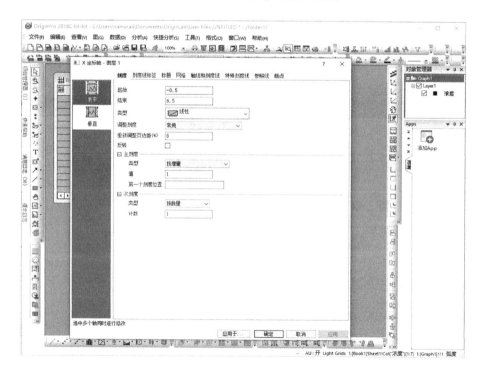

在这个设置框内，可以改变轴的取值范围、网格的划分，以及每个轴的分段数，同时也可以将上轴和右轴调试出来使得坐标轴具有多功能性。

双击点，可以在下一级窗口中修改点的大小、颜色以及一些特效，请记住，在 Origin 中要改动某一变量，通常仅需双击该变量。如果要改轴，就双击轴，改线就双击线，改文本仅需双击文本。当然 Origin 中也包含了其他的改图方法，这些方法通常会使得图更加美观。

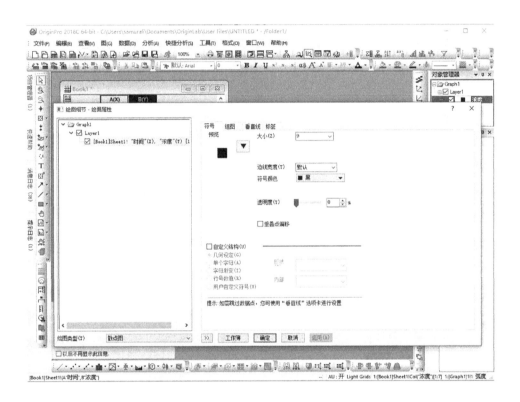

4.4.3 常用功能

（1）复制：Edit→Copy Page. 也可以使用 Ctrl+J 快捷键进行复制，该复制的是图形界面的图像。

（2）刷新：当更改数据的时候，可以通过刷新按钮将之前的图形进行同步。

（3）显示坐标值。

如果想显示每个点的坐标值，点击最左边的标注的框，之后可以在界面底部看到该点的坐标值。

（4）定义网格线。

通过双击坐标轴，选择 Grid Lines。这里我们设置主刻度 Major 和次刻度 Minor 的网格设置。

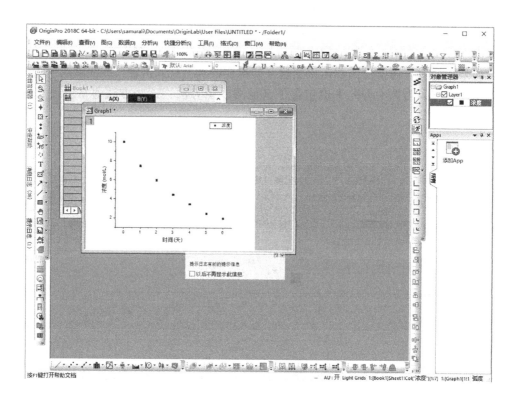

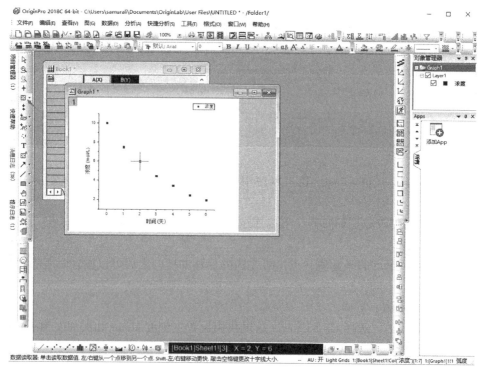

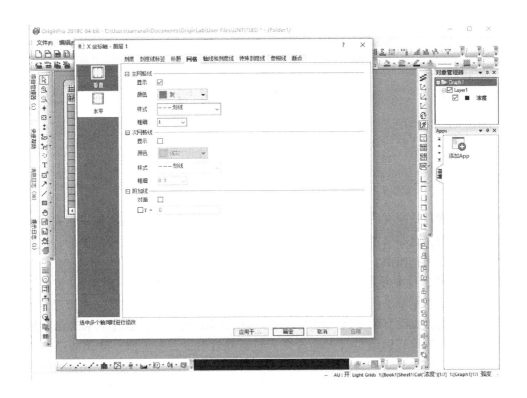

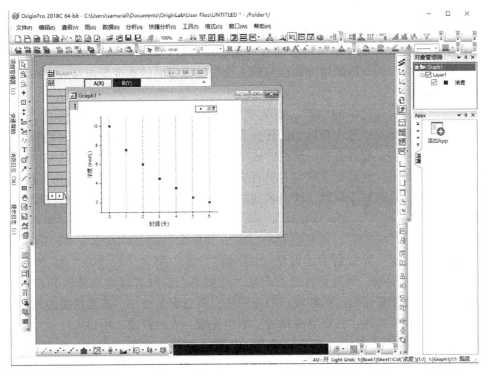

5　科技论文撰写

5.1　学术诚信

当你在阅读科技论文的时候，你期望得到什么样的体验呢？首先，你一定希望这篇文章是真实可靠的，这篇文章的结论是经过科学方法论证的，是可以值得借鉴的，这也构成了学术的第一原则：诚信。

2014 年 8 月，日本著名科学家笹井芳树在研究所附近悬梁自尽，时年 52 岁。原因是其牵扯到一起学术不端事件，即日本著名科学家小保方晴子学术造假案。而曾经声名显赫的小保方晴子则再也没有机会进入研究领域，被"社会性死亡"。尽管学术失信会给一个人带来灾难性的代价，但还是有大批人为了财富或者名誉，在造假、欺骗的道路上越走越远。

学术诚信有两方面的内涵：在对待科学的态度上和在学术研究的过程中要求"真"、求"新"、做到"诚"；在对待其他研究者及其成果上要讲"信"：信任他人讲求信誉、信用。作为两个不同的伦理规范其内涵和要求是有区别的。"诚"指真实不自欺不欺心，主要注重内心的道德修养侧重个体内心的自我道德操守。"信"即"人言为信"，指不欺人，侧重于个体对外在行为规范的遵守和在与他人交往中应遵循的态度要求与人交往要讲求信用、信誉不欺诈。

要做到学术诚信规范中的"诚"，首先要求研究者在科学研究中追求真理，求"真"。要以追求真理为目标，以追求真理为己任，为科学而献身，不要媚俗，阿时趋俗。在研究的过程中要立足事实，有理有据；研究的成果要言之有物，不发没有根据的空谈；更不能编造数据，捏造结果。这就要求研究者具有脚踏实地、吃苦耐劳的精神；具有锲而不舍、持之以恒的毅力；具有甘于寂寞、淡泊名利的心态；具有为社会服务、为科技献身的使命感和责任感。

科学研究不但要求"真"，而且也要求"新"，如果求"真"是其基本要求，那么求"新"就是其最本质的要求。要做到学术诚信中的"诚"，另一层含义就是在"真"的基础上求"新"，不但要言之有物，而且要言之有新意。这就要求研究者具有对传统和权威的批判及怀疑的勇气，敢于提出自己的新观点和新看法；具有艰苦奋斗、顽强拼搏的精神，敢于打攻坚战，解决科学难题；具有冒险精神，不怕失败，大胆假设，小心求证。学术诚信中的"信"，就是要信任其他研究者及其成果，在彼此的交往中要讲信用、讲信誉。首先，要信任其他研究者，在此基础上加强团结与合作的精神。当今的科技创新与科技进步仅靠研究者的单打独斗是很难取得大的成果的，研究者只有相互团结合作，运用集体的智慧才能完成重大科技创新的任务，从而为科技进步和人类的自由全面发展做出贡献。在学术上故步自封，搞学术垄断和霸权，彼此之间相互争斗猜疑，互相排挤拆台，是不道德的，是不利于学术和社会进步的。其次，要求尊重其他劳动者及其劳动成果，讲信用，讲信誉。这是学术界一条基本的道德规范，这既是对其他研究者人格的尊重，也是对他们利益的尊重，缺少了它，基本的学术秩序就无法维持，更不要说学术的发展。作为一个研究者，如果不讲信用，不尊重他人的劳动成果，随意抄袭、剽窃，进行学术欺诈，虽然会一时得逞，名利双收，但迟早会被发现和揭露，遭人唾弃，成为众矢之的。这就要求研究者在研究中要严格遵守学术规范。比如，引用他人的观点和资料一定要加引号，并注明出处，能够不转引的尽量不转引；在研究方法上模仿他人的，也要加以说明等[22][23]。

学生应当坚守诚信，为了学生的良心，亦为了人类的未来。作为入门的科研学徒，请坚信，眼前的金光只是白驹过隙，普罗米修斯的火光，照亮人类的未来。

5.2 写作方法

5.2.1 明确的中心思想

写作即交流。因此，读者的体验至关重要，所有的写作都应为这一目标而服务。当你写作时应当时刻将读者铭记在心。下面四条规则将会帮助你避免读者的流失。如果你的读者在一年之后，仍能向他们的同事描述你文章的中心思想，那表明你的沟通工作卓有成效。虽然我们需要在文章中描述大量的创新点，但是着眼于一条单一的信息更加重要。同时关注过多的贡献会使得文章缺乏说服力，并变得难以记忆。

标题是文章中最重要的要素——想一想你所阅读的标题与论文数量的比例吧。标题作为读者第一眼看到的东西，直接决定了他们是否会继续花时间阅读摘要。标题不仅传递文章的中心思想，同时还不断地提醒你，要在文章内容中处处传达这个思想。毕竟，科学就是从复杂数据中提取出抽象的简单原理的过程。因此，标题应该浓缩论文的核心思想。提早考虑给论文一个标题，边写边琢磨如何改得更好——这不仅有助于你的写作，同样有助于实验设计和理论发展。

第一条规则成为对论文优化中最难的一条：你将会为平衡多方面的结果，最终合成一条中心思想而努力。举个例子来说，一篇关于技术的文章可能会同时描述使用该技术产生的生物学结果，而统一这两个方面的桥梁，便是清楚地描述新技术如何应用于新生物学之中。

5.2.2 为非本行读者服务

你是世界上最了解你所做工作的专家，因此你也成为了最不合格的读者，你无法从不了解你工作的读者角度去评判你的文章。在这一困境中产生的最为多数的写作错误是从一个设计者的角度进行思考——决定你想在每一个元素上对人们产生的影响，然后努力实现这一目标。试着站在一个"懵懂的"读者角度去思考这一论文，让读者更轻松、快速且不费力地抓住信息。

人类心理学的广阔知识同样在论文写作中十分有用。举个例子，人类拥有工作记忆的限制：他们只能记住少量项目，同时对起始和结束的部分印象深于对中间部分的记忆。利用你自己的心理学知识，从"懵懂"读者的视角去引导写作的进程。在下面的原则中，我们将对在写作过程中从"懵懂"的试验性读者那里得到反馈从而获得的效益展开讲述。

5.2.3 坚持背景-内容-结论(C-C-C)的结构组合

大多数广为传播的故事有着类似的结构。开头为故事背景的设置，主体部分(文章内容)展开故事，向结尾推进，最后得出文中问题的结论。这样的结构可以减少读者产生疑惑的概率，他们不再会问："为什么会这样""所以呢？"

讲故事的方法多种多样，C-C-C结构作为其中一种，更适用于有耐心、决定花时间理解文章的读者，但这种结构对没有耐心的读者并不友善。好在当代科学文章的结构解决了这样的问题，标题与摘要使读者可以快速了解文章内容。因此，看完引言的读者很可能会被吸引，并有着足够的耐心继续阅读文章。而且，过于注重"内容优先"的科学论文还会产生另一个风险：读者在阅读过程中会忽视一些段落，这些段落可能是巩固文章可信度的重要部分，从而使他们质疑你的文章。因此，我们建议将C-C-C结构作为科学文献的默认结构。

C-C-C结构在多个尺度上定义了文章的结构。从整篇文章来说，引言设定了背景，实验结果是文章内容，讨论得出结论。从段落来说，首句定义了主题或背景，主体部分提供引发读者思考的新颖观点，末句则为读者提供需要记住的结论。

不按照C-C-C结构写作的论文往往难以阅读。在科研生涯中，我们在科研内容上花费了过多时间，从而忽略了其他方面。我们按照科研的时间顺序来记录与组织文章，殊不知对于读者而言，他们并不关注这些细节，他们仅仅对最终的结论与支撑结论的逻辑感兴趣。

5.2.4 使用平行叙述

文中只有中心思想应该多次被提及。此外，为了减少主题改变的次数，每一个主题仅需提及一次即可。相关的句子与段落应该连贯，避免被不相关的材料打断。类似的观点应该紧密相连，例如应当相信某件事的两个原因。

同样地，对于连续的段落或句子，平行的信息应该使用平行的形式来阐述。平行方法使读者更加熟悉结构，使文章更易阅读。举个例子来说，如果有三个独立的原因让我们更偏向某一解释，我们应该使用相同的句法表达，这样的表达对于读者而言清晰明了，使他们更加专注于内容。要避免使用不同的词语指代同样的概念，因为这样做会使读者对不同词语的意义产生疑惑。

5.2.5 在摘要中讲述完整故事

论文的各个部分——摘要、介绍、结果和讨论——有着不同的主题，因此整体结构和段落结构稍有不同。对于大多数读者们来说，摘要是论文中唯一会被阅读的部分。这意味着摘要中必须有效呈现论文的所有信息。为实现这一目标，摘要的结构必定是高度保守的。每一个 C-C-C 元素中均有两个部分，细节如下。

背景必须解释清楚文章即将填补的空缺。第一句话通过介绍该研究所处的广阔领域对读者进行引导。随后这一背景缩小到该研究所要回答的待解决问题上。通过表述"文献中缺失部分"（例如，特定的空缺）和"为何这很重要"（例如，这一特定空缺和论文起始的广阔背景之间的联系），一个成功的背景章节能够为从现有技术水平中分辨出论文所表述的贡献打好基础。

这里我们所说的内容，首先描述的是能够让你回答这一空缺/问题的新颖方法或者途径。随后呈现出"血肉"——获得这些结果的执行概要。避免使用晦涩难懂的专业词汇（术语——这些词汇可能导致失去读者）。

最后，结论会通过阐明结果从而回答在背景章节最终部分提出的问题。随后，尤其对多数拥有广阔读者群的"常规"科学杂志来说，通常结论会有第二部分，突出讲述该结论如何推动广阔领域继续前进（例如，"更广阔的重要意义"）。

这一结构能帮助你避免最为普遍的摘要错误：在读者们准备好理解它们之前便谈论结果。优秀的摘要通常多次反复进行提纯细化，从而确保结果能够完整填补空缺部分，就如同锁和钥匙一般。这种宽阔-狭窄-宽阔的架构方式能够让你同广大读者们（通过广度）进行交流，同时保持你结论声明的可信性（这通常是基于一套有限/狭隘的结果）。

5.2.6 在介绍中解释清楚为什么这篇论文至关重要

介绍突出体现了存在于现有知识或者方法中的空缺，以及它为何如此重要。这通常是由一系列渐进的更为精确的段落来完成，这些段落最终会以对文献中缺失部分的清晰阐述而结束，另一段落会紧随其后，对文章如何填补空缺进行总结。

举一个空缺渐进的例子，第一段落也许解释了为什么细胞分化是一个重要的课题以及这一领域中还未解决到底是什么触发了它（领域空缺）。第二段落则阐明了某一特定细胞类型如星形胶质细胞分化过程中的未知问题（子领域空缺）。第三段落也许提供线索，一个特定基因或许驱动星形胶质细胞的分化，随后声明该假设尚未得到验证（将要进行填补的子领域空缺）。这种空缺叙述引起读者对这篇论文想要传递思想的期待。

每一个介绍段落的结构（除去最后一段）均会促进空缺发展的这一目标。每一段落首先会引导读者走向主题（背景），随后解释相关文献中所知所想（内容），然后引导进入至关重要的"未知"（结论），这一部分使得文章在相关领域十分重要。

在这一过程中，通常会有很多线索提供隐藏在空缺后的秘密，指向未经验证的假设或者文章中未开发的方法，其中我们了解到为什么填补空缺是具有前途的。介绍中不应含有超越文章动机范围外的文献综述。这种"空缺专注"的结构使得经验丰富的读者们更为容易地对一篇论文的潜在重要性进行判断——他们仅需要评估声明空缺的重要性。这些空缺描述即该篇文章的贡献将会被以如下条件进行衡量：以文章空缺定义来设定的兴奋性、期望值和高质量背景。

介绍的最后一段则十分特殊——它简单总结了用于填补上述空缺的结果。它同摘要有所不同，不需要显示背景（已在上述内容中描述过），但需要稍微更准确详细地阐述结果，如果可能的话，可以简短地预先描述论文的结论。

5.2.7 依据一系列叙述阐明结果

结果章节需要说服读者相信中心声明是有数据和逻辑来支持的。每一个科研论据都有它自己独特的逻辑结构，从而决定要素的呈现顺序。举例说明，一篇文章也许建立起某个假说，核实在研究的体系中测量的某个方法是否有效，随后运用这种测量手段反证该假说。另一种选择是一篇论文也许建立了多个可选性（且相互排斥的）假说，除去其中一个能够提供剩余解释的证据外，对其他所有都进行了驳斥。论据的组织结构应当含有整体逻辑所需的对照和方法。

在文章准备的提纲阶段，先草拟出这些结果如何支持你主张的逻辑结构，然后将它们转变成陈述性语句，用于结果章节的子章节标题——大多数学术期刊允许该类型格式。这些标题将读者们导向重点。图片和图例尤为重要。事实上，有些读者仅阅读摘要和图片。理想情况下，这些图片应该生动地讲述整个故事，而不需要阅读图例或者文字。

结果章节的第一个段落特别之处在于，通常它将对于介绍中概述的问题的整体解决方法进行总结，包括研制出的任何关键性创新方法。有些读者并不会阅读方法章节，所以这一段落至少能够给予他们该文所用方法的大致情况。

结果章节中接下来的每个段落开头可以用一两句话提出这个段落所要回答的问题。例如，"为证明这其中没有任何人工干预"，"什么是我们测量的重测信度？"或者"我们进一步检测通过 L 类型 Ca^{2+} 通道的 Ca^{2+} 流是否参与其中？"段落的中间部分展示同该问题相关的数据和逻辑，而最后一句话则回答整个问题。举例来说，它也许推断出没有任何可能的人工干预被检测到。这种结构有利于经验丰富的读者对论文进行事实核查。每一个段落说服读者相信最后一句话中展现的答案。这使得找出段落中哪里有令人质疑的结论以及检验段落逻辑更为容易。每一个段落的结果是一个逻辑性的陈述，后面的段落则依赖于先前段落的逻辑性结论，就如同数学论文中构建的定理一般。

5.2.8 说明诠释中的限制及同领域的相关性

讨论章节解释了为什么结果能够填补介绍中提出确认的空缺部分，对诠释说明提供预警，以及描述该篇论文如何通过开创新的机遇从而推动领域发展。这通常以如下方法完成：对结果进行总结概括，讨论限制点，随后揭示这一中心贡献如何促进未来的发展历程。讨论章节第一段落的特别之处在于它通常大致总结了结果章节中的重大发现。有些读者跳过结果章节的大部分内容，因此这一段落至少能够带给他们对于上述章节的大致情况。

讨论章节接下来的每一个段落都以描述该文的某个缺点或者优点作为开端，随后通过广泛链接到相关文献从而对优势或者弱点进行衡量。最后，它将作者对于结果贡献的感知进行总结，并探讨进一步研究的可能性途径。

举例来说，第一段落也许对结果进行总结，专注于它们的含义；第二至第四段落也许讲述了潜在的弱势，该文章如何缓和这些情况或者未来的实验能够如何处理这些弱点。第五段落以及普遍存在的第六段落也许以该论文如何推动整个领域前进而告终。如此循序渐进，读者们最终学会将文章的结论代入正确的情境中去。

为撰写一篇优质论文，作者们可以采用具有帮助性的流程和习惯。对于一篇论文的影响力而言，某些方面比其他方面更为重要，因此建议你应该将时间投资到影响最大的问题上。此外，使用从同事那里获得反馈进行反复改进可以让作者从整体水平上提高文章从而撰写出强有力的原稿。选择正确的流程能够让文章撰写更为轻松和有效。

5.2.9 标题、摘要、图表和提纲

作为科学声明基础的中心逻辑至关重要，它同样是连接研究工作试验阶段和论文撰写阶段的桥梁，因此将文章的逻辑结构同正在进行的实验保持一致十分有用。由此来看，将正在进行的实验工作的逻辑形成某种不断展开的文档十分有用，最终它将成为论文的初步提纲。

你同样应当根据每个章节需要同读者进行交流的不同重要性分配你的时间。阅读标题的人远比阅读摘要的要多，而阅读摘要的人远比阅读论文剩余部分的人要多，而论文的剩余部分接受的专注度远比方法部分要高。

在撰写章节之前先进行文本规划，通过这一方法我们在每个章节所花费的时间能够被更有效率地利用。大纲先行。我们倾向在每个规划好的段落前先写一句非正式的语句，这通常对开始进行已获得结果的描述过程十分有用——这些语句也许会成为结果章节的节标题。因为故事总有一个整体框架，每个段落都应该对推动故事前进起到明确作用，而这一作用则最好在提纲阶段便已确定。

5.2.10 对整个论文进行精简、再利用和再生

写作可以被认为是一个最佳化问题，你可以同时提升整个故事、大纲和所有构成语句。由此而论，不要太过于依赖某人的写作这一点尤为重要。在很多情况下，比起额外编辑而言，丢弃整个章节和重写是通往撰写优秀文章的快速通道。

作为一个作者，如果你不能够在几分钟之内向你的同事描述出论文的整体大纲，那么很明显读者也无法做到。你需要进一步提炼你的故事。找寻到此类违反优秀写作的行为对从各个层次提高论文质量十分有益。

完成一篇成功的论文需要多方面人力的投入。必须测试读者，他们可以确保整篇故事的可读性，同时他们也能够给出具有价值的意见，如论文的哪一部分看上去进程过快或者过慢，他们也能够明确在什么时候最好需要从头再来和重述整个故事。审稿人同样十分有用，不明确的反馈和表面上无聊的评论通常意味着审稿员并未找到重点的故事大纲，非常明确的反馈通常能指出哪一段落的逻辑不够充分。

6 从实验室到实际工程

6.1 工艺流程

工艺流程亦称"加工流程"或"生产流程"，是指通过一定的生产设备或管道，从原材料投入到成品产出，按顺序连续进行加工的全过程。工艺流程是由工业企业的生产技术条件和产品的生产技术特点决定的。

一个完整的工艺流程，通常包括若干道工序。如镶贴砖石工程中，一般要经过拌合砂浆、砖块浸水、打底、贴砖、平缝、表面清扫等工艺过程。可见，工艺流程的基本内容，就是工人利用劳动工具，改变劳动对象的形状、大小、位置、成分、性能等，使其成为预期产品。

在当代，人类已经很难在自然环境中凭借最基础的认知来获得改造自然的手段，科研工作者取得的每一项技术、科学成果的突破都离不开实验室和理论计算。一般而言，可以将工艺研发分为三个阶段：小试、中试和工艺验证/商业化生产阶段，学生在实验室完成的工作一般是基本理论的研究、对结论进行小试和中试。

6.2 小试阶段

6.2.1 小试的定义

以水处理材料的合成与应用为例，在小试阶段，需要对实验室原有的合成路线和方法进行全面的、系统的改革。在改革的基础上通过实验室批量合成，积累数据，提出一条基本适合于中试生产的合成工艺路线。小试阶段的研究重点应紧紧围绕影响工业生产的关键性问题，如缩短合成路线，提高产率，简化操作，降低成本和安全生产等。当小试结果较好，成本核算较为经济后，可以再进一步扩大生产规模，进入中试环节。

6.2.2 小试阶段的任务

1. 研究确定一条最佳的合成工艺路线

一条较成熟的合成工艺路线应该是：合成步骤短，总产率高，设备技术条件和工艺流程简单，原材料来源充裕而且便宜。

2. 用工业级原料代替化学试剂

实验室小规模合成时，常用试剂规格的原料和溶剂，不仅价格昂贵，而且也不可能大量供应。大规模生产应尽量采用化工原料和工业级溶剂。小试阶段应探明，用工业级原料和溶剂对反应有无干扰，对产品的产率和质量有无影响。通过小试研究找出适合于用工业级原料生产的最佳反应条件和处理方法，达到价廉、优质和高产。

3. 原料和溶剂的回收利用

合成反应一般用大量溶剂，大多数情况下，反应前后溶剂没有明显变化，可直接回收利用。有时溶剂中可能含有反应副产物，反应不完全的剩余原料、挥发性杂质，或溶剂的浓度改变，应通过小试研究找出回收处理的办法，并以数据说明，用回收的原料和溶剂不影响产品的质量。原料和溶剂的回收利用，不仅能降低成本，而且有利于三废处理和环境卫生。

4. 安全生产和环境卫生

安全对工业生产至重要，应通过小试研究尽量去掉有毒物质和有害气体参加的合成反应；避免采用易燃、易爆的危险操作，实属必要，一时又不能解决，应找出相应的防护措施。尽量不用毒性大的有机溶剂，寻找性质相似而毒性小的溶剂代替。功能材料的合成常产生大量的废气、废渣和废物，处理不好，将严重影响环境保护，造成公害。三废问题在选择工艺路线时就要考虑，并提出处理的建议。

6.3 中试

6.3.1 中试的定义

中试是从小试实验到工化生产必经的过渡环节；在生产设备上基本完成由小试向生产操作过程的过渡，确保按操作规程能始终生产出预定质量标准的产品；是利用在小型的生产设备进行生产的过程，其设备的设计要求、选择及工作原理与大生产基本一致；在小试成熟后，进行中试，研究工业化可行工艺，设备选型，为工业化设计提供依据。所以，中试放大的目的是验证，复审和完善实验室工艺确定的合成工艺路线是否成熟、合理，主要经济技术指标是否接近生产要求；研究选定的工业化生产设备结构、材质、安装和车间布置等，为正式生产提供数据和最佳物料量和物料消耗。当中试的结果令人满意后，就可以投入正常的生产生活中了。

6.3.2 中试的必要性

中试就是小型生产模拟试验，是根据小试实验研究工业化可行的方案，它进一步研究在一定规模的装置中各步化学反应条件的变化规律，并解决实验室中所不能解决或发现的问题，为工业化生产提供设计依据。虽然反应的本质不会因实验生产的不同而发生改变，但各步化学反应的最佳反应工艺条件，则可能随实验规模和设备等外部条件的不同而改变。一般来说，中试放大是快速、高水平到工业化生产的重要过渡阶段，其水平代表工业化的水平。中试放大是药品研发到生产的必由之路，也是降低产业化风险的有效措施。

6.3.3　中试的任务

（1）考核实验室提供的工艺在设备、条件、原材料等方面在中试放大时是否有特殊的要求，是否适合工业化生产。

（2）验证小试工艺是否成熟合理，主要经济指标是否接近生产要求。

（3）进一步考核和完善工艺条件，对每一步反应和单元操作均应取得基本稳定的数据；进行物料平衡计算。

（4）设备材质和型号的选择。

（5）确定各步反应对传热和传质的要求。放热反应中的加料方式，加料速度对反应的影响。

（6）搅拌器型式和搅拌速度的考察。

（7）加热/冷却载体的类型及要求（蒸汽、热水、冷盐水）。

（8）提出"三废"的处理方案。

（9）原材料，中间体的物理性质和合成条件参数的测定。

（10）根据中试研究资料制订或修订中间体和成品的质量标准、分析方法；

（11）确定所用起始原料、试剂或有机溶媒的规格或标准；一般来说，中试所采用的原料、试剂的规格应与工业化生产时一致。

（12）消耗定额，原材料成本，操作工时与生产周期等的确定。

（13）提出整个合成路线的工艺流程，各个单元操作的工艺规程。

6.3.4　中试的前提

（1）小试收率稳定，产品质量可靠。各步反应的工艺过程及工艺参数已确定（如加料方式、反应时间、反应温度、压力、终点控制，提取、分离、结晶、过滤、干燥等）。

（2）对成品的精制、结晶、分离、干燥的方法及要求已确定（晶型、溶残）；小试的3~5批稳定性试验说明该小试工艺可行、稳定；

（3）必要的材质腐蚀性试验已经完成；

（4）已建立原料、中间体和产品的质量控制方法/质量标准。

（5）进行了物料衡算。"三废"问题已有初步的处理方法。已提出原材料的规格和单耗数量。

（6）已提出安全生产的要求。

6.3.5　中试的目标

（1）通过中试制定产品的生产工艺规程（草案）（含每个单元反应与单元操作的岗位操作法及过程控制细则、产品的流程图、物料衡算及产品的原材料单耗）。

（2）证明各个化学单元反应的工艺条件及操作过程，在使用规定原辅料的条件下在模型的生产设备上能生产出预定质量标准要求的产品，且具有良好的重现性和可靠性。

（3）产品的原材料单耗等技术经济指标能为市场所接受。

（4）"三废"处理的方案及措施能为环保部门所接受。

（5）安全、防火、防爆等措施能为公安、消防部门所接受。

（6）提供的劳动安全防护措施能为卫生职业病防治部门所接受。

6.3.6　中试的工艺验证

在中试已确定的设备、工艺过程及工艺参数下进行 3~5 批中试的稳定性试验，进一步验证该工艺在所选定设备条件下的可靠性和重现性。最终确定各步反应的工艺控制参数。证明该工艺在上述条件下可始终如一地生产出合乎质量标准和质量特性的产品。

当各步反应条件和操作方法确定后，就应该就收率、副产物、三废等方面进行物料衡算。对 3~5 批稳定性试验的数据，每批按每个单元反应或每个设备体系进行物料衡算，对物料衡算中出现的不平衡去向作出合理的说明，反应产品和其他产物的重量总和等于反应前各个物料投量量的总和是物料衡算必须达到的精确程度，以便为解决薄弱环节、挖潜节能、提高效率、回收副产物并综合利用以及防治三废提供数据。对无分析方法的化学成分要进行分析方法的研究。物料衡算结果的正确与否将直接关系到整个工艺设计的可靠程度。

6.3.7　中试生产后的任务

（1）及时清场（生产文件回收，桌椅的清洁，各种可重复使用的生产工具的定置存放，生产垃圾的清理，生产现场的整理）。

（2）生产设备的清洁（连续生产时的清洁，换产品时的清洁，最好是按照清洁验证方案的清洁方式进行清洁）。

（3）剩余物料的退库。

（4）及时更换状态标示牌（设备状态、卫生状态）。

（5）产品入库或按规定放在指定地点。

（6）废溶液、回收溶剂存放在指定地点，废固体按规定进行处理。

（7）及时总结，找出小试和中试时的差异，结合检验结果，对中试做一个真实、客观的评价，并提出改进建议，为正式生产打下基础。

（8）根据中试结果，结合研发时的各种资料，编制（或修订）出符合生产要求的产品工艺规程、工艺验证方案。

（9）根据工艺规程、结合中试放大时的操作经验，编制（或修订）出在生产上切实可行的操作规程。

（10）根据工艺规程、操作规程及各种生产文件的要求，编制出符合填写要求的生产记录。

（11）结合小试和中试的结果，编制出符合要求的清洁规程和清洁记录。

（12）编制出有明确检验方法，且清洁方式是切实可行的清洁验证方案及验证报告。

6.4 学科竞赛在工程应用环节的应用

学科竞赛是提升大学生能力，以一种特殊的考试方式来锻炼学生智力，强化和提升学生创新精神和实践能力的重要方式。使得学生可以熟练并灵活地掌握知识，学习更多技能。它与课堂教学储备的文本内容紧密结合，用比赛的方式，激发大学生理论联系实践和独立思考，通过竞赛可以整合课内外实践教育教学的环节和资源，使大学生更容易适应新的环境，提高学生在日常生活中发现问题、应对问题、解决问题的能力，增强学生处理问题的能力。作为大学生，学生在各方面应该均衡发展，在学科竞赛中学习、创新、自我发展。各大高校展开学科竞赛对本科生、研究生团队合作能力、实践能力、创新能力、科研能力等方面的培养起到了至关重要的作用。

1. 有利于培养学生的实践动手能力与科研能力

学科竞赛活动促使学生将课堂教学所学到的理论知识直接运用到解决现实问题当中，我们看到学生通过科技竞赛活动的参与，无论最终获奖与否，他们在方案论证、系统设计与调试、新器件的选用等过程中养成了动眼、动手、动脑的习惯，真正提高了学生的实际动手能力；同时，在竞赛过程中，培养了学生对科学研究的基本认识与兴趣，提高了学生学习理论课程的积极性、趣味性、挑战性，养成科学严谨的态度和勇于探索的精神，促使学生在学习过程中能不断分析问题、推测推理、领悟知识，进一步培养学生的基本科研能力。

2. 有利于培养学生的创新意识、创新精神、创新能力。创新源于实践，创新贯于实践，创新终于实践

通过学科竞赛实践活动同时增强了学生对创新、创造的认识和理解，使学生能运用学得的分析方法和掌握的知识去发现、分析和解决生活、学习和工作中出现的各种问题，并针对问题提出相应解决办法和改进建议，从而培养学生的创新思维、创新意识和创新能力。

3. 有利于培养学生的团队协作精神

开展学科竞赛活动，可以使不曾相识的队员聚在一起，共同集训、相互学习、相互激励、齐心协力、团结奋进，最终共同取得优异的成绩，磨炼了不怕困难、努力攻关的顽强意志，进一步培养了学生的集体主义精神、协调组织能力和积极参与竞争的意识。

4. 有利于课程体系和教学内容的改革

学科竞赛与相关专业的课程内容和课程体系改革密切结合，有助于推动课程教学、教学改革、实验室和师资队伍建设工作，是一种能促使学生提高学习主动性、拓宽知识面，并有效提升创新能力的良好途径。学科竞赛的结果也集中体现了学生对知识的掌握程度和运用能力，进而反映了教学计划、教学内容的合理性，通过总结交流，发现教与学中存在的问题，为教改提供借鉴。

5. 有利于优良学风的形成

学科竞赛强化了学生的严明的组织纪律性、严谨的科学态度、周密的逻辑性。通过学科竞赛活动的训练，强化学习行为上的一贯性，使学生形成自觉的思维和行为模式，由他律转为自律并内化为素质，是优良学风形成的强有力保证。能在学科竞赛中获奖的学生，大多数是全面发展、综合素质较高，在学生中较优秀的群体。通过竞赛，这些学生凝聚成了一支学习能力强、学习潜力大、学习效果明显，代表优良学风的学生骨干队伍；尤其是武汉大学的创新团队在国家级、省级竞赛过程中多次获奖，在获奖表彰中获得了全校、乃至各种社会媒体的关注，在学校中产生了强烈的示范和影响力，激发了学生的学习兴趣，许多学生积极报名参加各种竞赛，要求加入该创新团队，在校园里营造良好的学习和竞争氛围，促使优良学习风气的催生[30][31]。

6.5 校企合作

6.5.1 校企合作的意义

要改变研究生工程素质不高、实践能力不强的现状，就要改革传统学科型工程教育，高度重视学生实践能力的培养。对于工科研究生教育而言，可以充分利用学校和企业这两种育人环境，为学生提供最好的工程实践平台。依托校企合作，有利于打破传统的学科界限，实现师资、实验室、大型仪器设备、实验材料、科技资料、学术交流等教育科研资源共享。加强与企业的合作，有利于建立跨地区、跨学科、多部门参与的研究机构，有利于资源共享，不断延伸办学空间。通过打造校企合作平台、引进企业技术骨干、参与企业工程项目，形成了校企联合培养模式，提升了研究生的实践能力。具体如下：

1. 建立企业研究生工作站，打造工程人才培养新平台

创新源于实践，要提高研究生的工程教育水平，不仅要使学生具备扎实的理论知识，还需要实践的支撑，高水平实践平台是培养高等工程人才的重要保障。打造工程人才培养平台时，将学科建设平台、科学研究平台和社会服务平台转化为工科研究生的培养平台。大学与本地知名企业建立企业研究生工作站，聘请研究生工作站所在企业的高级工程技术人员为研究生开设讲座，组织部分研究生进入企业工作站进行实践，研究生的实践工作能力将得到很大提升。

2. 引进高水平的企业技术骨干，指导硕士研究生创新实践

聘请企业高级工程技术人员为研究生开设讲座，讨论制定硕士研究生培养方案、实践类课程教学大纲，指导专业实践、论文选题、论文开题、论文研究和撰写等工作，把握论文研究内容与实际工程的联系程度及其实用价值，逐步形成专业硕士的校内外"双导师制"。聘请高级工程技术骨干作为兼职导师，与研究生面对面地交流、指导，为研究生做关于工程设计与工程研究的相关报告，提高研究生的实践认识。

3. 结合实际工程项目，提高研究生的实践能力

研究生的论文可以来源于实际工程项目关键的技术问题，学生在完成学位论文过程中，需要查找大量的实际工程资料，在理论分析和研究的基础上，通过对实际工程所遇到的关键问题的研究，提出解决办法，提升研究生解决工程实际问题的能力①。

6.5.2 校企合作的方法

(1)首先要谦虚，尊重企业，不要以学历为理由看低对方，这样很容易陷入被动局面。

(2)跟企业打交道，要注重效率和效益，说到做到，要切实有效。

(3)不要过于功利，如果你能解决问题，企业自然是会继续跟你合作的，不要一开始就谈钱，而是要谈事情。

(4)项目组的组长一定要头脑清晰，不要过分依赖学生和课题组年轻教师，如果要依赖，也要跟别人讲清楚所做事情的意义和价值，不要自己头脑思路都没有理清楚，就盲目让学生或其他老师做事情，体力劳动要避免重复，脑力劳动更要避免重复，而且还有一点很重要，就是一定要尊重他人劳动成果，如果别人做得不好，一定要明确到底是哪不好，不要看都不看就放一边，等需要时不经甄选临时就抓来用，如果出现问题又怪罪实际做事情的人，这样久而久之，自然会失去人心造成项目组人心涣散。

(5)作为年轻教师和学生，一定要注意跟课题组负责人多沟通，在调研过程中要多注意观察，发现问题要及时跟课题组成员和组长交流。要多实践，反复琢磨自己做的事情到底还存在什么问题，怎么改进，在面对课题组其他成员时，一定要多做换位思考，多理解，特别是对课题组组长，他们一般年龄相对大一些，工作很忙，有很多考虑不周到的地方，年轻教师一定要多理解、多提醒、多支持。

6.5.3 校企合作的例子

武汉大学在校企合作方面有诸多成功经验。

2022年9月，武汉大学与中国长江三峡集团有限公司(以下简称"三峡集团")签署校企合作协议，双方将发挥各自优势，依托三峡集团的行业综合实力和武汉大学的综合学科优势，推进人才共引共享共用和相关产业合作。双方合作具有"天时、地利、人和"的独特优势。从"天时"来看，十八大以来，党中央国务院胸怀"两个大局"，贯彻新发展理念，坚定不移推进高质量发展，为加快建设科技强国、实现高水平科技自立自强指明了方向。在此背景下，双方的合作是重要历史机遇。随着三峡集团总部入驻武汉，双方有了更多合作空间和机会，是宝贵的"地利"条件。武汉大学和三峡集团渊源深厚，一批武大人在三峡工程建设中挥洒汗水、贡献才智，一大批武汉大学子进入三峡集团，与集团共同成长，双方合作"人和"的传统友谊深厚。武汉大学作为一所综合性大学，历史悠久，学科实力雄厚，双方具有深厚的合作基础，情谊源远流长。签署合作协议后，双方将进一步拓展深化合作，加快三峡集团世界一流示范企业和武汉大学中国特色世界一流大学的建设步伐。根据协议,双方将本着"平等协商、优势互补、资源共享、务求实效"的原则,在加强科技创新合作、科研平台联合建设、人才培养合作、三峡集团武汉科技创新基地建设等方面开展合作,积极探索、培育和发展长期的校企合作伙伴关系,共同打造高标准校企合作新标杆,更好地服务国家战略和经济社会发展。

2021年12月,武汉大学科技成果转化对接会举办,多个校企合作项目签约。本次活动是洪山区为推动区内经济高质量发展,依托武汉大学优势科研力量,精准对接区内企业技术需求,进一步加速武汉大学科技创新成果在洪山区落地转化而举办的专场活动。项目涉及大数据、现代农业、人工智能、新材料等产业。

其中,武汉大学印刷与包装系教授、博士生导师钱俊与圣诺曼底能源科技(武汉)有限公司签约的光电微碳高分子材料研发项目受到重点关注,该新材料将用于圣诺曼底能源的光电微碳辐射供暖系统——基本原理是模拟自然界太阳光辐射采暖。通电后,发热材料中的碳分子变得活跃,分子振动能级提高,产生能级跃迁,使热能以 4~16 微米的远红外线热辐射形式释放,将热量直接投射给人体以及物体表面。钱俊教授介绍,这种远红外热辐射加热过程更加清洁、干净、高效,它不需要加热空气,直接加热人和物体,不需要驱动空气对流循环,不会浪费能量,电热转化率高达95%以上,远高于传统对流采暖,并且升温迅速,体感舒适度高。光电微碳辐射供暖解决了传统采暖的高能耗、热衰减、空气污染等问题,助力"双碳"目标的实现。

其中,由武汉大学动力与机械学院副院长、博士生导师肖晓晖教授团队研发的管道外攀爬检测机器人,可携带检测设备进入人所不能及的环境,能够解决人工检测存在检测盲区、周期长、危险性高、检测成本高等问题,主要应用于石油、化工、天然气、钢铁、建筑、电力等行业。2014年,该机器人已在广东电网公司进行应用。截至目前,这款机器人已经取得 4 项发明专利。

由武汉大学水利水电学院程磊教授团队研发的湖北省旱情遥感监测系统(《湖北省旱情遥感监测能力建设方案》)旨在解决湖北省土壤墒情点不满足旱情遥感监测的地面验证需求、缺乏科学有效的综合旱情评估工具、抗旱信息化不够聚焦等问题。

7 毕业及就业

7.1 毕业论文撰写

7.1.1 撰写原则

1. 科学性原则

学位论文是科学论文，作为科学论文的科学性，有以下三个方面的考虑：

（1）学位论文整体的科学性。学位论文是科学论文，必须符合科学的规律和基本原理。从选题到完成试验工作，自始至终都是以科学原理和研究规范为基础，这是论文科学性的前提。同时，论文的撰写也必须遵从科学原理及其表达方法。

（2）组成学位论文的材料的科学性。论文所用的材料是通过严格控制的科学实验得到的结果。每个学科都有其研究的程序和方法，通过这些严格的试验而来的数据结果，是论文科学性的基础。

（3）学位论文的结论的科学性。这是指在研究结果的基础上，所有的结论内容都是结果的真实反映或是在结果的基础上进行科学的逻辑推断的结论或假说。

2. 整体性原则

学位论文是一个整体，不是结果的堆积。在学位论文写作之前，通过前述的素材分析阶段，我们已经全面了解全部研究结果的综合意义和科学价值，同时也以最有科学价值的内容为核心，组织了全文的逻辑框架，在论文的撰写过程中，要始终把握论文内容整体的需要，围绕核心展开。

要从整体上考虑各部分的作用，各部分的表达要服从和突出论文整体的要求，表达的目的要清楚，所有表达的逻辑过程应该将最后的结论作为全文的整体目标。

3. 层次性原则

学位论文的层次性即论文所有的内容要依层次展开，使学位论文具有严密的结构性和内在的相互联系。论文的层次常常反映在标题层次及其组合上。要注意相同层次的内容和不同层次的内容的差别，相同层次之间的标题要平行，不要把属于子层次的内容提到父层次上来。

层次性原则的另一个方面是要注意标题内容的包容范围，下一层次的内涵不超出上一层次的外延。

4. 逻辑性原则

学位论文的逻辑性原则包括三个方面，一是论文的整体布局和连贯性符合逻辑，二是从结果出发的推理和演绎符合逻辑，三是结果的分析符合逻辑。可以说，学位论文的整体就是一个逻辑过程，从前言开始，而终于结论。前言提出相关的问题和选题的意义，通过中间的研究结果，最后指向结论，这是整体布局的逻辑。对每一个研究结果的分析和注解，要符合逻辑规则。

学位论文的总结论是要在全部研究结果经逻辑推导后得到的，而并非随意写出的。有时，我们在评审论文和抽查中，会发现不少研究生的学位论文，其研究结果根本无法支持论文的结论，这是不注意论文的逻辑性带来的后果。

5. 准确性原则

学位论文是科学论文，所有的表达都应该准确。

(1)研究材料的描述要准确。材料是论文构造的要素，必须科学准确。要让读者全面准确地了解你所用的材料到底是什么，比如材料的名称、含量、纯度，等等，切记不能用没有名称和规格的材料来做研究；否则，你根本无法让人相信你的研究结果的科学性。

(2)研究试验过程的描述要准确，每个步骤及其相关的信息都要进行清清楚楚的描述，这样做可以让别人充分了解你的研究过程，从而增加你的研究结果的可信度。

(3)结果的表达要准确。研究结果是结论的基础，准确地描述你的结果，可以增加结论的可信性。要注意试验数据的精确度的表述，要有精确度的概念。在重复试验中一般用平均数代表结果，但平均数只是点取值，准确的描述应该标明它的误差值，一般在平均值后面加减误差，让读者了解你的试验结果的变化幅度，这也是对试验结果的准确表达，因为数据本身确实是在平均数上下变动的。

(4)学位论文的准确性还应该包括随机事件的统计结论。特别是作差异比较试验时，没有经过统计判断的结果，是没有异同判断可言的。因为表观数字上的差异可能来自事件本身所具有的随机影响，而不是本质上的差异[③]。

7.1.2 撰写方法

万字文章始于题目，无论是本科还是硕博学位论文，一篇文章的主体内容通常都在标题体现地淋漓尽致。一般而言，论文的题目一般是导师和学生共同商量决定的，这个课题需要有创新性、科学性和实用性。很多学生在选题的时候会选择得比较空泛，当他写起来就会发现，没有坚实的着力点，感觉什么都能写，却什么都写不清楚，空有一身力气和本领使不出来，因此，选题一定要选小而具体的，小题目中也有大智慧。

写毕业论文其实和设计科技论文是有异曲同工之妙的，在选好题目后，学生应当为文章选择一个合适的框架。论文的框架其实也很简单，可以寻找和你相同领域的一篇硕博论文来进行参考，一般包括绪论、实验方法、分析与结论、讨论与展望、结论，当然你也可以根据自己的课题进行灵活变通。

当主体框架定下后，你就可以进行正文的写作了。正文部分需要你写出你自己做的实验的真实数据以及获得的结论。有的同学一开始想要自己写大部分内容，觉得实验就是自己想的那么一回事，但最后连基本的学术名词和遣词造句的逻辑都没理顺，结果大部分内容无法通过论文的审核。学生在写论文前，可以先去寻找相关领域的硕博学位论文，学习他们是如何组织学术论文语言的。在这些文章中，学生可以找到很多宝藏，尤其是论文的前两章、绪论和实验方案等。此时学生要做的是在前人的基础上，结合近两年的成果再进行进一步归纳。

在绪论部分，学生一般可以在相似的文献中找到一个宏观的学术背景，绪论的内容一般包括研究背景、国内外发展现状、研究意义和内容等。在实验方案部分，内容主要包括实验材料和设备、样品制备、实验方法、分析和表征方式。请注意实验方案不要马虎，这里如果有问题，专家闭一只眼睛都能看出来，所以学生要向导师请教，然后把方案确定下来。如果做实验的时候能让导师手把手地教你就更好了。之后，学生需要对实验的结果进行分析，这一部分可能会因实验数据出现的周期较长而出现一定的真空期，这段时间请不要松懈，读一些和自己文章相关的文献，后面一定会用到。

最后学生需要针对已有的数据得出实验结论。实验结论是对前面几章，尤其是数据分析作的一个具备概括性和逻辑推理的结语。学生可以模仿参考文献里是如何组织语言和进行表述的。再将学生自己实验的结果和想法套进模板。在文章的末尾，学生需要用到前面读过的文献，在适当的位置将它们引用起来，从而完成整个文章的撰写。

7.1.3 文献管理工具 Endnote 的使用

1. 什么是 EndNote

EndNote 可以自动插入文献信息，管理文献信息并且按照所需的格式在你的论文中引用文献，并生成 Reference list。该软件是收费的，可以免费用 30 天，在官网下载 Endnote20。

2. 在 EndNote 中加入文献

（1）在 EndNote 中新建一个文献数据库。

打开 EndNote：可以从"开始菜单"中找到 EndNote，点击打开软件，关闭弹出的一些无用弹框。

点击"File->New"，在弹框中选择一个地址并输入你新建的数据库的名称，如下图所示：

（2）在百度学术或者谷歌学术中搜索到自己所需的文献。

例如在百度学术找到这篇文章：*In Situ Chemical Oxidation of Contaminated Soil and Groundwater Using Persulfate*，先点击"批量引用"，再点击右下角的圆圈，弹出如下窗口：

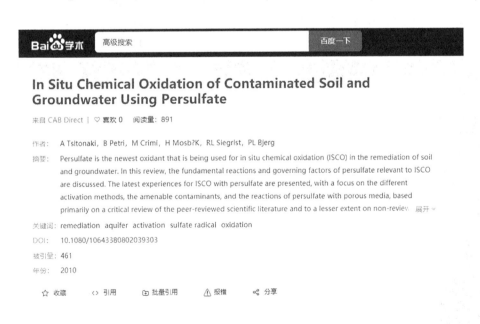

点击"引用"，再选择"EndNote"，然后会下载一个文件。

（3）将下载的文件导入到 EndNote。

打开 EndNote 软件，并新建数据库后（接第一步："在 EndNote 中新建一个文献数据库"），点击 File-Import-File。

然后弹出新的窗口，并且点"Choose"选择你刚才下载下来的文件，然后确认即可。注意"Import Option"要选择为"EndNote Import"。然后就可以看到你的文献显示在了数据库中了（添加完文献到数据库后记得点保存"File→Save"或者 Ctrl+S）。

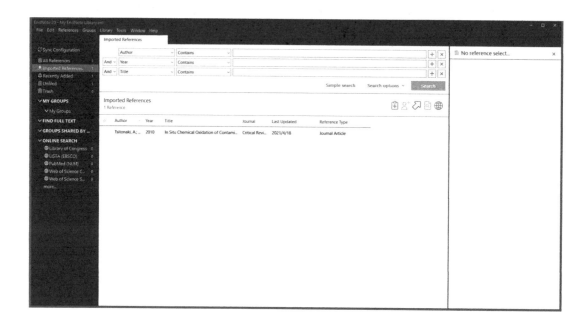

好了，在 EndNote 中添加文献的步骤大功告成。在百度学术导出文献的时候可以同时导入多个文献，大大提高导入效率，这个你可以自己试一试。

3. 在 Work 文档中引用文献并且自动生成 Reference List

（1）向 EndNote 添加参考文献格式。

打开 Word 文档，可以发现 Word 界面多了一个"EndNote20"的选项卡，切换到该选项卡，点击"Style"，再点击"Chinese Std GBT7714（numeric）"。

如果你没有找到你所想要的格式，在列表中你可以找到"Select Another Style"，点击它，然后在数据库中寻找，点击确定，可以使用自己想要的格式了，如下图所示：

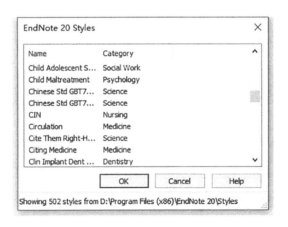

到此，EndNote 就知道你需要的参考文献格式是 Chinese Std GBT7714（numeric）的格式了。下面就可以正式在 Word 文档中插入你的参考文献了。

（2）正式插入参考文献。

插入参考文献其实就是 Citation 的过程，例如 Word 文档中要引用 *In Situ Chemical Oxidation of Contaminated Soil and Groundwater Using Persulfate* 这篇文章，先把光标移动到

想要插入的地方。

This is a test. A test is this. This is a test. A test is this.
This is a test. A test is this.
This is a test. A test is this.
This is a test. A test is this.

然后点击"Insert Citation"，然后在弹出窗口中输入 *In Situ Chemical Oxidation of Contaminated Soil and Groundwater Using Persulfate* 的题目，只需要输入一个词点"Find"就可以了，软件会搜索出你需要的论文显示在下面，然后点"Insert"确认插入即可，如下图所示：

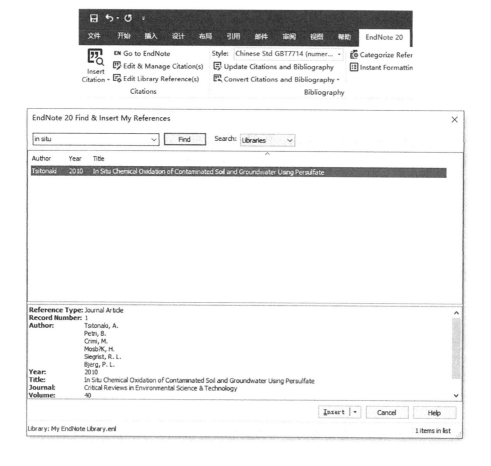

然后，你就可以看到文档中已经插入了文献了，而且下面还自动生成了参考文献的列表。

This is a test. A test is this. This is a test. A test is this.
This is a test. A test is this.
This is a test. A test is this.
This is a test. A test is this.

[1] TSITONAKI A, PETRI B, CRIMI M, et al. In Situ Chemical Oxidation of Contaminated Soil and Groundwater Using Persulfate [J]. Critical Reviews in Environmental Science & Technology, 2010, 40(1): 55-91.

到目前为止，你已经学会了 EndNote 的基本用法，可以向 Word 文档中插入美观的、标准的引用和参考文献了。

7.2 硕士、博士就业

7.2.1 硕士就业

通过对直属高校硕士毕业生就业去向状况及其趋势的分析，我们发现硕士生就业率较高，深造率较低，且与高校类型紧密相关；硕士生主要就业单位为企业，其次是事业单位，最后是学术性单位，且与高校类型、学校属地紧密相关；对硕士生就业吸引力最强的地区依次是学校属地、北上广地区、东部地区和中西部地区，其中广东省具有很强的就业吸引力。在 2014—2018 年，直属高校硕士研究生就业呈现从"工作"走向"升学"，从"稳定型""学术型"单位流向"市场型""非学术型"单位和从"中心"出走的三大趋势。基于以上分析，需要从建立多样化的硕士研究生培养体系、加强就业单位分布的引导和引导就业区域相对均衡等方面来促进硕士研究生合理就业，提升研究生就业质量。

我国建国初期将研究生教育定位于培养高校师资和科研人才，培养的是学术型硕士生，主要为博士教育作准备。从当前的数据可以看出，只有小部分硕士生才能进入博士队伍中。同时，在现有分类的基础上进一步进行细分培养，使研究生教育人才培养与多样化的人才市场结构相匹配。通过数据可发现，直属高校硕士研究生深造率低，主要在非学术性劳动力市场就业，从事非学术工作。

在研究生的培养中，我国当前主要将硕士研究生分为两类，即一类是以学术研究能力为主的学术型硕士，另一类是注重专业的实践开发能力和应用能力的专业型硕士。然而，目前硕士生培养还是以学术型为主，学生的培养及评价等仍以科研学术成果为主要依据；专业型硕士规模虽然在不断扩大，但应用型专业学位硕士在课程设置、评价方式、师资队伍等方面与学术型硕士差异不大，因此培养质量不高。一方面，我们要在现有的分类基础上，更紧密地结合硕士研究生实际就业去向对培养定位进一步细分。美国研究生院理事会将硕士学位分为经典型、应用型、专业型、混合型四种更细致的类型，我国可参考其分类方式，结合实际将硕士学位进一步细分，以应对未来复杂多变的市场环境和硕士生多元个性化的培养需求。

此外，要基于不同的培养目标定位，建立不同的培养机制，在培养课程设置、导师指导制度以及学位授予标准等方面进行相应的调整，形成多样化的硕士研究生培养体系。所以，高校要加快探索研究生的分类培养机制，构建多样化的培养体系，使对学生的培养与实际就业岗位要求更为匹配。

注重就业单位分布的引导人力资本在拉动经济发展中起着重要的作用，实现我国经济高质量发展，应该充分发挥硕士研究生人力资本的作用。数据显示，大部分硕士研究生更倾向于在事业单位和国有企业就业。因此，要加强硕士研究生就业单位分布的引导。一方面，引导硕士生到民营企业工作。民营经济是社会主义市场经济的重要组成部分，民营高科技企业逐渐成为国家科技创新主体之一，为我国创新发展注入强大源泉。有调查显示，81%的企业希望引进硕士学历的科技人才，民营企业拥有副高及以上职称的人才比例低至8%，表明民营企业对中高层次科技人才的需求。因此，引导硕士生到民营企业就业，既可缓解硕士生就业压力，又能促进民营高科技企业的发展，对于我国科技创新能力的提升具有重要意义。从而，政府应当扶持民营企业，完善保障体系；企业要健全体制机制，增强自身吸引力；高校要加强引导教育，培养硕士研究生正确的就业观，增强他们就业选择的多元化；媒体加强舆论引导，营造鼓励和支持硕士研究生到中小民企就业的氛围。

另一方面，鼓励和引导硕士研究生进行创业。鼓励和引导硕士研究生创业有助于挖掘新的经济增长点，实现以创业带动就业。这需要高校、政府协同合力来推进硕士研究生创业。已有调查显示，还有相当一部分大学生几乎没有接受过系统的创业教育，创业能力和质量还有很大的提升空间。

因此，高校要加强硕士研究生的创新创业教育，以创新创业精神为核心，制定科学系统培养计划，以问题为导向，构建创业教育效果评价指标体系。政府要加大对硕士生创业的扶持力度，制定操作性强的创业政策，增加创业资金投入，构建多元政策支持保障体系，打造以政府为主导，高校、企业共同参与的创业平台，完善集创业项目立项、资金贷款、信息服务、成果转让为一体的创业平台，形成健康高效的创业环境，让有志于创业的硕士研究生顺利创业成功。

数据显示直属高校硕士毕业生主要流向了一二线大城市和东部沿海发达地区，人才分布不均衡会进一步加重我国区域发展不均衡。虽然从数据可以看出，硕士生有走出"中心"，流向中西部的趋向，但是比例仍然是很小的。因此要引导硕士研究生就业区域分布得相对均衡，实现我国区域均衡发展。一方面，构建硕士生就业区域协同引导机制。解决硕士研究生就业区域分布不均衡的问题，需要政府、高校、学生各主体协同引导硕士生就业流向。政府要从宏观层面进行协调规划，根据区域发展和硕士就业区域特点制定相应的人才计划和就业项目，引导硕士生到中西部等地区就业；完善社会保障制度，建立覆盖所有硕士生的社会保障体系；完善户籍政策，保障硕士生在不同区域之间自由流动，推动形成统一完善的劳动力市场；加强立法，规范劳动力市场的运行，保障硕士研究生的就业公平和就业质量。高校要与政府合作，构建就业服务信息平台，加强价值观教育和就业教育，引导硕士生均衡就业。硕士研究生也应转变观念，树立正确就业观，增强责任感，到祖国最需要的地方就业。另一方面，引导硕士研究生到"一带一路"节点城市就业。

十九大报告指出以"一带一路"建设为重点，形成陆海内外联动、东西双向互济的开放格局。这有助于促进"一带一路"沿线地区的产业升级和经济发展，从而需要吸纳硕士生到"一带一路"节点城市就业。这既有利于产业升级，也可以缓解硕士生就业难的问题。有研究表明，对外投资通过数量效应和结构效应影响"一带一路"母国和东道国的就业，就业"双赢"在理论上是可能的，需要中国进一步加强与沿线国家的双向经贸合作，优化合作方式，提升就业效应。从而，这需要国家进行战略统筹，同时，地方政府也应做好相应的社会保障措施，推进流动人口基本公共服务均等化，维护在节点城市就业的硕士生的社会保障权益③。

7.2.2 博士就业

首先，从职业选择扩散趋势来看，博士毕业生的职业选择正在由学术领域不断向非学术领域扩散，近五年平均有接近四成的博士毕业生选择从事非学术职业。在从事非学术职业的类型选择中，到企业就业的比例有了大幅上升，进一步地细分发现，到国有企业就业的比例变化并不大，这一比例增长主要是由民营企业和其他类型企业就业引起的。从事非学术职业比例的历时性分析表明，顶尖大学博士毕业生的就业选择面越来越宽广和多元。从学科层面的进一步分析结果表明，2011—2015 年，自然科学的博士毕业生从事非学术职业的比例有了较大幅度上升，而人文学科和社会科学中的这一比例则呈现逐年下降趋势。

其次，从学术市场扩散趋势来看，博士毕业生在学术市场上的选择正在由重点建设大学向非重点建设大学扩散，表现为到一流大学建设高校就业的比例不断下降而到非一流大学建设高校就业的比例不断上升。从学科视角的进一步分析表明，自然科学的博士毕业生在一流大学建设高校就业的比例要明显高于人文学科和社会科学，而在其他非重点建设高校就业占比方面，不同学科之间呈现人文学科>社会科学>自然科学的态势，从历时性来看，随着时间的推移，不同学科博士毕业生到其他高校就业的比例均呈现扩大趋势。

再次，从就业地域扩散趋势来看，博士毕业生就业区域呈现由东部地区不断向中西部地区扩散的趋势。省域层面的分析表明，随着时间的推移，博士毕业生在就业地域选择上也越来越呈现由"属地就业"向东部发达省市及中西部高等教育发达省份不断扩散的趋势。进一步从生源地就业比例指标所表征的就业地域流动性情况来看，随着时间的推移，博士毕业生的就业地域流动性越来越强。

最后，从出国(境)就业趋势来看，尽管到美国的比例仍占绝对优势，但随着时间的推移，博士毕业生在出国(境)国家和地区的选择上呈现出越来越多元化的态势，逐渐由少数国家和地区向更多国家和地区不断扩散。

博士毕业生在就业过程中呈现的这些新趋势和新特点，值得引起政府和高校的关注。

上述主要结论体现的政策意蕴包括：第一，博士毕业生就业选择不断由学术领域向非学术领域扩散，这要求在培养博士生过程中也要不断反思和完善现有的培养模式，除学术能力训练之外，还要强化对应用实践能力、沟通交流能力、可迁移能力等综合能力的培养。第二，博士毕业生在学术市场就业的变化趋势揭示出学术职业的准备周期可能更长，同时考虑国内博士生规模持续扩张、海外博士加速回流等因素，学术界求职的竞争会更加激烈，因此，合理的就业预期设定和理性的学术职业生涯规划显得至关重要。第三，博士毕业生就业地域流动的扩散趋势为中西部欠发达地区网罗高端人才提供了更多的机会，因此，营造良好的就业环境，加大高端人才引进力度应当是各地重要的政策选择。第四，国家之间的竞争归根结底是人才（特别是高层次人才）的竞争，因此，最大限度做好留住本土优秀学术精英和大力吸引海外优秀人才回国工作，从长远来看，将为我国科技进步和社会发展提供更为持久的动力和活力[35]。

7.3　学生个人职业发展分析

7.3.1　职业规划的重要性

1. 引导学生建立职业认知

研究生正处于人生的关键阶段，由于缺乏社会生活经验，价值观尚未完善，很容易由于就业信息和职业信息不对称，造成学生在就业阶段面临困难。研究生对职业生涯规划能够帮助其正确认识职业，了解职业发展趋势。具备职业生涯规划后，研究生能够针对性地丰富自身生活，拉近职业生涯和社会实践之间的距离，让学生将专业知识和就业创业关联起来，培养研究生的综合素养。

2. 帮助学生作出职业选择

由于研究生认知水平和社会经验薄弱，面临职业选择时无所适从，很难准确了解自己的就业需要，做出最合适的职业选择。学生建立职业生涯规划后，能够指导学生选择最合适的职业，根据学生个人优势和兴趣，作出正确的职业选择。高校通过职业规划指导，引导学生正确认识自我，保证职业规划的有效性和正确性。职业生涯规划能够帮助学生分析职业发展趋势，加深学生对个人优点的了解，提高学生实践能力，让学生掌握主动权。

3. 提高学生就业积极性

在就业阶段，学生就业积极性是重要保障，只有研究生就业指导发挥出实践价值，才能让研究生提高就业积极性。在教育改革中，学生就业自由度越来越高，建立职业生涯规划能够有效吸引学生注意力，让学生建立信心，明确方向，从而能够提高其积极性和就业热情。目前就业指导课程已经成为学生必修的学分课程，但课程内容相对单一，缺乏个性化和时效性，无法真实有效地帮助学生进行就业择业。因此，需要通过职业生涯规划帮助学生正确认识自我，明确自己成长的方向。

4. 有助于学生个人成长

在推动素质教育过程中，学生个人成长至关重要，为了摆脱传统教学的局限，高校以培养研究生综合素养和全面发展为目标展开教学，以实现学生的长远发展。职业生涯规划和素质教育不谋而合，针对学生专业特长进行指导，培养学生全面发展，教师以引导者身份，鼓励学生思考，在专业教育基础上，让学生成长为具备职业道德、政治素养、心理素质的应用型人才。职业生涯规划能够为学生成长奠定基础，给予专业职业指导，能够让学生反思自我，提高学生实践能力[36]。

7.3.2 职业规划的方法

1. 了解自己的优劣势

我们都知道，每个人都有自己的优点和缺点，在职业发展中，每个人也有自己的优势和劣势：比如有的人天生就对数据敏感，适合跟数字打交道，而不太擅长处理人际关系；而有的人虽然擅长和人打交道，但是却并不擅长逻辑思考。

如果在工作中能够很好地发挥自己优势，那么就能够实现"1+1>2"的效果，工作更加得心应手，个人职业发展和成长也会更加顺利；而如果工作总是去应对自己并不占优势的事情，看似是锻炼，实际上并不能发挥自己专长，其实对于长期职业发展是不太有利的。

随着现在职业方向的越来越细分，不同岗位对于能力的要求也更加细分，所以就更有必要慎重选择自己的职业方向。那如何判断自己的优劣势呢？可以选择专业的职业测评工具，辅助了解自己的职业优劣势，从而确定自己的职业方向。市面有很多辅助进行职业决策的工具，职业测评工具就是其中一种。它通过开放式的提问，帮助你更加了解自己。

当然，测评并非唯一的辅助工具和手段，在实际的优劣势分析中，我们还可以借助这些办法：

(1)询问身边亲朋好友对自己的客观评价，确定自己的优势；

(2)通过回顾自己过往所有学习和生活的表现，找到自己擅长的事情，并从中得出自己的优势。

整体来说，这个过程就是帮助你更加清晰地认识自己。那么根据个人优势和劣势，怎么样才能找到适合自己的职业呢？要想做好这一点，就必须要了解一个社会的岗位组成：对于普通的公司来说，一般都由产品的设计、生产制造、营销销售、售后服务等核心业务线，加上行政、人力资源、财务、法务等职能领域组成。那么这些岗位除了对专业技能有要求之外，还有对可迁移能力的要求。

比如，产品的设计和制造，不仅需要有专业知识，而且需要比较强的分析和解决问题的能力，也就是逻辑思考能力。而像人力资源类岗位，更重要的是能够站在利他的角度思考，擅长处理人与人的关系，与产品研发的能力要求完全不同。而对于其他部分其他领域的岗位，比如银行的柜员，一方面是对学历和个人经历有一定要求；另一方面，这个岗位也更加强调规则和细心的重要性。

那么基于职业和能力的匹配性原则，我们也就可以从个人的优劣势来反推适合自己的职业。比如你的动手能力比较强，擅长和机械设备打交道，那么就可以选择和设备打交道的岗位，例如硬件工程师、摄影师，等等。当然，根据这个原则，也只能确定自己的大致职业方向（比如技术类、市场业务类、工程师类）。接下来还需要根据行业、自己的个人情况等综合因素来决定自己的准确方向，从而进一步完成职业规划。

2. 选择值得切入的行业（领域）

对于行业，优先的原则不再适合，而是是否值得。可能大家在日常生活中，都会说自己适合做销售、适合做房地产之类的，实际上这里对行业和职业产生了混淆。

每个行业虽然有很多不同，但本质上，不同行业都是由一系列完整的产业构成的，在A行业有的工作岗位，在B行业其实也有类似的岗位。比如我们看到房地产行业有房产营销策划岗位，在其他行业也有对应的营销策划岗位，虽然岗位专业知识有所区别，但实际上对可迁移能力的要求是等同的。

所以，我们完全可以在考虑清楚岗位方向之后，来根据以下这些因素来选择值得进入的行业：

（1）优先选择向上发展的大规模行业。

上行的大规模行业意味着足够大的上升空间和机会，虽然我们工作不仅仅是为了权力和金钱，但付出同样多的努力，又能够赚更多钱的机会，谁又会拒绝呢？而选择目前发展向上的行业，也是基于这一点原因，部分行业因为生命周期等各种原因，进入下行阶段，可能会影响到个人的职业发展，甚至打乱原本的职业规划。所以，在考虑行业的时候，你需要关注自己所在城市哪些行业发展不错、哪些行业目前正在受到扶持而发展、哪些行业目前的人才缺口较大（有新的机会）。

这些信息，一方面在网络上很容易搜索到，一方面我们也可以通过一些专业的报告网站查询到信息，比如咨询行业、中商、国家统计局，等等，只要有心查询一下，信息很容易就可以得到。

（2）优先选择上游利润丰厚的产业。

一般来说，产业分为上下游，上游往往是利润相对丰厚、竞争缓和的行业，原因是上游往往掌握着某种资源，比如矿产，或掌握核心技术，有较高的进入壁垒的行业。所以，我们在考虑产业的时候，优先考虑上游的企业。当然了，这也是相对的，很多行业的下游产业经过改造加工，甚至获取更丰厚的利润，所以我们在考虑行业的时候，尽量也把这一点考虑进去。

尽量选择在产业中利润更加丰厚的那一端，比如房地产相对于建筑工程领域，利润更加丰厚，而且规模更大，所以职业发展的天花板也更高一些。

以上就是你考虑所在城市行业的主要原则[①]。

3. 确定自己的职业目标

经过以上两步，相信只要你静下心来，仔细分析和研究两天，基本上能够确定好一个方向（建议确定好方向之后就不变了）。基于这个方向，就可以开始确定自己的职业目标了。

（1）设定长期及短期的职业目标。

由于现在职场的风云变幻，我们很难期望自己在一家公司，能够待上 5 年甚至 10 年，所以基于此，我们可以先为自己设定进入一家公司、特定岗位的短期目标。比如，小明想从事互联网市场工作，所以选定了几家互联网公司的市场岗作为目标，打算在 3 个月内通过学习进入其中之一，这就是短期目标。

而我们也可以设定长期目标，比如 5~10 年的职业目标，成为什么样规模公司、具体到什么样的职务以及收入，等等。根据这个长期目标，我们就可以分解每个阶段的目标——升职目标、学习目标，从而知道自己每个阶段应该做什么。

（2）确定好短期的计划。

设定好每个阶段的目标之后，我们就可以根据这个目标，拆解成更加具体的计划了。那具体怎么做呢？其实很简单：比如你现在想入职一家公司的某个具体岗位，那么就可以把这个岗位的职位描述拿出来好好进行分析，了解这个岗位需要求职者具备除了个人特质之外的哪些专业技能。

那么我们就可以根据这个目标来进行准备（包括学习、实习等方式）。例如，在大学的时候，你计划好未来想要成为一名互联网产品经理，那么从大二开始，你就申请去一些互联网公司的产品岗位实习，自己在业余的时间里面，也参加各种产品训练营，提升自己的工作技能。

（3）步步为营，不断复盘和成长。

最后，我们难免会碰到理想和现实不同的情况。所以，及时复盘自己过去的目标和计划，及时根据外部环境的变化，做好最终的决策。当然，最终的职业选择，还需要考虑自己的家庭环境、个人背景等各方面的因素，职业规划的路上，不仅仅是个人最佳选择的决策，更重要的是让自己做到不后悔。

8 科研故事

8.1 从科研故事中学习

科学探索如同一场永无终点的接力赛，是全人类的共同财富。纵观世界各国历史，有不少世界著名的科学家，他们为人类做出了巨大的贡献。在这些科学家身上，也发生了不少励志的故事，如爱迪生发明电灯、居里夫人发现放射性元素、钱学森航天成就、诺贝尔研究火药、贝尔发明电话等。科学家的传奇故事，是我们爱上科学的开始。与此同时，我们自己身边的同学的科研故事，身边老师对科研的独到见解，同样能启发自己的思路，明确自己的科研道路。笔者将在本章分享工科领域平凡的科研故事，主要来源于武汉大学土木建筑工程学院微信公众号"Whu 土木风华"和测绘遥感信息工程国家重点实验室微信公众号"GeoScienceCafe"，通过一个个的小故事，将前面几章的内容融会贯通，希望能对大家有所启发。

8.2 身边的科研故事

8.2.1 黄理志：让蝴蝶挥动翅膀，刮起科研的风暴

武汉大学土木建筑工程学院市政工程系　黄理志　教授/博导

科研是"偶然"与"必然"的完美邂逅。它是牛顿头上的一颗苹果，是孟德尔手中的一粒豌豆，是爱迪生桌上的一根钨丝。人类的文明之光在一瞬间闪耀，照亮混沌的黑暗。所以，不要忽略实验当中的任何一个现象，因为那有可能是刮起风暴之前的，蝴蝶正挥动着的翅膀。

1. 缘起：蝴蝶的翅膀

2019 年，我指导本科生参加全国大学生节能减排社会实践与科技竞赛，带领团队设计了一款电化学装置并结合新型纳米电催化用于处理工业废水，最终荣获全国一等奖。在实验过程中我们发现，在高电压和高浓度电解质的条件下，电化学装置的出水管中会出现大量的墨绿色沉淀，这一现象引起了我们的关注。因为我之前主要研究的就是高还原性"绿锈"材料对水中卤代污染物的还原脱卤，而绿锈正是一种墨绿色的二价铁和三价铁层状氢氧化物。当我们拆开电化学装置时发现阳极不锈钢板果然被腐蚀了。根据过去的科研经验，传统的合成绿锈无法有效去除三氯乙烯(一种地下水中常见的具有"致癌、致畸、

致突变"的氯代污染物），因为绿锈的还原电位高于三氯乙烯的脱氯电位。但这种电化学腐蚀产物是由不锈钢板腐蚀而成的，也许它的还原活性更高，可能会对三氯乙烯具有去除效果。带着这样设想，我让我的研究生邓佳同学带领本科生进行了相关实验。令人惊喜的是，三氯乙烯在混有不锈钢腐蚀产物的溶液中被很快地去除了，而且去除的速率要比之前文献中报道的绝大多数还原性材料都要快。现在回想起来，当时的这个发现也许就是蝴蝶正挥动着的翅膀吧。

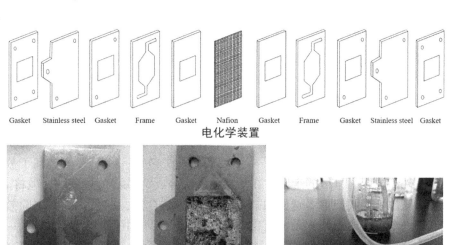

电化学装置

腐蚀前　　　　　　腐蚀后　　　不锈钢腐蚀产物中出现墨绿色沉淀

2. 深挖：痛苦的边缘

根据预实验的结果，我在第一时间与邓佳进行实验讨论，明确了两点需要探明的问题。第一，不锈钢的成分是什么？第二，哪些成分对三氯乙烯的去除有效？明确了这些问题后，我们对预实验现象背后的机理进行了深度挖掘。依靠武汉大学分析测试中心的实验平台，我们分析出了不锈钢中的三种金属元素——铁、铬、镍。接下来，我们设计了一系列的控制变量实验，最终找到了作用于三氯乙烯去除的物质——铁和镍。得知有铁物质的存在，我的第一反应就是"绿锈"。因为我对"绿锈"太熟悉了，所以当时断定，一定是镍离子强化了"绿锈"的还原活性，从而使三氯乙烯去除。但令人失望的是，当我们将"绿锈"与镍结合后，三氯乙烯竟然一点都没有被去除。当我们冷静下来，反思不锈钢电极的腐蚀原理，学生的一个想法突然让我惊醒。"不是绿锈的话，会不会是白锈呢？""白锈"，就是氢氧化亚铁，具有极强的还原性，在空气中极易被氧化。我们在无氧手套箱中合成了"白锈"，并将其与镍离子结合尝试对三氯乙烯进行去除，结果依然没有效果。找寻答案的过程无疑是漫长且痛苦的，在经历了一系列的实验失败后，我们逐渐走到了放弃的边缘。而一个意外，改变了事情的走向。在学生的一次合成"白锈"的过程中，他将 pH 值从中性调至为弱碱性，当我们将弱碱性"白锈"与镍离子结合后，三氯乙烯的去除效果再一次出现。这样一个美丽的意外，无疑让我们从悬崖边缘又回到了阶梯之上。经过一系列的实验、表征、分析、讨论，我们探明了"白锈"和镍相结合对三氯乙烯快速去除的机理，并将实验结果发表于中科院一区期刊 *Separation and Purification Technology*（IF：7.312）。

Separation and Purification Technology 278 (2022) 119597

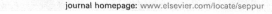

Contents lists available at ScienceDirect

Separation and Purification Technology

journal homepage: www.elsevier.com/locate/seppur

Fast dechlorination of trichloroethylene by a bimetallic Fe(OH)$_2$/Ni composite

Jia Deng [a,b], Xiang Zhan [a,b], Feng Wu [c], Shuxian Gao [d], Li-Zhi Huang [a,b,*]

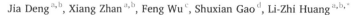

[a] School of Civil Engineering, Wuhan University, No. 8, East Lake South Road, Wuhan, PR China
[b] State Key Laboratory of Water Resources and Hydropower Engineering Science, Wuhan University, 430072, PR China
[c] School of Resources and Environmental Science, Wuhan University, Wuhan, PR China
[d] CAS Key Laboratory of Urban Pollutant Conversion, Department of Applied Chemistry, University of Science and Technology of China, Hefei 230026, PR China

3. 孕育：风暴的降临

回溯最初的设想，我们再次思考了不锈钢腐蚀的原理。如若是铁镍同时腐蚀，那么铁镍离子一定是同时释放，而在释放的过程中形成的金属氢氧化物也一定是铁镍双金属氢氧化物，那么这种双金属氢氧化物会不会具有更高的三氯乙烯去除活性呢？带着这样的想法，我们在无氧手套箱中利用亚铁离子和镍离子进行共沉淀反应，发现金属离子在羟化的过程中，颜色迅速改变，并产生了一些很小的气泡，这一现象无疑吹响了高还原活性的"号角"。

a　　　　　　　　　b　　　　　　　　　c

我们发现三氯乙烯在双金属羟基化的过程中被高效地还原为乙烯和乙烷，并且其反应时间和金属投加量被大幅降低。经过文献的阅读和对比，我们发现竟然还没有人对金属羟基化过程中的还原活性进行报道。这无疑是令人兴奋的，因为我们课题组在这项研究上很可能是 the first one。接下来，我们购置了双通道气相色谱以提高数据分析效率，购置双工位无氧手套箱以提高实验操作效率，稳步推进实验进程，并多次组织学生进行讨论，聆听他们在实验中所遇到的问题和困难，规避掉一些不必要的错误。在论文撰写方面，我也有意让学生主导，我加以辅助和修改。在接近 20 次的修改后，我们的这一研究成果成功发表于水处理领域 TOP One 的一区期刊 *Water Research*（IF：11.236）。

Water Research 207 (2021) 117802

Contents lists available at ScienceDirect

Water Research

journal homepage: www.elsevier.com/locate/watres

Generation of atomic hydrogen by Ni-Fe hydroxides: Mechanism and activity for hydrodechlorination of trichloroethylene

Jia Deng [a,d], Enlai Gao [a], Feng Wu [b], Zhixiong You [b], Xiaozhong Li [b], Shuxian Gao [c], Li-Zhi Huang [a,d,*]

[a] School of Civil Engineering, Wuhan University, No. 8, East Lake South Road, Wuhan, PR China
[b] School of Resources and Environmental Science, Wuhan University, Wuhan, PR China
[c] CAS Key Laboratory of Urban Pollutant Conversion, Department of Applied Chemistry, University of Science and Technology of China, Hefei, 230026, China
[d] State Key Laboratory of Water Resources and Hydropower Engineering Science, Wuhan University, 430072, China

三氯乙烯还原为无毒、可燃的乙烯和乙烷气体，将污染物以能源的方式进行回收，符合了近年来所提出的"绿色环保、能源回收"的理念。我坚信，在"双碳"政策下，三氯乙烯的还原技术应用于工业废水处理和地下水修复的前景是光明的。

4. 未来：百年变局中的我们

一百年前的 1914 年，活性污泥工艺在工业文明的发起地——英国诞生，标志着现代污水处理行业兴起，以及百年后给排水科学与技术及相关专业的繁荣。随着"双碳"目标全面纳入生态文明建设，污水处理行业将从传统的水污染控制向物质循环、能源回收和再生水回用的方向升级转型。百年未有之变革，亦是百年未有之机遇，在"双碳"目标的实现过程中，面向未来水科学的新工艺、新技术与新装备必将如雨后春笋般涌现出来。在实现水处理行业革命性转型的过程中，科学研究是带领行业转型的"火车头"，是所有技术问题的"总开关"，革命性的行业转型需要极具原创性的科学研究，我一直鼓励学生，要在实践中发现新现象、提出新问题，才能做出原创性的成果，而非"from paper to paper"的模仿式创新。我一直很喜欢西方一句谚语："你永远无法在改进蜡烛的研究中发明电灯"，而一个小小电灯的发明，确开创了一个大大的时代。回首过去，展望未来，我们污水处理行业也处在全球"百年未有之大变局"中，欢迎志同道合的本科生选择我们给排水科学与工程专业，在"双碳"目标以及行业转型这一大的背景下，来一场"偶然"与"必然"的完美邂逅吧，在科研的风暴中发明属于你的"电灯"。

8.2.2 欧阳稳根：无用之用 方为大用

武汉大学土木建筑工程学院工程力学系 欧阳稳根 教授

10 月 28 日，我主持了一场主题为"探寻微观，钩深极奥"的土木建筑工程学院师生午餐会。在午餐会上，有一个同学问我学习高深的数理知识是否有用，对我后面的学习工作和生活是否有帮助。我当时的回答是学习这些知识锻炼了我的逻辑思维，在做博后期间，许多研究工作用到了这些大学期间自学过的数理知识。

由于时间关系，我并未展开讲，现在我可以更为详细地谈论一下这个问题，也是我很想和同学们分享的。

1. 自学

无用？

先讲一个小故事吧，是我的亲身经历。大学时某次暑期回家，遇到村里一个有名的包工头，他知道我在土木建筑工程学院学习后，问了我一个问题："我们通常使用的钢筋，从二楼伸出去多远会着地？"问完他一脸自信地说，"我这个问题难倒了很多土木专业的大学生"。言下之意是看我能否回答上来。我回答说我需要计算一下才能给出答案。他一脸不屑地说"这么简单的问题都答不上来，学这么多知识有什么用？"我一时语塞，思忖片刻回答说："您拥有丰富的经验，这个问题对您来说非常简单，我确实无法立刻回答你的问题，但我所学的知识让我知道钢筋变形的原理，并且能对复杂情况进行有效计算，而不是仅凭经验。为了说明这一点，我们回到刚才的问题，假设将钢筋变粗一倍，从二楼伸出多远会着地?"那位包工头听后张嘴想说些什么,最终什么也没有说。

说到这里,也许大家也意识到了,我们似乎都有一种倾向,对于不了解的事物,总是会习惯性地问:"这个有什么用?对我有什么帮助?"上面那位同学问题的核心其实也是这个。当我们问出这样的问题时,其实潜意识想说的是:"如果没用或没有利益,就不去了解或接触。"

在我的求学生涯中,经常被问到类似的问题。在小学阶段,看课外书会被问"看这些书有什么用?对学习有帮助吗?"在高中阶段,自学量子力学,被老师们教育"现在学这个对高考有害无利,到大学再说"。庆幸的是,在初中阶段,我遇到了多位非常开明的老师,对我自学高中数理予以肯定,并乐意回答我的疑问,在我表达出学习高等数学和大学物理的意愿时,我的初中物理老师从他的书箱中拿出整套数学分析和大学物理的书籍借我自学,于是我的好奇心和对数理的浓厚兴趣得到满足和充分的培养,那是一次高峰体验,我充分体会到了探索未知的乐趣。

如今虽然我的初中学校被整合重建已不复存在,但我仍然非常怀念那时的时光。我曾和多位好友聊过此事,他们普遍都有类似的经历,从小时候对万事万物都抱有强烈的好奇心,到渐渐对周遭事物失去兴趣,好在我们都还保留了几样自己的兴趣爱好。

初中自学《高等数学》和《大学物理》的部分抄书笔记:

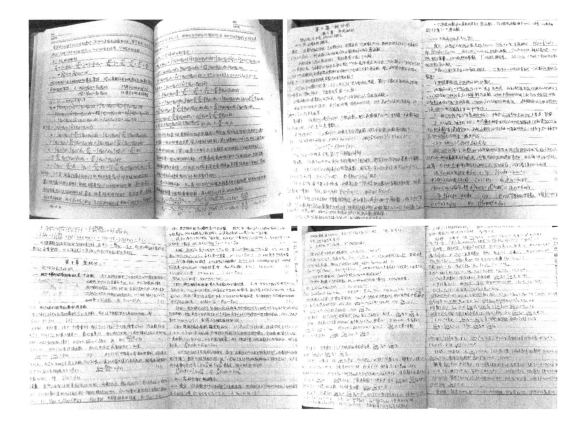

2. 无用之用，方为大用

我们的文化有强烈的"学以致用"的传统，崇尚的是"学而优则仕"，对没有明显实际用途纯知识探索兴趣不大，诸子百家中的名家迅速陨落就是一个例子。五四时期，"德先生"和"赛先生"作为两面鲜明的旗帜，对近代中国产生了重要影响。其中的赛先生即科学，既不是船坚炮利或军事技术，也不是具体的科学知识，而是普遍之道之理，也就是我们现在通常所说的科学精神。追求认识的真理性，坚持认识的客观性和辩证性，是科学精神的公认的首要特征。在我看来，科学精神还应包含如下特征：对"无用"知识的探索。从这个角度来说，我们的传统文化其实缺乏科学精神的特征，这里或许包含了"李约瑟之问"的部分答案。就像《梦溪笔谈》的作者沈括最重视的肯定不是他在科学方面的成就，而是其龙图阁直学士与权三司使的身份。

从科学史我们知道，正是这种对"无用"知识孜孜以求的探索，才让人类掌握了力、电、热、光的使用。没有黎曼几何，爱因斯坦建立广义相对论就失去了坚实的基础，而没有广义相对论，我们今天连精确的 GPS 定位都做不到；而没有量子力学，则不会产生现代电子工业，大家今天也就不可能看到这篇文章了。所以如庄子所言"无用之用、方为大用"。

大学期间在图书馆处理旧书时买的书(约 500 本)

3. 君子不器

在从初中到大学的自学过程中，我其实并未明悟这一点，只是依循本心，发现对当时的我来说，学习这些非常高深的数理知识时有一种发自内心的快乐，真的就像一个在海边捡贝壳的孩子。后来于我有类似体验的则是对戏曲痴迷，与戏曲结缘是在武大的通识课堂，于学习之余常去剧场看戏，为此还专门去图书馆借阅戏剧方面的书籍(如莱辛、莎士比亚、易卜生、奥尼尔和梅兰芳等)，后来还参加了戏曲社及其演出，可谓"浪费"了大量时间，但甘之如饴。

随着所学益深、所见愈广之后，才慢慢体会到当年痴迷学习"无用"的知识于我而言其实是一笔宝贵的财富。不仅是在后来的科研中很多当年的无用知识都被用到，而且在我遇到困境时能给我心灵以滋养。

而这正是我想和大家分享的：大学是人生的一段宝贵时光，希望大家能够有不为某种明确的利益性目的去学习看似"无用"的知识的体验，不过多地追求功利性的东西，而追崇那些看似无用实为大用的"道"。我相信大家进入武大学习都有这样的理想和抱负。这也是我理解孔子所说的"君子不器"。

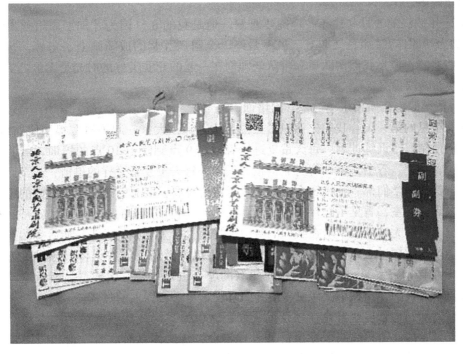

4. 业余爱好：听戏曲，看话剧

既然是《土木论语》，那最后就以论语的一个故事来结束吧，请大家允许我掉一次书袋。我虽然号称喜欢中国传统文化，但从未读完过《论语》，好在翻过，记得其中一个故事，大意如下：

孔子最喜欢的弟子颜回英年早逝，孔子悲伤过度（"噫！天丧予！天丧予！"），跟随孔子的弟子提醒他说，您哭得太伤心了！这有违您所提倡的礼呀！（孔子重礼，尤其是丧葬礼仪，对不同的对象如何反应都应符合礼仪，孔子大哭不符合老师对弟子的礼）。孔子回应说："我哭得很伤心吗？没有吧？我不为他哭为谁哭呢？"然后继续恸哭。

你们看，又是一个"无用"的知识，但每次想起，我都莫名感动。

8.2.3　少年征赛场，盛夏折枝还——带你走近周培源力学竞赛

2021 年 7 月底，第十三届全国周培源大学生力学竞赛"基础力学实验"团体赛在武汉举行。武汉大学土木建筑工程学院 3 名本科生与兄弟学院同学组成联队参赛，荣获三等奖。参加一次国家级比赛，是学生在大学里浓墨重彩的一笔，比起最终的获奖等级，那些在过程中巩固的基础知识、结交的优秀队友、提升的综合素质、收获的真切感悟或许对学生们后续的成长更有裨益。特邀请 3 位同学分享自己学习实践收获，以飨读者。

1. 虽有遗憾，仍怀感恩——王飞，2019 级，土卓

大家好，我是武汉大学土木建筑工程学院本科生王飞，来自 2019 级土木工程卓越班，来自河南南阳。

2021 年武汉的 8 月和往年一样闷热难耐，但是我的 8 月因为才加了周培源力学竞赛的"基础力学团体赛"而意义非凡。虽然最终以全国三等奖的成绩画上了句号，这个结果可能有些遗憾，但是我们的队员和带队老师们在一起的充实美好的时光是无价之宝，我们的收获更是意义非凡。

（1）枯燥但也穿插着乐趣与惊喜的培训。

来到组里的第一天，我们先认识了几位带队老师，大家一起闲聊着很快便熟络起来。随后我们便制订了训练计划，每天重复进行着早上 9 点到晚上 10 点的培训。培训的内容只有讨论、做题、看书。培训有时显得枯燥无味，每天重复着一样的事情，甚至比上课还累，看着其他同学们都一个接一个地回家或者旅游玩耍，我有时也萌生了偷懒的想法。但是每次来到实验室，看见同伴们都低头默默学习，看见他们的书上布满了密密麻麻的笔记，看见老师无时无刻不陪在我们的身边，我便放下了偷懒的念头。而后突然发现，和同伴与老师们的探讨之后的收获远远比在家玩手机打游戏要愉快得多，与同伴们在晚上10 点一起结伴回寝室，一起聊各自学院年级的趣事也是人生一大趣事。渐渐地，去培训学习变得不再被动，我和小伙伴更多地开始享受这个学习探索的过程。

带队老师们也总是变着花样地帮助我们，这也为我们的培训生活平添许多乐趣与惊喜。第一天老师便给我们买了冰淇淋和各种零食，每次休息时吃着零食和同伴老师们闲聊、刚从炎热的外面走进实验室吃一根冰棍都是我们这个夏天的美好的回忆。下雨天或是我们讨论激烈时忘了吃饭，老师便会自掏腰包给我们点各种美食外卖。比赛前几天的夜晚，何老师都会从家里带来家人做的绿豆汤和其他甜品小吃。老师们也是我们可以努力向前的坚强的后盾和领路人。

比赛进场

（2）紧张的竞赛现场和略有遗憾的结果。

比赛的前一天，大家随老师住进了比赛场地旁边的酒店。比赛前一天大家都非常忐忑不安，老师便一直鼓励着我们。比赛的前一天晚上，大家都还在房间里认真地复习着知识，不愿错过书本上的任何一个字，而老师们也在帮助我们调试设备，为我们打好后手的准备。我和我们室友学习讨论到了很晚才睡去，准备迎接第二天的挑战。

到了第二天的比赛现场，大家快进场的时候，我们虽然紧张，大脑一片空白，但是在相互的加油声和老师的嘱咐打气下，也渐渐放平了心态。

最为紧张的还是颁奖时刻，获奖名单是从三等奖到特等奖从后往前公布的，在颁布三等奖时，我们既希望自己会被念到，也希望更后面一点的二等奖、一等奖被念到。"下一位获得三等奖的是来自武汉的东道主，武汉大学"，主持人公布道。我的大脑一片空白，上台领了奖后才回过神来，心里五味杂陈，一是来自获奖的喜悦，和同伴老师们的辛苦没有白费，二是一丝的不甘和遗憾，仅获得了三等奖，和学校之前的成绩还有差距，特别是知道了只差零点几分就能拿到二等奖，心里更是悔恨比赛时不够细致，没有做到完美。

随着颁奖仪式的结束，我们的本次竞赛也告一段落，虽然有一些遗憾，但是当我们一起在那个不大的实验室努力奋斗的身影闪现在脑海中时，我觉得这一切都是非常值得的，这个夏天也因为我们的共同努力而在我们的记忆中更富色彩。

（3）感谢这个美丽的夏天的收获和陪伴。

我非常感谢自己可以鼓起勇气去参加这个竞赛，这次经历是我人生中不可多得的一次宝贵财富。

首先，这次比赛中，我接触到了在之前的课程中没有深入了解的力学知识，拓展了自己的知识面。这次比赛的培训和学习也提高了我的实践动手能力，培养了我严谨、实事求是的思维方式。之前我们对于力学的学习，仅仅局限于书本上的知识，是老师给予的较为抽象的理论知识。很多同学甚至不求甚解，只为应付考试。这次对力学实验的培训和学习让我深刻地明白了，力学是一门以实验为基础的科学，力学理论和实验实践是相辅相成的。在实验过程中，学生们可以体会探究的乐趣，还能不断提高实践动手能力，将书本的知识很好地联系实际生活。在大一大二的课程中，我们的学习仅仅局限于抽象的书本上的知识，并没有动手操作，将知识应用于实际问题的课程体验。这一次的培训将抽象的公式和理论应用在了实验上。当我利用自己学到的理论知识，通过有趣的实验，得到一项研究结果时，我获得的成就感极大地提高了自己的学习兴趣。

在学习培训过程中，我也收获了良师益友。在学习培训过程中，同伴和老师们的陪伴、鼓励和相互学习也是我的巨大收获之一。一起努力奋斗过的才是最为印象深刻的，这次培训我和几个志同道合的伙伴成为了非常好的朋友，学习时的相互陪伴和赛后一起出去玩的欢乐时光都是我的大学时光的珍贵财富。

这次比赛我收获颇丰，不仅是自己能力的提升，认识了有趣的同学和可爱的老师们更是我一生的财富，也是我在平时课程学习收获不到的。非常庆幸能够有这次比赛的机会，为我的大学生活平添一份色彩。

2. 幸运自己经历了这二十天——姜熙媛，2019 级，土卓

一个人是一颗星星，一群人就是银河。能够参加周培源力学竞赛"基础力学实验"团体赛，我感到十分荣幸。在这里我遇见了可敬的老师和可亲的同伴们。这也许是我今后很难再经历到的，这么多老师和同学在这样长一段时间里每天保持同样的作息，有着同样的目标，一心一意，专注于同一件事。大家互相加油打气、分享自己的经验，一起吃饭、一起畅想成功后的喜悦、一起满载月光回家、一起放松身心又一起不遗余力……美好时光虽已成为过去，但点滴过往给予自己的启发却愈加清晰。

（1）书中自有黄金屋。

对于我而言，竞赛的过程无非就是复习学过的内容、获取新的知识，既定思维方法被推翻、重建，循环往复，知识体系就在其中不断地更新。从前的我以为竞赛全是很酷的思维碰撞，是争先恐后地分享自己的判断和思考，然而，我想说，是，也不全是。它也需要深厚的知识积淀，多加练习后的熟练度以及广博的知识面。于是，前期我们的竞赛生活都是扎在书堆里度过的，圈点勾画，每一个知识点都不放过。前几天倒也还好，充满了对新鲜事物的热情，随着战线拉长，无聊与疲惫慢慢显露，每天"撑着"自己前进的动力无非就是想象一下成功后的喜悦。看书、做题、讨论，无限循环的日子里唯一让我振奋的就是发现我学过的理论公式、基础知识真的可以拼凑着去解决工程实际中的具体问题时的那种喜悦感。那种感觉就好像我是书本和工程之间的那座桥，我可以发挥我的作用让他们有所联系，那种成就感真是那段藏在书堆里的日子中无与伦比的惊喜。

（2）业精于勤。

后来终于来到了实践操作环节，用电烙铁焊接应变片、使用应变仪、加载等都需要我们学习、熟练。这是一个学习技能的过程，也是锻炼解决问题能力和心理素质的过程。训练过程常常会碰到各种小问题，被电烙铁烫到手、被 502 胶粘住、应变仪连线接错，等等，刚开始也会急躁焦虑，后来在老师耐心讲解和同伴们的鼓舞下，也逐渐学着沉着冷静、独立解决问题。粘贴应变片不熟，我们就利用好休息时间，提前来教室贴、贴各种不同的试件、用不同的材料试验直到找到自己最佳的手感；应变仪接线容易接错，我们就一遍遍计时测验、整理注意事项和接线步骤；贴片焊线后的试件不美观，我们就改变布片方向、学着将线归类编织成辫……总之整个团队都在不遗余力地精进着我们的技术。我也不再害怕出现新的问题，因为我们总能一起找到最好的解决办法，这是团队协作给予我的自信与沉着。

（3）全力以赴。

当我们掌握了基本的实践技能和理论知识后，就开始攻克一道道真题。从一开始的不知所措、一头雾水，到后来对问题的一针见血、寻找最优解，我们不断磨合、深入了解彼此的长处、分工配合。有的时候会因为想不清楚一个空间几何关系被困扰一晚上，有的时候会因为异型构件的太不规则而不清楚基本公式怎样运用而苦思冥想十多个小时，现在的我回想起来，觉得那些日子有一股一往无前的冲劲，心无杂念地解决问题、寻找突破口，这就是我曾想在竞赛里获得的那种思维碰撞啊！三维空间、力学方法、实践操作这些字眼不再停留于各自的篇章，而是真真切切地被用到的解决问题的武器。当每个不同的个体同时掀起思维的浪潮过后，不应该只是默默等待风浪过去而又风平浪静，而是应该记录下每次的思维高光瞬间与惯性思维漏洞，反复提醒，反复咀嚼，做到"题题有着落"。

真的要感谢竞赛的经历！它让我体会到了力学理论与实践结合的美，感受到了力学世界里的千变万化又万变不离其宗。并不是所有人都可以欣赏到这种将想法放大到作品的魅力的，在这一点上，我感到自己无比幸运！

3. 三个关键词构成了我的周培源力学竞赛——蒋滨泽，2018 级

我是来自土木建筑工程学院的 2018 级本科生蒋滨泽。本次比赛我代表武汉大学参赛，完成了实验部分的比赛。非常感谢学院和各位老师同学在本次比赛过程中给我的帮助！

"下一位获得三等奖的学校是来自武汉的东道主，他们是——武汉大学代表队。"

2021 年 7 月 27 日下午，伴随周培源力学竞赛"基础力学实验"团体赛闭幕式上主持人对奖项的宣布，我和我的队友们 20 多天的努力也画上了一个句号。因为零点几分的差距，我们与二等奖失之交臂。虽然这个句号可能不太令我们满意，但是这个句号绝对充实而有意义。这 20 多天的竞赛生活，我大概可以用三个关键词来概括。

（1）重复。

这里没有什么新鲜的故事，这里有的可能只是一些听腻了的故事，因为每天的故事都差不多。

初到竞赛组内，何勇老师就和大家一起商量好了每天的学习时间安排。从那时起直到比赛的前一天，我们每天都按照预定的时间安排到达实验室。早上八点半到十一点半，下午两点到五点半，晚上六点半到十点。每天重复的任务也大同小异：自己看书消化知识

点，跟着老师学习实验操作，讨论实验方案，总结错题和反思。不知不觉中，好像又回到了三年前准备高考时的情景：每天做的事情虽然枯燥，但是充实。如果真让我选出印象最深的日常，大概是每天晚上回宿舍时的过程了。结束了每天十个小时的学习后，一边有些疲惫地走回宿舍，一边和同伴们交流，一边回想刚刚过去的一天：我今天学到了什么新东西？有哪些疑惑得到了解决？离计划还相差多远？今天虽然看起来做的事情和前一天好像差不多，但总会学习到新的知识，得到新的收获和理解。每天晚上自我思考的过程，带给我的是自信和每天实现一个小目标的成就感。20 多天过去之后，再和 20 多天前的自己对比，每天的重复的训练带给自己的是真实的肉眼可见的进步。巩固材料力学的知识，学会了粘贴应变片，学会了应用电测法测量力学性能指标和力学参数。这是重复的 20 多天里，每天小小的进步积累起来的不小的收获。

（2）坚持。

如果让我描述这么些天的备赛阶段是怎么过的，我大概会说：我是熬过去的。

竞赛和高考在很多方面都类似，连续的一段时间重复有些枯燥的任务，久而久之就会感到疲惫。有时就会突然失去学习下去的兴趣和动力。这种情况在中间的几天稍微明显，刚刚开始备赛的前几天，我和大家一样，都有着远大的"志向"和"幻想"：拿个国一！准备比赛的劲头也很足，看书，整理笔记，做题，忙得不亦乐乎。但是重复的任务必定带来枯燥，更别提在备赛过程中挥之不去的挫败感。这些挫败感可能来自方方面面：怎么看也看不懂的课本，一页红叉的练习题，贴得稀烂的应变片……可以说，在经历了一周的"折磨"后，在备赛的中期阶段，我时不时就会进入一个"网抑云"的状态：书看着看着就看不进去了，题做着做着就做不下去了。每当我想拿起手机开始"摆烂"时，我都会狠狠地摇摇头，暗暗提醒自己：熬！不就十几天了吗？再熬个十几天比赛就结束了！书看不下去了，就去做题；题做不下去了，就去贴片；片贴不下去了，就去抄实验报告……总之，没事儿也得自己找事情做，不能让自己停下来！就这样，十几天，我熬出了一个国三。虽然和最初的"幻想"相去略远，但是起码没有辜负这十几天我的努力。

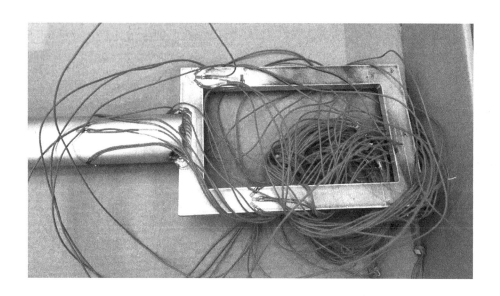

（3）陪伴。

在竞赛的路上，收获的不只是知识，还有老师和队友们的陪伴。我有幸遇见了几位可爱而负责的老师，他们在训练期间认真为我们讲解知识点，解答我们的疑惑，并负责地为我们指导实验的具体操作；生活中自掏腰包为我们点外卖，买零食，闲暇时与我们谈心，在我们懈怠时一直鼓励着我们。就算是没有安排教学训练任务的日子，老师们也待在实验楼，时不时来实验室监督和鼓励我们，只要我们在微信群里提出问题，留在实验楼的老师很快就会来到实验室与我们讨论，为我们解答。我们的获奖与他们的认真负责是密不可分的。

我还收获了一群认真可爱的队友们。团体赛重要的就是思想的碰撞和头脑风暴，只有大家一起努力，才能讨论出合理的实验方案。在第一次讨论的时候，大家都有些拘谨，但在进行几次讨论之后，大家逐渐熟悉了彼此，大伙的发言也越来越积极。而且，几个人在实验室一起朝着一个目标努力的氛围和一个人独自学习是不一样的。当一个人懈怠下来想玩手机或者睡觉的时候，抬头看看周围正在学习的大家，其他人都在努力时，自己也不太好意思懈怠下去了。一个人失落时，受到打击时，其他人也会来鼓励他；在休息时间，我们也会讨论生活和娱乐方面的话题。可以说，我们不只是队友，更是朋友。在这里，我真的要感谢陪伴我们的五位老师：彭老师、何老师、黄老师、李老师和林老师；还有陪伴着我走过这20多天的可爱的四个队友们，无论结果如何，大家都是最棒的！

路漫漫其修远兮，吾将上下而求索

积极进取、勇于求知

　　　　　是土建学子一直秉持的信条

　　　　　而后他们还会迈步新征程

　　　　　前路明媚

　　　　　未来可期

8.2.4　是偶然，也是必然——全国大学生智能建造与管理创新竞赛

2022 年 4 月，第二届全国大学生智能建造与管理创新竞赛圆满结束，武汉大学"珞珈筑行队"携作品《"网"来如梭——城市轨道交通智慧运维微信平台设计》在 380 余所高校作品中脱颖而出，并在北方工业大学参加决赛答辩环节，经评选，荣膺第二届全国大学生智能建造与管理创新竞赛决赛特等奖。

武汉大学"珞珈筑行队"由我院工程管理系孔文涛老师、杨琳老师共同指导，2020 级研究生符钰华、周炬诺和 2018 级本科生郭展、王艺暄、徐杨共同参赛，在 3 个多月的准备时间里苦心钻研、协同合作，不断构思新想法、改进参赛作品，在决赛答辩场上沉着自信、从容应对，辛勤的付出最终迎来了特等奖奖杯的闪耀夺目。

100 多页的成果报告、3 分钟的介绍视频、10 分钟的展示答辩，每一项成果都凝聚了2 位老师和 5 位参赛学生的心血，而结构楼 309 和 101 会议室见证了大家那些不为人知的决心和努力。

1. 指导老师孔文涛

智能建造与管理创新竞赛指导团队是一个凝聚力很强、积极向上的集体，项目负责人是工程管理系孔文涛老师。在东南大学举行的第一届竞赛由我带队参赛，武汉大学组建了由土木建筑工程学院、计算机学院五名本科生组成的团队参赛，获得全国二等奖。第二届竞赛，竞赛指导团队总结了第一届大赛的经验和教训，组建了多学院、多专业，包括研究生和本科生的 5 名学生参赛，由我和杨琳老师共同带队参赛，并一举获得特等奖！

武汉大学智能建造与管理创新竞赛团队在反复总结、不断进取、持续努力中，实现一个又一个智能建造的梦想！

每一份收获，都离不开参赛队员的投入和指导老师的付出，每一份喜悦，都凝聚着团队成员的汗水和智慧！期待着下一次梦想的实现！

2. 指导老师杨琳

在参加第二届全国大学生智能建造与管理创新竞赛之前，我已经尝试过"互联网+"全国大学生创新创业大赛。智能建造领域的新兴发展，各种人工智能的方法如毗邻建筑般鳞次栉比地出现，给指导老师们最大的冲击是：怎么让大学生把一个智能化的科研构想用竞赛的形式落地？当年"互联网+"创新竞赛的选题定位于大数据下的绿色建造，但因为实施层面问题难以解决，止步省赛未能进入国赛。有了"互联网+"失败的经历，也反复思考了校级、省级各专家、评委们反馈的意见和建议，在本次大学生智能建造与管理创新竞赛的选题上，我做了很久的思考。在智能相关模块下做大数据平台容易让评委质疑大学生项目

的经济性、实施的可行性和保障性；如果将内容做得太细太小，又进入无法施展创新才华的瓶颈。苦思冥想下，结合本人横向课题"武汉轨道交通二号线风险管控"的研究，灵机一动，如若将智能大平台放置在微信小程序里，并将自己科研中用到的复杂网络方法串入其中，错开城轨运维大数据的应用主体，把智能运维落脚到主体参与代码的小程序端口输出，既有行业前瞻，又能保证落地和可实施性，不就很好地兼顾了理论与实践？这一想法着实让我激动了一番。于是有了我们的题目："网"来如梭——城市轨道交通智慧运维微信平台设计。

记得刚开始的第一个月，同学们对该课题的理解总是停留表面，智能运维是什么？如何体现公共交通类建筑智能化的特点？平台的设计需要注意什么？如何编程？每周组会总有层出不穷的问题；与此同时，提纲挈领的功底弱，写报告上下文的衔接跟写小说一样，紧密性弱，不会抓亮点……第二个月开始，同学们都可以快速地找到自己在团队的位置，5 位同学分工明确，有的放矢，条理清晰了许多；等到复赛提交成果的前三周，几乎日日夜夜泡在会议室的同学们，对课题的全方位理解总算清晰透彻。

回望过去的 3 个月，感恩学院对我们系进行大学生竞赛项目的诸多支持；感恩孔文涛老师对学生的认真指导；感恩 5 位同学孜孜以求的进取精神；也欣慰自己在指导大学生竞赛上的坚定如一。

大学生学术类的竞赛既不是做应用性横向项目，也不是做学术基础研究，而是在理解行业前瞻性的条件下，指导学生们完成一项分工细致周密、逻辑严格自洽、文字清晰紧凑、内容完整条理、图文新颖有力的课题。

从初赛、复赛到总决赛，一路过关斩将，步出重围，公布一等奖名单的那一天，我们顺利接到了前往北京参加国赛特等奖现场遴选的通知。特等奖参赛时节正值 5 月。5 月的北京，明媚舒朗，给人诗与远方、心存希望的感觉，一如当时奔赴高铁站乘车而行的我们。而当经过 3 个月的奋斗，拿到特等奖牌的那一天，万里无云的既视感，能遇见的景、遇见的人和听到的故事，一如那日的蔚蔚蓝天入眼。

《珞珈赋》云：珞珈苍苍，东湖汤汤；山川壮美，泱泱养天地之气。土木的学子们意气九霄，终在智能建造与管理创新国赛上结出了丰硕的成果。

3. 参赛学生符钰华

这次是我第一次以队长的身份参加全国性的学科竞赛，说实话一开始杨老师和我说的时候，我心里还是有一点点胆怯的，不仅害怕承担不了队长统筹队伍的责任，更害怕自己不能带领队伍拿到好的名次。现在看来，我是需要感谢这种压力所带来的不自信的。

比赛伊始，我就找到了去年参加过比赛的同学一起探讨比赛的流程、关键点和他们所遇到的难点和积累的经验，一番沟通下来，对比赛有了大致的了解。后来在杨老师的指导下，我们选定了比赛的核心主题——为城市地铁的运营搭建一个智能化的运维平台，打破城轨各个职能部门的交流隔阂，提高城轨运维效率和服务水平。之后，我和小周经过反复沟通、思考，最终决定了报告内容的大致框架，我也结合每个队员的具体情况对队员进行分工，并拟定时间计划表和安排布置每周大家要交的成果。

其实这个比赛更像是一次科研，我们需要将理论与实践相结合来解决生活中的实际问题。在比赛准备过程中，新知识新方法的学习与应用、专业数据的获取与处理、运维平台功能的构思与设计、小程序的编程与界面美化……每一项都是从零开始，每一个阶段都是自我的提升。这个过程，我们一次又一次遇到瓶颈、走错方向，但庆幸的是两位指导老师每次都能精准指出我们的症结所在，在每周组会上给出有效的意见与建议。

后来到了提交成果的时间，我们在结构楼的会议室里加班加点，两位指导老师也陪着我们，一遍又一遍地审阅报告、浏览视频，指出有瑕疵需要修改的地方。之后在焦灼的等待中，我们得到了一等奖、进决赛的好消息，便又开始了下一步的准备。

不论是去北京的高铁上，还是在去比赛现场的路上，我都在一遍一遍地复述演讲稿，好在借着抽到第一个答辩顺序的运气，我们在特等奖名单里看到了"武汉大学　珞珈筑行队"这几个字，当时的喜悦难以复述，就觉得一切都值了。

获奖的那晚，我和杨老师、孔老师、小周一起走在长安街上。长安街的风是那么自在惬意；我，又是那么幸运。

感谢一直以来尽心尽力、尽职尽责引导我们的两位老师，感谢全程和我共进退的小周，感谢一直配合我安排、任劳任怨的三位学弟学妹，也感谢那个努力付出了的自己。

4. 参赛学生周炬诺

第二届全国大学生智能建造与管理创新竞赛已经结束了快一年的时间，但回想起当时参赛的经历，仍颇有感触。本次比赛中，我们的队伍首先在初赛阶段荣获全国一等奖，后又在决赛阶段斩获了国家级特等奖。对于这份成绩，首先我要感谢队伍的指导老师们，是杨老师高标准严要求的指导和孔老师细心体贴的陪伴，我们才能克服过程中遇到的一个个困难，取得如此成绩。其次，也非常感谢一起参赛的同学们，大家一起认真完成比赛中的每一个部分，攻克每一个问题，都充分发挥了自己的能力，为比赛全力付出。

一路走来，多有不易。从2021年3月初确定好参赛人员后，我们就进入紧张而又忙碌的备赛阶段。在本次比赛中我主要负责建模和写作部分的工作。在最开始提出比赛主题的时候，还感到有些没有头绪。经过一次次和老师同学探讨，一次次将原思路推翻重来，我逐渐确定了研究思路与方法。查资料、整理报告、不断修改，这个过程无疑是艰苦的，然而当一份完整的报告呈现在眼前的时候，我却感到无比充实与自豪。在这个过程中老师们倾注了非常多的心血，逐字逐句地为我们修改报告中出现的问题，不断分析每一个部分的逻辑联系，甚至在最后的打印环节，杨老师还亲自在打印店将报告的排版格式调整了数次，争取在每一个细节上做到完美。印象最深的是在去北京比赛的车程上和答辩的前一夜，我和符钰华同学一遍遍地练习着答辩的稿子，模拟评委可能问的问题，生怕遗漏任何一个细节。当时我们都很疲惫，也很紧张，但这种全身心投入一件事带来的满足感却冲刷掉了一切的负面情绪，让我至今回想起来仍觉得十分满足。

回顾这段参加竞赛的经历，忙碌却充实，我们一次次在有限的时间内不断探索、思考，不断进步。这期间遇到的各种问题对我而言不仅仅是一种考验，更是极为重要的锻炼。接下来的日子，我也将继续带着参加此次比赛的弥足珍贵的经历，砥砺前行。

5. 参赛学生郭展(计算机学院)

其实很荣幸能参加这个比赛,并且在老师的悉心指导和队员们的共同努力下获得了奖项。我在比赛过程中主要负责微信小程序的开发,将我们的理论成果转化为能够看到的运用到的实际成果,并且在答辩中向评委展示。

整个比赛过程中,除了开发完成整个小程序实现理论功能,更多地是队员们对于我开发的程序进行纠正和优化,使得其表现我们的理论成果同时,也能更加贴近"创新"的比赛主题。在比赛中过程中遇到的困难,更多地是开发任务重,只有我一人负责对小程序的开发和实现,并且不断地优化和修改;此外便是对于理论成果的理解和转换,对于一些土木建筑知识理解得不是很清晰,所以队员们常常需要向我解释相关的知识点。

在这个比赛过程中,让我感受到了多学科交融的现状,土木建筑与计算机这两个看起来并不相关的专业,最后也能将土木建筑的理论成果体现在计算机中,也让我看到了未来一些专业的走向和趋势。很荣幸有这样的机会,让我能够参与到土木建筑学院的比赛,结识了很好的队员,一起努力一起奋斗,共同为了奖项而拼搏。

6. 参赛学生王艺暄

在大三下学期,有幸同工程管理专业的研究生学姐组队,在杨老师和孔老师的带领下,参加了第二届全国大学生智能建造与创新管理竞赛。本次比赛使我对包括轨道交通等在内的工程项目的整体检测、管控、运维有了进一步的实践与了解,结合大数据时代背景,借助小程序的模式,提出了智慧运维的初步但完备的方案。团队最终开发的微信小程序,帮助实现城市轨道交通系统的智慧运维,与大型运维平台形成优势互补,实现日常巡检到人、故障报修到人。

本次比赛期间印象最为深刻的是信息收集与分析的过程。比赛初期,我们对轨道交通系统的运维工作、主体部门等不够了解,需要大量查找资料进行学习,信息太多且琐碎。官方且有效的信息比较难调查,参考了城市地铁官网与人员职位表和铁路车辆段运维系统的网络平台。收集大量信息后,通过复杂性分析等方法化简问题,找出主要突破点——用小程序的方式解决运维难题。每次组队都是一场团队合作,收获的也不仅是专业相关的技能。参赛期间的每次组会上,符钰华和周炬诺学姐的每次汇报都使我感受到她们清晰的逻辑思维;在比赛最终答辩时,从容地展示并回答评委老师提出的问题,这都是我仍需学习的地方。

另一方面,此次比赛结合智慧城市等专业课的学习,让我想象到了未来工程管理领域发展的一种可能性——与当代技术融合、更为高效便捷的运维方式。我认为智能化是当下所有行业发展的重要方向,而本次比赛启发了我对于智能化管理、运维的思考,亦是成功做出了初步的尝试。

7. 参赛学生徐杨

在比赛的准备过程中,我的角色是一位进度推进者。例如前期进行地铁部门的主体及其职责识别与分析,进而对故障及主体重要度进行分析,并基于此进行微信平台各项功能的设计。

其中，我印象最深的便是运用网络爬虫法与故障树进行故障识别的过程。首先，我们需要找到各城市地铁运营官方网站，对近几年内地铁运营突发情况与故障的公示信息进行爬取；接下来，筛选有效公示信息并将爬取的信息导出为 Excel 表格格式，并以"关键词提取"等方式进行故障识别与归类。对故障信息进行爬取起初给我带来的感觉是枯燥乏味，但是当我将爬取的信息整理归纳，自己的付出得以呈现时，便突然觉得每一份努力都会收获结果。

此外，在进行微信平台功能设计时，需要搜集各种小程序功能界面用于参考。我在搜寻大量具有类似功能的程序后，结合我们的设计目标，规划了小程序的具体功能及其明细内容，并以此为依据进行了小程序的功能界面排版。我觉得这个过程是进行程序后续设计的基础，在此过程中，需要分析传统运维平台与我们所设计运维平台的差异，基于此对微信平台的功能进行设计，我的分析能力得到了极大的提升。

整个过程中，我们每个人都是相互联系的。比如我对程序的功能设计对于制作程序的同学来说至关重要，在设计时我也会事先和他沟通交流，这一过程提高了我的沟通能力及团队协作能力。最后去北京参加比赛时，也了解到了许多其他院校的优秀作品，加深了对智能建造的理解与认识。总而言之，这个比赛使我受益匪浅，我希望之后其他的学弟学妹也能多参与类似的比赛，在提高专业知识的同时，还能学到很多个人技能并体会到团队合作的成就感。

这次比赛中参赛队员们都心怀同一个目标，在两位老师的带领下稳步前进。比赛国奖的获得，是一次偶然，是偶然中组成了这七个人的团队，碰撞出了绚烂的火花；也是一种必然，是无数次组会、无数稿报告、无数次演讲排练所导致的必然。

他们也都知道，这只是个开始，而未来远不及此！

8.2.5 "深水杯"全国大学生给排水科技创新大赛感悟

1. 工科试验班 40 班李佳禹

黄理志老师是我的烛光导师，经过几次烛光小组的会面，我了解了给排水是一门涉及水资源保护及市政供排水的综合性学科，自小喜欢生物的我在参观了黄老师的实验室后，就对给排水专业心生向往。今年，我进入了黄老师的智能化科创兴趣项目，并与学长学姐一起参加了"深水杯"竞赛，比赛期间做了些力所能及的事情，虽然只是一些简单的文档整理和辅助性工作，但在这个过程中也深深感受到了给排水专业的魅力。

我在参加了土建学院专业答疑会以后决定学习给排水专业，水，作为人类生存与经济发展所必需的重要资源，从小了说，干净的水才能保障人民的身体健康，往大了想，城市的排水系统合理才能减少洪涝灾害，污水处理得体才能保证环境优美。在与学姐的交流中我了解到，给排水相比其他工科专业，生物化学方面的知识较多，对像我这样的"物理困难户"十分友好。我希望在大学学习水环境的治理相关的知识，将来为保护生态环境出一份力。

2. 工科试验班 40 班吴芊

在各种专业介绍的活动中，我逐渐对给排水科学与工程这个专业产生了兴趣，正好学院为大一同学开展了一些智能化科创兴趣项目，我便把握这个机会加入了由市政系黄理志老师带领的智能水面机器人项目。借这个项目，我认识了给排水专业的许多学长学姐，并加入了今年的"深水杯"项目团队，后来又加入了同样与之相关的大创团队。

由于我进入大学不久，很多专业课都未学习，我在团队中更多地是跟着学长学姐们学习。这次经历让我在加强了对科研的热情的同时，更加坚定了在专业分流时选择给排水科学与工程的想法。

给排水科学与工程这个专业主要学习方向是城市的给水与排水，包括城市水资源的净化与再生和城市水网的修缮。我在高中选科选择的是生物和地理，学习的内容与给排水关联性很强，再加上我本身对这方面感兴趣，选择这个专业也就自然而然了。

再者，城市是大多数人类的生活环境，水又是生命之源，给排水专业对人类来说意义非凡。在功利性方面，给排水对城市发展起到关键性作用，前景广阔，学习这个专业不愁找不到好工作；在非功利性方面，学习给排水科学与工程更是为保持与优化我们的生存环境尽了自己的一份力。它是一个非常值得选择的专业。

8.2.6　顾思远：镞砺括羽图破壁，踔厉奋发再向前

顾思远，武汉大学土木建筑工程学院 2019 级岩土工程专业硕士研究生，导师为周小平教授。在校期间曾在班、院、校三级学生组织中有过学生干部任职经历；研究生期间以学生一作发表 SCI 一区论文 1 篇；获"武汉大学优秀共青团干部""武汉大学优秀研究生""武汉大学优秀毕业研究生""研究生实习实践优秀个人"等荣誉表彰。

1. 引言

三年武大行，一生珈国情。人生的旅途上，总有一些关键的节点需要我们做出选择。在 2019 年进入武汉大学攻读研究生，是我人生成长过程中的关键一步。在武汉大学求学的这三年里，我增长了才干，强壮了筋骨，认清了自我，找明了方向。无论走到哪里，总要回头看看来时的路，作为土建学院的平凡一员，也借此机会把这三年成长过程中一些所看所悟和各位同学分享一下。

2. 在科研学习中长才干，做校园成长的"实干家"

"非学无以广才"，作为一名研究生，科研学习始终是我们的本职主业。我跟随导师展开课题研究，在老师的关怀和鼓励下，明确了岩石动力学这一研究方向。随后的两年时光便开始了与霍普金斯压杆试验的"相爱相杀"。科研学习绝非一片坦途，在不断的挫折失败中摸爬滚打才是常态。动力学试验本身就存在着偶然因素多，试验结果离散性大等问题。实验中仪器故障报错可谓是纷至沓来，结果的偏差错漏更是家常便饭。在研究生二年级的秋天，我与同组的师弟往往在实验室泡上一天，时间却都花在了解决旧问题和发现新问题上。那段时间，早上眼一睁就要先发愁于昨天还没排除的故障，着急忙慌地来到实验

室，一根电线一根电线地检查接通情况，一次又一次地调试仪器，一天下来忙得心力交瘁却还是难切肯綮。在郁闷和彷徨中，时间一点点滑过，而我的实验却还未见进展。

既要埋头苦干，也要记得抬头看路。回过头来看，学习的过程中需要勤于审问、善于慎思、甘于笃行。在不断的挫折教育中，我开始主动联系师兄、实验室老师和仪器厂家，向他们请教发问，同时自己也不断总结查阅资料。最终在厂家热情的指导下，在实验室老师手把手的示范下，我逐渐熟练掌握了调试检修的技巧，获得了试验结果。为者常成，行者常至，最终在导师的悉心的指导和帮助下，我撰写了一篇论文发表在了领域内知名的一区 SCI 期刊上。

相比学院诸多优秀的同学和各位广博的老师，在科研上我离"升堂"犹距太远，更遑论"入室"。但小小的一步，却也凝聚了我付出的心血。虽然将来未必继续从事相关工作，但大道相通，万物一理，浅尝辄止的探索锻炼了我冷静分析问题、细心解决问题的能力，也让我明白了世事不易，捷径难寻，任何成果都需要脚踏实地地苦修实干。

3. 在学生服务中坚信念，做投身选调的"逐梦人"

研究生刚入学，我便加入了土木建筑工程学院研究生会。报名表中，我如是写下了自己的期待，"希望加入研会，认识更多志同道合的朋友，在服务同学的过程中历练成长"。两年的时间里，我和朋友们携手努力，结合学科特色，守正创新，组织了多场实践育人、求职实训活动。正如最初所期许的那样，在研会的活动中我敞开了心扉，收获了快乐，结识了好友。

除了院研究生会，我还加入了武汉大学选调生发展研究会。在协会的两年里，我负责协会内部常务管理和对外联络发展工作。百川汇流，同侪共展鸿图志；星火相继，漫山渐染选调色。在大伙的努力下，协会收获了在校师生、广大校友和上级单位的认可和肯定。连续两年以总分第一被评为校"十佳社团"，并被全国学联和《中国青年报》评为"全国百强学生社团"。

为进一步讲好选调生校友基层建功青春故事，我们创新形式，开展了诸多活动。借此机会，我也认识了数十位选调生校友，通过汇报座谈、寻访交流，我被他们心系民生冷暖、胸怀万家忧乐的"珈国"情怀深深打动。

尤其是在 2021 年 1 月，我曾跟队寻访云南宁洱县昆汤村驻村扶贫的师兄，跟随他的脚步，我们首先领略了昆汤村独特动人的旖旎风光，冬日的滇南小村仍是樱花袅娜，绿意葱葱。随后我们参观了昆汤村脱贫攻坚的宝贵成果。在扶贫队员的忘我付出和村民的苦干实干下，村里建设了茶叶园和粗加工烤烟的作坊，村民们办起了集约化养猪场。

从师兄的讲述中，我既体会到了驻村工作的不易和艰苦，更感受到了基层选调生们心系民生冷暖的热忱和担当。以师兄为例，他博士毕业后驻该村已近两年，他走门串巷对建档立卡户进行登记和寻访，与支部党员们为产业发展方向而研讨座谈，为产业发展的建设经费而四处奔走……师兄的滴滴汗水挥洒在了屋前宇下，满腔心血凝结在了田间地头。

现在昆汤村医疗保险全面覆盖，住房交通明显改善，养殖栽培方兴未艾，在扶贫队员的努力下，村子的命运、村民的命运已然发生了历史性蜕变。

顾城说："黑夜给了我黑色的眼睛，我却用它寻找光明。"在茫茫的时代进程面前，人的一生是渺小短暂的,但这渺渺的一生却也总要去追寻些什么,去实现些什么。观其来路,眺已去途,成为一名选调生投身基层实践,业已在一次次类似的交流中在我心底埋种生根,成为我所憧憬的职业方向。

4. 在实践锻炼里壮筋骨,做职业探索的"奋斗者"

"知者行之始,行者知之成",实践是通往学以致用的必由之路,是练就过硬本领的关键一招,是全面发展成长的动力源泉。研究生生涯中,我尝试将学思践悟相结合,努力拓宽求学求知的边界。2020年春季,我曾于碧桂园集团沪苏区域投资拓展岗跟岗实习。2021年暑期,又有幸于淮安市人民政府办公室人事教育处和机关党委进行了2个月的政务实习,协助单位参与人事考核、干部教育、机关党建、离退休等相关工作。

在实习中,我细心去做,用心去看,力图有所收获的目标,转换角色,积极履职,很好地完成了单位所交办的工作任务。在市政府,我见识到了机关单位严谨细致的工作作风。在处室领导的指教下,切身感受了"文经我手无差错,事交我办请放心"的丰富内涵。实习初期,处室领导曾让我协助核对一份党组机关会议学习的材料,我看材料篇幅较长,简单地检查了一下便交了差。然而处长拿到我核对后的文稿后,仍然仔细用铅笔指着逐字逐句一行一行地过了一遍,将一些可能含糊不清的地方圈画下来,电话联系相关处室再次核实检查,随后再次对文稿进行了仔细的检查校对,全文核对确定无误后才打印交付分管领导审核。在经过上级领导的审核后,才付印出稿。

在校的同学们身处象牙塔,有时会有骛远遗近的一些认知。殊不知越是肩负重要职责的单位,日常工作越是求细求实,强调对每个细节都要精准把握。世事洞明皆学问,大难皆由小因起。政府的每个声明,每份简报都要层层核实审阅,一个细小的失误都可能造成巨大的负面舆情影响,进而损害政府公信力。天下难事必作于易,天下大事必作于细,在工作和学习中要将易事落实,琐事办精,杂事理顺就是我在实习中最真实的收获和体会。

5. 结尾

惊风飘白日,光景西驰流。在这三年的学习生活中,我在科研学习里增长了求学求知的本领,在校园服务里坚定了奉献奋斗的使命,在实习实践中树立了细致严谨的意识。君子藏器于身,待时而动。在新时代和大变局激荡的当下,青春壮志幸得生逢其时,重任在肩岂能袖手旁观?今后的历程中,我也将继续努力,以期发扬土建人"勇于担当,追求卓越"的精神品质,踔厉奋发,行稳致远,不负珞珈、不负时代!

8.2.7 谢维强:感谢这个时代,感谢努力的自己

谢维强 土木建筑工程学院 2019级博士生

行文至此,才觉我的博士论文已接近尾声,二十一载求学生涯也行将结束,内心五味杂陈,一时竟不知如何起笔。望着窗外葱葱郁郁的树叶随清风微摆,又是一个春天,悠悠岁月,往事涌上心头……

我是一个来自大山的孩子,那儿山清水秀,民风淳朴,我爱我的家乡。一个爽朗的清晨,伴随嘹亮的哭声,老三来到人间,父亲脸上又是喜悦,又有点落寞。"要是个女孩就

好了",父亲抱着我如是说道。在已有两个哥哥的情况下,再添一男丁,这无疑是使本不富裕的家庭雪上加霜,因交不起超生费用,年关时家里养的一头猪被拉去抵了。

岁月无声,长大似乎也是瞬间的事情,转眼已到记事的年纪,喜欢跟着爷爷在田垄上散步,喜欢在遍地是野花的草丛中和二哥一起捉蜜蜂,喜欢在清澈见底的小河里嬉戏……爷爷博学多识,虽已记不清模样,但他用烟斗抽着旱烟给我讲故事的场景仍历历在目。他当过小学教师,会木匠活,能盖房子,是我心中的全能人才,也正是在我记事这一年,爷爷离开人间驾鹤升仙;开满野花的草丛总有成群蜜蜂在勤劳采蜜,而二哥和我总喜欢打扰他们干活,用身上的衣服包住它们,捕捉到之后放在地上看它们和蚂蚁打架;家门前的小河给童年创造了无数的乐趣,和伙伴在河里玩潜水找石头的游戏、憋气比赛、游得快比赛等,当然最喜欢的还是摸鱼,拿着簸箕在岸边捣腾总能抓到一些泥鳅和鱼虾,晚餐还能美美地吃上一顿。

父母忙于田间工作,早出晚归是每天的常态,这也让我们兄弟三人逐渐掌握独立生存的能力,大哥责任最重,所做事情也最多。早上早起后,三人中留一人做饭炒菜,剩下两人出去深山放牛,由于大哥上小学,下午便是我与二哥出去放牛,在山上碰到野猪野兔也是常有的事情。走累了骑在牛背上、学水牛叫来寻找水牛等趣事现在回想起来,依然是美好的童年生活记忆。傍晚洗衣做饭,等到劳累一天的父母回到家已是天黑。

跌跌撞撞已是上学的年纪,小学在离家不远的村里,全校一至六年级不到百人,但只要有某个班在读课文,总能听到半山坡上清脆而朗朗上口的读书声;老师的稀缺导致二三年级合并在一个教室,老师上完半节课后调头上另一年级的课程。那时小学课程还很轻松,课后作业少,一般半个小时便可完成,弹珠、养蚕、摸鱼等成了放学后的常玩项目。很喜欢美术和音乐课,显然其任课老师是咱们的主课程老师,虽然他们主教数学语文,但也同样一丝不苟地给我们讲述画画和音乐知识,尤其是教我们语文的音乐老师,他有极深的音乐造诣,时常让我们在讲台上唱歌,然后他用钢琴或者小提琴为我们伴奏:"我是一颗小小的石头,深深地埋在泥土之中……"(《雨花石》)

初中三年的学习让我逐渐立志要走出大山。还记得七年级的一篇课文《在山的那边》,山的那边是什么呢?以我多年放牛的经历来说,山的那边还是山!但如果继续往那边走呢?心里始终充满好奇,这也让我非常喜欢爬山,山顶视野开阔,总有令人心旷神怡的风景。因最近的初中也是隔壁村才有,这三年我开始了寄宿生活,每周一次的回家,总要带一袋大米炒一份菜带去,然后再拿上十块钱的伙食钱,五毛一份的酸菜和一块钱一份的辣子鸡架,至今回想起来都会咽口水。周六傍晚和周日早上,总能在悠长的盘山公路上遇到同我一样骑着自行车,时而轻缓,时而疾冲,哼着走调的歌的求学少年。七年级新增了一门类似语文、但又一点不像语文的课程——英语,它用拼音读不通!新鲜感让我保持了非常高的英语学习兴趣,为了更好地学习听力,时常会借老师的收音机和听力磁带在晚自习结束后的教室里默默学习,此时英语被我当作一种方言在学习。初三一年是求学二十余载最为辛苦的一年,早上六点起床,经常要在教室学习到凌晨才回去休息,偶尔在校门口买上一个热气腾腾的包子啃上几口,满满的快乐!辛苦是身体上的,而内心却从未觉得劳累,走出大山是唯一的念想。中考志愿我填报县一中,很多同学填报中专,父母后来因为这个事情说了多年,直到大学后他们还是觉得我若填报中专,已经有稳定的工作。

功夫不负有心人，中考告捷，全县第十二名的成绩让我步入省重点高中就读，三年学杂费全免，而且还奖励了大几千，原来读书真的可以挣钱。随之而来的是学校组织的暑期实践，有机会走出大山，看到了大城市的灯红酒绿，人来人往。良好的学习氛围让我在高中醉心学习，时常与王天平、王星平等同学探讨解题技巧，学习成绩也一直平稳；校门口的书店繁多，为学习资料的获取提供了丰富的选择，周末时常在店里待一整个下午。乒乓球与羽毛球是我常进行的体育项目，一般下午第一节课为体育课，我们吃完午饭便去，直到下课，运动两三个小时，酣畅淋漓。

高考前夕，父亲打电话说道："你好好考试，其他的不要多想，只要考上了，借钱也供你读书!"可能无所顾忌地朝着理想努力，人生就会变得幸运，我的高考成绩还算理想。高考后的夏天，酷暑难耐，在需填报志愿时，坐着城乡班车，去小镇的网吧开了一个半小时，百度十大热门专业，完成了志愿填报，这可能在今天看起来非常荒唐，但作为没怎么上过网、未过多了解专业概念的小白，倒也正常。最终，以第一志愿第一专业被武汉大学土木类录取，武汉大学是我高中以来的理想学校，而土木工程是当时的热门专业，可谓皆大欢喜。开学报到，父亲带着4000块钱，我带着高考真题，坐上了人生中的第一趟火车，到校后由于学费不够还向学校贷款了4000，报到成功后便开始置办宿舍用品，父亲在宿舍住了一宿第二天早上便匆匆回家，他担心母亲一个人饲养不过来家中的牛和猪。于是人生地不熟，我俩第二天一早跟着路人从工学部宿舍走到八一路坐公交车前往武昌火车站，送别父亲，我又搭载了一次武大的迎新校车回到学校，可这次因为坐的是到文理学部的校车，后来一路问路回到工学部。

大学的学习变得丰富多彩，以往的阴霾也逐渐散去，我由内敛也慢慢开朗起来，好奇心和广泛的兴趣引导着我。这四年，在学习课本知识之余，参加了大大小小的专业竞赛，参加了科研活动、社会实践，也加入了学生社团，人生中第一次穿西装，第一次答辩，第一次"轰趴"，第一次野炊，第一次跑马拉松……与一群充满活力，青春向上的人燃烧着青春。

初识张晓平教授是在大三的岩石力学课程上，张老师上课深入浅出，细致耐心，善于结合工程实际将理论知识娓娓道来，将原本晦涩难懂的力学讲得通俗易懂起来。大四保研后正式加入张老师课题组，在张老师指导下，依托我第一个横向项目"苏通综合管廊工程"完成了本科毕业设计，一周一次的组会让我逐步对研究方向形成了认识、理解，深入现场再次加深了专业知识的学习，深知"纸上得来终觉浅，绝知此事要躬行"。犹记研一阶段，张老师劝导我们，先学好课程知识，多余时间用来做科研，尤其要带着思考广泛阅读文献，于是乎我大量阅读文献，每有会意，便于办公室向张老师请教，有时一谈论就是两三小时到深夜，张老师传道授业、答疑解惑的场景仿如昨日。张老师是科研斗士，是习主席"把论文写在祖国大地上"箴言的践行者，硕博连读期间我出差数十次，其中多次与张老师同行，博士课题的敲定便是一次与张老师在 ABH 项目隧洞内的小火车上，在嘈杂的钢轨撞击声中，张老师详细规划了我的科研蓝图。呕心沥血，于讲台寻真理；跋山涉水，于实践求真知，张老师一丝不苟的授业精神，勇于创新的实践精神对我博士生涯，乃至今后人生都有重要影响，感谢恩师!

科研团队在一起研究总能集思广益，发挥"众人拾柴火焰高"的作用。（节略）课题组形成了以导师为火车头的岩土工程研究动车组,师兄弟姐妹们之间互帮互助,科研上 idea 相互碰撞,生活上美味共同分享,(节略)一起探讨学术的日子弥足珍贵,一起下馆子的时光也值得珍藏(节略)。

在珞珈山下遇到了一群可爱的同班同学:吴鑫林、梁峻海、杨信美、黄博娅。与你们在一起的日子总是快乐相伴,在武大求学的九年也变得无比充实,我们一起出过差、实习过、实践过,也下过很多的馆子。对酒当歌,人生几何,你们总是非常耐心地听我诉说科研的烦恼,让我在一筹莫展时又心有慰藉。感谢同窗好友梁峻海、于方正和马亮亮,与你们一起生活的两年,总能被你们幽默诙谐的话语逗笑,你们知道很多八卦,了解很多电子产品,是我眼中的百科全书。与你们一起开黑打游戏、一起支付宝积分世界杯猜球的日子至今仍印象深刻。(节略)

音乐总能让不同的心情有所归处,或摇滚鼓舞,或民谣感伤,或国风悠扬,不针对喜欢哪个个人,哪种类型,我只是喜欢在合适的时间听合适的声音。感谢陪伴我走过一段段旅程的音乐。

父母为我操劳了一生,时常因至今未能让他们享受到天伦之乐而惭愧,感谢你们的养育之恩,是你们在背后的默默支持,让我能够心无旁骛地专心科研,顺利完成博士学业,你们陪我慢慢长大,我陪你们慢慢变老。感谢大哥二哥对我的爱护和照顾。有幸于求学生涯中遇到了人生中最想呵护的人,感谢严佳琪同学的出现,与你一起逛街、看电影、吃美食……这是我博士期间最为美好的回忆,谢谢你陪我走过科研低谷的阴霾,和我同享文章录用的喜悦,替我分担前途打算的忧虑。谢谢你一直以来的细心照顾和默默支持,你的支持和鼓励是我攻坚克难、勇攀高峰的动力!

感激之情,不尽言表,再次对所有给我关心、指导、支持和鼓励的人表示衷心的感谢!

这是一个奋斗的时代,它不会辜负每一个努力的人,感谢这个时代,感谢努力的自己,愿出走半生,归来仍是少年!

8.2.8 刘建鑫:引水方知开源不易,头关不破二关难攻

1. 个人简介

刘建鑫,2020 级工程力学班学习委员。曾获 2022 年中国力学学会全国徐芝纶力学优秀学生奖、第三届国际大学生工程力学竞赛(亚洲赛区)二等奖、第十三届全国大学生数学竞赛(湖北赛区)二等奖、武汉大学第十四届"自强杯"大学生课外学术科技作品竞赛三等奖等奖项;获雷军奖学金、甲等奖学金等多项奖学金;2022 年在《ACS OMEGA》上以第一作者身份发表论文"Spontaneous Movement of a Droplet on a Conical Substrate:Theoretical Analysis of the Driving Force";参与国家级大学生创新训练项目"液滴-层状材料界面力场开发及其摩擦行为研究"(结题良好)。

2. 初来乍到:迈出自主学习的第一步

两年前刚进入武汉大学的情景依旧历历在目,那时的我对于大学里的一切都很陌生。

在一个陌生的环境里，我们很容易迷失方向，因为身边有许多事物等着我们去熟悉，也有数不清的道路等着我们选择。在这个情况下，我做了一个稳妥的选择：先从自己熟悉的事物开始，在新的环境里立足，随后再大胆探索。事实上，尽管是在高中较为熟悉的"学习"，在大学这个新环境也显得略有陌生。上课节奏快、课程难度大……这些困难都要想办法克服，通过一段时间的适应之后，我发现最高效的办法还是提前自学，利用课堂解惑和复习，其实是非常节约时间的。还记得我在大一寒假时提前学习了《高等数学（下册）》，把课后的习题一个接着一个做完，现在看来也是非常有成就感的，尽管看书过程中也是困难重重，不过那时练就的数学基本功到现在也仍然受用。

后来，我参加了全国大学生数学竞赛，检验自己的数学学习成果，比赛题目的难度与平时练习相比稍难，但是只要尽自己所能完成题目也就不留遗憾。

在第一个学期的学习生活中，我逐渐适应了大学的节奏，我也开始了我大胆的探索。

3. 初试锋芒：参与"数学'雷锋'学习互助群"

我大二时学院组建了"数学'雷锋'学习互助群"，回忆起我在大一时学习数学课程时走了不少弯路，我发现这是一个很好的交流平台，能够为刚入学的同学们提供一个良好的学习氛围，及时解决学习过程中遇到的问题，于是我加入了"数学'雷锋'学习互助群"，在群里为同学们答疑解惑，互助群里的交流气氛非常活跃，大家不会的题能及时得到解答，同学们在学习高数的过程中也可以更快地上手。大家在群里发的题目难度不小，这也实现了教学相长，我在回答之前要仔细翻看以前学过的内容，在帮助同学们的同时巩固了之前学习的知识，我也进一步体会了雷锋精神的寓意所在，也希望这种助人为乐的精神能够以互助群为媒介传递下去。

4. 初出茅庐：越过科研的"势垒"

在适应大学节奏的同时，我决定在第二个学期做一些尝试性的探索，在众多的探索方向中，我选择先在科研中进行尝试。

开始科研的第一道难关就是如何选择适合自己的研究方向，因为我对力学是比较感兴趣的，我的班主任刘泽老师就是力学专业的老师，所以我就与刘老师取得了联系，了解课题组的研究方向之后，我也走上了我的科研道路。

当然，这对于一个只学习了高等数学的本科生而言，也许有些许的困难，不过好在刘老师给我的题目基本上也只是用到了《高等数学》的知识，其核心问题就是要求出球体与圆柱相贯的接触面积，这其中就只需要用到微积分的相关知识，其他问题也需要用到一些专业知识，但这些都可以通过自主学习很快解决。在写作过程中，整合文献、写文章、投论文、回复审稿意见……这些都需要自己一步一步地去探索学习，每一个步骤都是对自己极大的考验，虽然在开始时遇到了种种困难，但只要坚持下去，对困难采取积极的态度，相信一定可以有所收获。在经过一系列坚持不懈的努力之后，我也终于发表了自己的科研成果，这对我之后的工作也是极大的鼓励；同时，在欧阳稳根老师的指导下，我和冯志成同学完成了一项国家级大学生创新训练项目。

最令我印象深刻的是在从开始写论文到论文接收的过程，1月开始写到2月完成了初稿，中间几乎每天都是在写论文，刚开始速度很慢，最慢的时候一天只能写 200 个词左右；之后就是修改论文，在修改了十几个版本之后在 3 月中旬投出，一周后就收到了拒稿的消息，这对我也是有些许的打击，不过很快我们就转投到了另一个期刊，开始了漫长的等待；到 4 月中旬我们收到了审稿意见，审稿意见还是比较积极的，几位审稿人都表达了对我们工作的认可，其中一位审稿人认为这是一个非常有趣的理论研究，也很认可文章中提出的理论公式，审稿人这番话也让我非常喜悦，我也很高兴第一次能够有机会与世界各地的学者们进行交流；4 月底我提交了审稿回复，等待编辑的回复；直到 5 月 27 日，我们接到了编辑发来的邮件，表示同意接收论文！经过仔细的校核之后提交了最终版本，论文也终于在 6 月线上发表。论文正式发表之后，回看我完成的论文初稿，感觉我确确实实成长了许多，不论是写作规范还是外语水平，都得到了很大的提升，我的成长离不开课题组的老师们和同学们的鼎力相助，我对此也是心怀感激。另外，在这将近半年的写作投稿的过程中，我觉得最重要的是谦逊与沉稳，时刻保持谦逊的态度，别人才乐于传授知识给自己；戒骄戒躁才能使自己在面对困难时不至于乱了阵脚。

5. 结语

诚然，万事开头难，但我们只要勇敢地走出第一步，走出舒适圈，越过"势垒"，之后的道路便可以轻松应对。前路漫漫，还有很多事情需要我们勇于迈出第一步。而在探索实践的过程中，我们不仅要敢于迈出第一步，更应该走好脚下的每一步，要注重知识的积累沉淀，戒骄戒躁，在融会贯通之后创造新的知识，实现自身的价值。

8.2.9 梅花香自苦寒来——"第三届大赛"师生说

2022 年 12 月 18 日，第三届全国智慧城市与智能建造大学生创新创业竞赛的决赛落下帷幕，武汉大学赛队奉出的团队作品"IoT+ML 共筑'防微杜渐'平台——城隧机电设备智能监测与故障预警方案设计"摘得一等奖荣誉并获最佳技术单项奖殊荣。

本次团队比赛由武汉大学土木建筑工程学院杨琳老师、孔文涛老师共同指导，研究生廖肇乾、周炬诺，本科生韩絮、勒文瑄和谈玥共同完成。

三个月的时光，

首先听听同学们怎么说……

1. 队长：廖肇乾

"既然选择了远方，便只顾风雨兼程。"——2021 级硕士生廖肇乾

（1）竞赛的过程。

三个多月来的点点滴滴，我记忆犹新，难以忘记。说真的，我开心过，也焦虑过，但能获此殊荣，我的内心还是很满足的。

由于疫情原因，第三届全国智慧城市和智能建造大学生创新创业竞赛，不出所料延期了。2022 年 9 月，比赛重启了，虽然在我的意料之外，但却是在情理之中。我很幸运被杨老师遴选为我们武汉大学参赛队——"智见未来队"队长。那一刻的我，既欣喜又带点焦虑，欣喜的是老师如此看好我，焦虑的是万一队长当得不好影响比赛成绩。我也想过换

其他同学当队长，但是在老师的多次引导、鼓励下，我也欣然接受了。

此次比赛对我来说，既陌生又熟悉。之所以说熟悉，是因为我曾参加过智慧城市和智能建造相关论坛，参与过相关书籍的编撰，对该方面有一定的了解；而陌生则是由于此次比赛是一个偏重技术应用的主题，尤其是和编程语言相关的对我来说是一个巨大的挑战。

在这短暂而又漫长的几个月里，除了指导老师和我们团队成员，可能没有人知道我们在做什么，其他人唯一知道的就是"我们很忙"。因为在这段时间里，我们每周至少召开一次竞赛组会，当然，我们也遇到很多问题。令我印象最深刻的是，国庆第二天，杨老师看到我们提交的阶段性成果后，给我们打了很长时间的电话，因为那个时候我们的参赛作品连框架都还没搭好，只是将多种理论和方法堆叠，没有深入研究。当天晚上杨老师便给我们指导和梳理了参赛作品的撰写思路，并给我们讲了一个道理："既然选择了要做一件事，那就全力以赴把它做好。"在此之前，我一直有些焦虑和不安，看到身边同学进行暑假实习，而我还是未曾实习，内心着急；看到身边同学开始写毕业论文，我还没写，内心更加焦虑。杨老师的一番话让我获益匪浅，无形之中也减少了我的焦虑。第二天晚上，杨老师再次和我们沟通到半夜 11 点多，我们随后有了更加清晰的思路。

之后在日常组会及竞赛组会上，老师多次指出我们参赛作品中的一些问题并提出很多实质性的建议。作为队长的我，负责分解团队任务，提交阶段性成果并在组会上进行汇报。

（2）竞赛的感受。

我对此次竞赛获奖最大的感受就是"来之不易"：

其一，本次竞赛的参赛队伍来自浙江大学、东南大学、华中科技大学及天津大学等多所国内知名高校，对于我们来说竞争压力不小；

其二，相比于华中科技大学、东南大学等工科强校，我们武大在实验室及智能仪器装备等方面略有不足。

好在，我们遇到了杨老师———一位治学严谨，和蔼可亲的好导师，虽然有时比较严格，却又十分细致，在教学和科研上有独特的风格，注重学生的德智体全方面培养。除了课题项目，杨老师还常常带领学生参加各类学术会议和竞赛活动。此次竞赛获得的成绩，与杨老师的呕心沥血、辛苦付出是离不开的，从作品框架的搭建，到作品提交前的修改完善，再到答辩 PPT 的制作改进以及预答辩演练，杨老师都一直指导、陪伴和鼓励着我们赛队。

同时，我们来自工程管理、土木工程及智能建造专业的成员们，无一不兢兢业业，认真对待此次竞赛。几位本科生师妹在比赛期间的积极主动，让我深受鼓舞，她们有时下午有课，上完课了就赶过来开组会，一直到晚上 6 点多才离开，毫无怨言。有这样无私的指导老师，以及踏实肯干的队友，想不获奖都难。

"车到山前必有路，船到桥头自然直"，尽管困难重重，但是老师们的无私帮助，同学们的团结协作，让我更加坚定了必胜的决心。果不其然，我们荣获了国赛团队一等奖和最佳技术单项奖！感谢老师和同学们，也感谢幸运的自己！

（3）竞赛的经验。

与课程学习和论文写作有所不同，竞赛更注重多专业、多学科的非线性融合，并且具有较强的实践性和应用性，是提高个人综合能力的重要法宝。我热衷于参加各类竞赛，荣誉固然重要，但我更看重背后的付出和收获、竞争与合作。也许有人可以不劳而获，但是没有人可以一直不劳而获！正如杨老师所说，成功没有捷径，唯有"认真"二字。

要说本次比赛的经验，我觉得有两点：

第一点是团队分工和协作。在竞赛组会上老师一再要求制定任务分工表，并在下一次组会上进行对标。我见过很多团队性的竞赛，就只有队长和少数个别同学完成，其他同学"躺赢"，这没有体现团队比赛的价值和意义。有一个明确的分工，是"知己"，既能够把握比赛进度，也能发挥成员的积极性，培养同学们的责任意识，增强团队的凝聚力和战斗力。

第二点就是跟紧老师的步伐。老师具有更开阔的视野，经验也比学生丰富，因此要及时和老师沟通，把握竞赛的逻辑框架及完成进度，同时了解其他高校参赛队伍的情况，如作品选题、研究内容等，是"知彼"，并关注竞赛的通知和要求，做好各方面的预案。

"知己知彼，百战不殆"，竞赛需要依靠团队的实力，同时也需要一定的方法和技巧。换言之，"选择"和"努力"同等重要！竞赛结束了，生活还在继续。愿你我皆能珍惜美好时光，奋勇拼搏，不留遗憾！

2. 组员：周炬诺

"伎工于习，事成于勉"。——2020 级硕士生周炬诺

很荣幸能够获得第三届全国大学生智能建造与管理创新竞赛一等奖和最佳技术奖，这项比赛虽然是我第二次参加，但全新的课题、毕业季的茫然却让我最开始的时候有些畏惧，我曾焦虑过，也曾想过放弃，多亏老师鼓励和支持、同学们的任劳任怨，让我有勇气坚持下来，并且最终和团队成员获得还不错的结果！记忆总会消散，因此我想用文字记录下这段难忘的日子。

"初极狭，才通人，复行数十步，豁然开朗。"

（1）比赛过程虽曲折但深刻。

我们是从 9 月中下旬开始接触这个比赛的，杨老师建议我们参加的初衷也是考虑到我和另外一位同学在暑假期间恰好完成了相关的项目，因此已经具备了一些课题相关的基础背景知识并且能够拿到部分相关数据，如城市隧道设备的分类、故障类型及原因等。然而，仅仅依靠已有的知识来进行比赛却仍然远远不够，因为既无法与竞赛主题相契合，也无法体现赛题的创新性。经多方查阅资料及大量与杨老师讨论后，一个新的想法逐渐成型——那就是将目前较为热门的机器学习相关的理论和方法引入课题的研究中，从方法上对传统的隧道设备故障监测与故障预警方法进行创新。想法是好的，但一旦上手做，我们又遇到了一个棘手的问题，那就是我们队伍的成员都来自土木工程或有工程管理学习背景，大家都对人工智能领域中的机器学习相关算法比较陌生，对于编程语言更是望而却步。当时也想过是不是应该放弃，找一个我们能够"驾驭"的课题，但考虑良久，我们还是决定试一试，既然没学过，那就重新开始学！即使顶着毕业、找工作、升学的重重压力，我们也开始抓紧一切时间行动起来，在图书馆查阅各种书籍、翻阅各类相关的文献与指南，上手尝试编程……可以说除了吃饭睡觉，我的其他时间都在结构楼，时光虽然忙

碌，但也充实。

将初赛内容准备好后，我们顺利地进入了决赛阶段。原定我作为PPT汇报人，但突如其来的感冒一下子就将我们的计划全部打乱，只能由我的队友准备并汇报。为以防万一，我仍然积极准备着相关工作。不料队友当天家里停电，最后还是由我进行汇报，团队成员一起回答评委老师的提问，此刻我是多么庆幸自己没有因为短暂的困难就放弃准备答辩！当我卡着时间流畅地完成汇报时，当听到评委老师赞扬这个PPT讲解得很详细，参赛作品选题也很好时，我觉得一切的辛苦付出都是值得的！

"纸上得来终觉浅，绝知此事要躬行。"

（2）比赛感受虽艰辛却深刻。

总的来说，参加此次竞赛给了我一个拓宽自己知识面及提升新技能的好机会，也让我能够和其他有着相同兴趣的人一起学习和竞争。然而不可否认的是，参加竞赛也为我带来了一些压力。因此我觉得想要在竞赛中取得好成绩最首要的就是需要具备良好的抗压能力，因为在准备比赛的过程中，我们两位毕业年级的同学都还需要去完成其他的工作，包括撰写自己的毕业论文、准备升学考试，等等。最开始我们都有些焦虑，怕因为时间紧张最后导致所有的事情都干不好，所幸中途杨老师及时跟我们沟通，纾解我们的焦虑情绪，而随着比赛进程的逐步推进，我们跟一同合作的同学们彼此间也更加熟悉起来，每次讨论完后，我们都会聚在一起聊聊天，讲讲笑话，压力也逐渐消散。

其次是多线程工作能力，正如前面所说，我们每个人在日常的学习生活中往往都不只需要面对一项工作内容，而是需要同时处理多项工作以及各类繁琐的日常杂事。冲突的时间不可避免地会让我们有些喘不过气，也很容易让我们陷入焦虑的情绪中。我曾经也因为需要同时做的事情太多而感到十分烦躁，非常想过"悠闲"的生活。但后来竞赛结束后，我却突然怀念这段时光，怀念每分每秒都"有事干"的踏实感觉，怀念因为自己努力解决一个个难题的成就感……因此我觉得之后在面对繁重的工作时，可能我们最需要的就是积极的态度，从压力中找到积极的部分。

另外，我们也需要培养自己的时间管理能力，例如可以用完整、注意力较为集中的大块时间处理较难的问题，用较为碎片化的时间处理不太重要的问题。

能够获得如此殊荣，非常感谢我们的指导老师杨老师，杨老师从最开始的选题到最后的答辩一直都非常尽心尽力，每周至少一次的讨论不仅仅为我们严格把控方向，更是协助我们将每一个小细节都修改到完美！可以说我们在任何时候有任何问题只要给杨老师留言，都会很及时得到高效的回复！

其次也非常感谢我的队友们，在这次竞赛中，大家不仅仅是合作伙伴，更是互相支持、互相鼓励的朋友，这次比赛的课题对每个人来说都很新，但我们会共同查找素材，互相分享各类学习帖子，甚至深夜都还在为某一个图应该怎么画激烈讨论着……感激这次比赛让我交到了志同道合的朋友！

"纵有疾风起，轻易不言弃"，再次感谢亲爱的指导老师和队友们！

3. 组员：韩絮

经过三年本科阶段的课程学习，我对工程管理专业产生了浓厚的兴趣，也希望可以参与到更多的竞赛与科研项目中去，将所学知识应用于实践，接触到更加前沿的领域。在得知自己有机会参与这次全国智慧城市与智能建造大学生创新创业竞赛时，我感到十分荣幸，同时也感受到了莫大的压力。担心自己专业知识不足，许多知识只是纸上谈兵，更不具备在实际项目中应用的能力，害怕自己不能为团队创造价值。

在第一次组会中，我认识了师哥师姐以及两位师妹，杨老师高屋建瓴，为我们搭建了整体框架，同时，她还给予了我们莫大的支持与鼓励，让我信心倍增。师哥师姐已经提前完成了整体项目规划，师哥详细地为我们每个人分配安排了任务，细致到完成方法和目标完成时间。有了他们的指引，我感到无比的踏实，逐渐对项目建立了完整的认识，并且在每次任务完成后，杨老师和师哥都会给予我们及时的反馈，并对我们的工作给予充分的认可，让我可以改进自己的不足。我感到十分幸运的是，我遇到了一个所有人都认真努力、积极交流的团队，我们每周雷打不动一次的组会上，老师每次都能简明扼要地指出问题的关键，并引导我们寻求解决办法，在不断地交流讨论中，我们解决了许多困难，更坚定了我要尽自己最大的努力完成这次竞赛的决心。

我们的团队同时荣获了全国一等奖以及最佳技术单项奖，这优异的成绩离不开团队每一个人的努力。在得知我们顺利进入决赛的那一刻，我第一反应是十分开心，自己这段时间的努力终于得到了回报，但开心过后又感到了莫大的压力，我们又立刻投入到了紧张的决赛准备过程中。准备的过程也困难重重，因为疫情原因我们只能进行线上讨论，许多同学也在带病情况下坚持准备没有懈怠，但这并没有击垮我们，不断进行演讲稿和 PPT 的修改和练习，最终取得的成果总算也没有辜负大家的辛勤付出。

在这次竞赛中，我收获了很多，竞赛初期，我经常感到思绪不清，一筹莫展，但是经过一次次与老师同学的探讨和交流，他们在我遇到困难时也耐心地替我一点点解答，我逐渐理清了脉络，为团队献出了自己的一份力。与此同时，我更加熟练地掌握了搜集整理资料论文的能力，阅读了大量的文献并将其内化成为自己所需要的知识，提高了文献阅读能力，我逐渐构筑了完整的思路体系，在工作方面也逐渐得心应手，取得了很大进展。除此之外，在一些细节比如 PPT 和视频的制作、隧道 3D 建模等方面，经过大家的集思广益，也能考虑得面面俱到，弥补了许多我注意不到的细节错误，也为我之后的学习工作提供了新的思考维度。

"纸上得来终觉浅，绝知此事要躬行"，只有将自己所学知识真正地运用于实践，才能认识到自己的不足，认清未来的发展方向，更加脚踏实地，坚实稳定走好未来的每一步。在接下来的学习生活中，我也将带着这次竞赛收获的弥足珍贵的经验继续努力，不负韶华。

4. 组员：勒文瑄

机会总是留给有准备的人。——2020 级本科生勒文瑄

很荣幸同各位师兄师姐组队，在老师的指导和帮助下，参与了本次竞赛并取得了优异成绩。现在再回想起当初的竞赛准备历程还觉得有些恍惚，充实又紧凑的几个月时间仿佛一眨眼就过去了，曾经盘亘在心中的紧张、焦急、喜悦如今也渐渐淡去。但静下心来仔细回味一番，还是感触颇多。

在最初加入我们团队时，我内心其实是很忐忑的，因为我之前并没有参加竞赛的经验，还是个"竞赛小白"。杨老师曾担任我的烛光导航师，即使已经大三，她仍然关心我们的学习与成长。她告诉我们，竞赛是一个很好的锻炼自己、提升能力的机会，每一次竞赛经历都很宝贵。因此，在项目开始之际、在老师同学的鼓励之下，我申请加入了团队，同各位伙伴一起为第三届全国智慧城市与智能建造大学生创新创业竞赛做准备。

竞赛准备初期的确是困难重重。由于我缺乏经验，许多工作我完成得不是很理想，与师兄师姐的构想也有较大偏差。那时的心情可以称得上是郁闷了，也不止一次地怀疑过是不是自己水平不够，甚至一度产生了放弃的想法。但我向来不是一个悲观的人，在冷静下来仔细思考过后，我主动向队内其他成员请教，与他们充分沟通后一遍遍完善自己的工作。终于在一次次组会中，在杨老师和师兄师姐的引导与指正下，我逐步找到了自己的节奏，渐渐地能够高效而准确地完成各项任务，对自己也越来越有信心。

比赛准备后期，杨老师把制作视频的任务分配给了我们大三的两位同学，被委以重任的我们立刻行动起来。最初视频内容只有大概框架，我们也缺乏制作视频的相关技能。于是我和队友谈玥同学边学边做、互相讨论，提出问题后再逐一解决，一点点推进制作进程。同时，师兄师姐帮助我们逐渐丰富内容、扩展思维，杨老师也不遗余力地帮我们审核、校对、力求完美。在经历了前后十几版的修改和不计其数的熬夜后，我们终于拿出了满意的成果。现在想想还是对当时的自己感到佩服，无论是费尽心思地查阅资料、录制素材，还是不眠不休地修改、剪辑视频，我都抱以极大的自信和热情。想来也是因为之前的付出和队友的肯定让我发生了蜕变，即使面对相对繁琐乏味的工作也能以昂扬的态度去完成。哪怕遭遇难题，心里想的也不是"能不能做"而是"怎样去做"，这也是我参与竞赛取得的一大进步。

比赛的准备是一个漫长而曲折的过程，但团队成员没有抱怨，只是尽心尽力地完成自己的工作。在作品的完善过程中，杨老师也一直指导、鼓励、帮助着我们。最终我们能够取得这样优异的成绩，离不开每一个人的努力和付出。这次比赛我收获颇丰，不仅掌握了很多实用技巧，学习了部分建模软件，还了解了很多智能建造相关的知识，让我对自己的专业有了更深的理解。"不经一番寒彻骨，怎得梅花扑鼻香"，感谢大家的辛苦付出，我们才能斩获如此佳绩！

5. 组员：谈玥

很荣幸在杨老师的带领下与工程管理专业的研究生师兄师姐一起参加第三届全国大学生智能建造与创新管理竞赛。一开始杨老师找到我并向我介绍了竞赛的相关情况后，我既激动又担心。激动的是可以参加一些比赛增长我的阅历同时也可以学习除专业课程之外的知识；又担心自己没有接触过此类竞赛，达不到老师的要求拖团队后腿。但在杨老师的鼓励下，我悬着的心放下了，带着十足的干劲迎接本次竞赛。

（1）竞赛的过程。

在竞赛的这三个月里，作为一名小白我遇到了许多的困难。最大的困难是时间管理上的，在这期间我要一边上课一边准备比赛。要在不耽误专业课的同时好好利用一切可以利用的时间，完成每阶段的任务。还有在一些文献资料的查找总结过程中，常常要查阅上百篇文献，然后总结提炼，有时候找不到思路或者思路不对使我感到无从下手。在和师兄师姐交流后，经过他们的耐心指点我茅塞顿开。又比如在视频制作的过程中，在杨老师的指导下敲定好视频内容后，我和勒文瑄就要根据每页 PPT 制作相应的动画并且配音。让人绞尽脑汁的是 PPT 里每个小图标动画的制作，既要有趣又要出现得适宜，要很好地与文稿相匹配。还记得那天凌晨三点最后一版视频做好后，我和勒文瑄都特别激动。尽管比赛的过程中也存在许多困难，但老师们的鼓励与支持，团队成员的配合与协作都让我精力充沛，充满着必胜的决心。

（2）竞赛的感想。

参加本次比赛我收获颇丰，最重要的是这一段时间以来自己的成长和综合能力的提高。我不会再像以前一样一有不懂的就去问老师、问学长学姐，而是自己琢磨，查资料查文献，动手操作和试验，锻炼了自学能力和查找资料的能力。其次我从参赛的师兄师姐身上看到了很多闪光点：师兄的领导力，师姐的口才与表达能力……这些正是我所欠缺的，我应该正视自身不足并不断提升自我。

得知我们团队获得全国一等奖和最佳技术奖的好成绩后，我感到无比的欣慰和自豪。我深刻地体会到本次比赛得奖来之不易，从当初一个小小的提案，到现在完整成熟的作品，是老师们的精心指导和我们的辛勤努力才能取得如此成绩。我也深感幸运能够参与此次比赛，在老师们的带领下，与优秀的师兄师姐和同学一起奋斗。

"一分耕耘，一分收获。"回顾竞赛这三个月，虽然忙碌却充实，也使我受益匪浅。在今后的学习生活中我会带着本次比赛弥足珍贵的收获继续砥砺前行。

6. 孔文涛老师

第三届全国智慧城市与智能建造大学生创新创业竞赛的决赛落下帷幕，我们团队经过不懈努力，勇夺全国一等奖和最佳技术奖。作为竞赛团队的一员，我觉得这一次的获奖尤为不易和格外轻松！

获奖不易，是因为在准备竞赛的这几个月时间里，学校疫情不稳定，学院大楼装修搬家，团队正常线下讨论都面临诸多不便。特别是决赛前夕，同学们因各种原因各自离校返乡，两位指导老师都发烧生病，可谓是困难重重，获奖不易。格外轻松，则是我自身的感受。今年 8 月底，因身体原因，心脏做了一个小手术，需要几个月休养恢复。因此，作为团队的指导老师，这一届大赛，我只能在精神上默默地支持着团队，具体的工作都是由杨琳老师带领着 5 位同学完成，其中的艰辛可想而知。这一届大奖的获得，虽然对我而言格外轻松，但我却更加珍惜！

武汉大学智能建造与管理创新竞赛团队是一个团结向上的集体，每一分收获，都离不开参赛同学的投入和指导老师的付出，每一份喜悦，都凝聚着团队成员的汗水和智慧！师生们不断进取、持续努力，实现一个又一个智能建造的梦想！期待着下一次梦想的实现！

7. 杨琳老师

12 月 16 日，比赛的前两天，突然感到浑身酸痛难忍，下意识地知道，可能生病了。

18 日的竞赛就在眼前，约好的预汇报 PPT 的腾讯会议还没有开呢……一阵紧张后，我镇定了下来。在群里问了一下几位组员的情况，他们还好都没事，晚上照旧开了会。组委会近日的最新要求汇报 PPT 必须在 8 分钟以内讲完，超时会扣分；而我们提交的 PPT 有 40 页，这是个不小的任务。因此，晚上的会议就是圈出重点，卡好时间。三遍下来，我们隔着屏幕定出了哪些页面要略，哪些页面详细说明；以及开头和结尾怎么开场、离场……讲完这些，顶着浑身酸痛，时间已经过去了一个半小时……

时光拉回 9 月收到第三届全国智慧城市与智能建造大学生创新创业竞赛通知的那一天。这比预想中的竞赛时间晚了半年，因为疫情的原因，本因春季赛期挪到了秋季。秋季也很好，秋季不需要写基金本子，我这样想着，便开始满心筹划竞赛组队的工作。

廖肇乾是我组里优秀的研究生，他身上有股韧劲，不服输，我看重这种精神；周炬诺是二次参赛的老队员了，她有足够的经验，而且善于沟通；韩絮是弘毅学堂土木工程班的学生，我之前听过她的汇报，有条有理，PPT 制作很有水准；勒文瑄和谈玥是我院智能建造和土木工程班的学生，都是同期优秀学生的代表。这样想来，我也对组队信心满满。

按照去年第二届大赛的经验以及竞赛的流程，一周后，我组好了队伍，和孔文涛老师协商后就开始组队运行了。

3 个月既短暂又漫长。短暂的是，每一周开完组会，感觉没多久就到下一次组会了；漫长的是，每次组会，总能发现很多问题，每次都要和同学们绞尽脑汁地琢磨很久。"SS2-智能感知"赛道——对于我自己，也是一个挑战。

但我喜欢挑战新事物，不做创新如何带比赛呢？定好了题目就开始着手指定框架，同时把任务分解出来，让组长践行分配，组员们从无到有，积攒了越来越多的完成该课题的经验。11 月末初赛结果出来，成功入选决赛。

备战决赛又是啃硬骨头。5000 字的摘要、2 分钟的动画、具有美感和创新性的 PPT……我们该让评委看到什么，是每天盘旋在脑海里挥之不去的东西。动画改了有快 20 遍；PPT 一页页地考究内容的逻辑性；以及，5000 字的摘要——如何在有限的字数里把初赛提交的 88 页的报告整合进去？……一切的千头万绪，除了精雕细琢，别无他法。

12 月 18 日的竞赛线上举行。竞赛帷幕的拉开，让我们进入了专业评委的视野。8 分钟的汇报+8 分钟的答辩，短短 16 分钟，我们不仅精准地控制好了时间，让主持人欣喜地说"武汉大学赛队的时间卡得真好"；同时，我们的队员们不卑不亢，每个问题都回答得逻辑清晰、有条有理，给这个洋溢着"奥密克戎"的时空，带来了暖意。"梅花香自苦寒来"，3 个月的艰辛付出，成就了 5 位同学勇获两项殊荣，这可能会成为他们人生路上不可多得的经历。

感谢一起同行的老师、朋友们一路支持和鼓励，感谢学院领导一直以来的大力支持和帮助，感恩。

8.2.10 万瑜廷：科研、项目与党建，在路上

1. 人物简介

万瑜廷，测绘遥感信息工程国家重点实验室 2017 级硕博连读生（2019 级博士生），师从钟燕飞教授和张良培教授，研究方向为高光谱遥感影像智能化处理与应用。目前以第一作者/通讯作者在 *IEEE TEVC*、*IEEE TCYB*、*ISPRS PHOTO*、*IEEE TGRS* 等 TOP 期刊上发表 SCI 论文 7 篇（ESI 高被引 1 篇），国际会议论文 4 篇，授权发明专利 2 项，登记软著 1 件。获 2020 年和 2021 年国家奖学金、雷军奖学金、学业一等奖学金和实验室优秀硕士新生奖学金等奖励；获武汉大学"优秀毕业生""优秀研究生""社会活动积极分子""实验室优秀学生党支部书记"等荣誉称号；获 MathorCup 高校数学建模挑战赛（大数据竞赛）一等奖（前 10 名、优秀论文）和亚太地区 APMCM 数学建模竞赛二等奖等竞赛奖项。受邀担任 *IEEE TNNLS*、*PR*、*JAIHC*、*SOCO*、*APIN*、*AIRE*、*IEEE JSTARS*、*IEEE GRSL*、*IJRS* 等 SCI 期刊和 IEEE WCCI 国际会议的审稿人，曾任实验室研究生党支部第一届党建联席会副主席和遥感第一党支部书记。

2. 前言

从岳麓山到珞珈山，从麓山南路的风吹到珞喻路的车流，从 CSU 到 WHU，从学士到博士，学生生涯已悄悄落下帷幕。很荣幸在毕业这学期被邀请到实验室"星湖咖啡屋"分享个人的一些经历和感想，我主要想从在实验室 5 年里的科研、项目与党建三个方面进行介绍，希望能和大家一起学习和进步。

3. 科研学习：坐得住、走得远

谈及科研，时间要回溯到 2016 年初夏。5 月 23 日晚 10 点 10 分，我给钟老师发送了第一封邮件"读研意向 IRSG——中南大学测绘工程 1302 班万瑜廷"，钟老师回复道"我们研究组主要是以科研为主，因此需要能静下心来，有耐心，坐得住"。当时的我，作为一名测绘工程专业的本科生，还在考虑找一份中铁海外项目的工作，可能并不明白科研是什么，但我知道的是无论所处何地，都需要努力上进。入学后，RSIDEA 研究组浓厚的学术氛围、积极向上的态度潜移默化地影响着我，在优秀组魂和导师、师兄师姐的耐心指导下，我渐渐走进了科学殿堂，感受到了科研的神奇与魅力。

第一次国际会议学术报告，开启学术研究之路。本科毕业之时，撰写了一篇遥感影像演化优化聚类的综述论文投稿于第十一届模拟进化和学习国际会议（SEAL2017），经审稿确定为 oral presentation。尤记得当时，心情是激动又紧张的，在钟老师和马老师对 PPT 耐心的指导下，让逻辑薄弱的报告框架变得明晰和流畅起来。同时，我还明白我们将报告需要明确听众的研究领域，想要让听众明白你的研究工作，就得做到各部分轻重分明。

在 2019 年 RSIDEA 研究组年终分享报告上，我以"一篇论文的经历"为题，讲述了自己的学习和投稿经历。在这里，与大家一起分享，希望可以帮助到一些需要的小伙伴。首

先，论文是"做"出来的，而不是"写"出来的，我们需要在充实研究工作的基础上，再进行学术论文的撰写。投稿前，要"提前预判、时刻准备"：

选题立意：国内外研究现状，可行性分析，总结创新点；

总体把握：实验过程中绘制方法框架，做到心有把握；

心存远志：实验中准备论文中需要的材料(框架图等展示图)；

摘大于总：写作时，摘要凝练特别重要，可助于理清思路；

水到渠成：引言—相关方法—提出方法—实验—结论。

此外，我们再往高水平期刊投稿时，需要做到"心理准备，了解审稿"。大多数情况下我们面临的是"Reject but resubmission"或者"Major revision"，犹记得 2018 年往 *IEEE Transactions on Geoscience and Remote Sensing*(*IEEE TGRS*)投稿的一篇论文经过了 2 次拒绝后重投、1 次大修和 1 次小修后才得以被接收。在此期间，我也深刻体会到与审稿人博弈时一般性技巧的重要性，谦逊恭敬，点点俱答，我对此总结如下：

归纳总结：审稿意见返回后，先对所有意见进行归纳总结，确定回复的重点；

快速回复：不要拖沓，当立即展开回复工作，先把 minor 部分回复，再攻克难点—添加实验—回复疑问……

谦逊恭敬：即使审稿人言语激烈，我们依旧要保持微笑，从回复信的开头到结尾，都要让审稿人觉得态度是礼貌的、谦虚的；

点点俱答：揣摩审稿人想法，审稿人的意见要分点回复，面面俱到；

有理有据：补充实验，列举一些已经发表的、相关的文献……

罗马不是一日建成的，我们的科学研究需要建立在足够充实的学习和实验验证基础之上，"坐得住、走得远"是我给大家分享的主要体会。有时候你会很焦虑，但你要坚信科研之路本身就是很辛苦但也幸福的，科研之路并非唯一的直线，有时绕道而行反而可以更快达到目的地，保持乐于自己的一个个科研小成就。

4. 重研项目：磨砺、开拓

对于重点研发项目，伴随了我研究生生涯四年时间，有许多不得不说的故事，我将其总结为"磨砺、开拓"四字。其间，少不了写很多材料、做很多思考，熬过很多夜，去过很多地方、见了很多风景。更为重要的是，重点研发计划项目作为我国当前最高级别的科研项目，使得我在国家需求和科学前沿方面开阔了视野。

2017 年暑假，我便开始接触该"地球观测与导航"重点研发计划项目"国土资源与生态环境安全监测系统集成技术及应急响应示范(2017YFB0504200)"，钟老师负责的课题内容为课题二"国土资源与生态环境安全应急响应关键技术(2017YFB0504202)"，研究地面通信阻断下快速精准定位、应急响应信息实时处理与传输。刚开始，我对此项目了解不够深入，在后续实施期间经历了多次会议和综合实验，应急响应关键技术中的"遥感—通信—导航"联合体系愈渐明晰。

2018 年和 2019 年 8 月，我们实地前往新疆，参与了项目组组织的新疆伊犁哈萨克自治州伊宁县某大型尾矿库遥感监测和溃坝等突发事件应急响应演练，实地采集尾矿库无人机遥感影像和地面典型地物样本和光谱等数据，实现尾矿库"星-空-地"多模态遥感数据的立体协同监测。在 2021 年 5 月重点研发计划课题顺利通过第三方测试，9 月课题顺利通过绩效评价，12 月项目顺利通过综合绩效评价。四年来，忘不了第一次高铁快递，站票 6 小时从武汉到福州；忘不了一个人拖着无人机电池，从乌鲁木齐乘坐硬座到伊宁；忘不了一次次的年度总结会议、中期验收、第三方测试、课题绩效评价和项目综合绩效评价时夜夜的拼搏；而这些终将成为我脑海里最磨砺又最美好的记忆。

此外，我们将项目实施期间学习和总结到的遥感应急理论与方法应用到了 2020 年湖北省洪涝应急响应和 2021 年辽宁省暴雪应急响应等典型灾害事件，获得了应急管理部国家减灾中心、湖北省政府和武汉市区域气候中心的认可和感谢。通过项目经历，我深刻意识到遥感科学与技术在灾害应用中的重要性和时效性需求。在自然灾害频发的当今，"十四五"国家应急体系规划中提及要稳步推进风险监测遥感网建设，推动遥感网在防灾减灾救灾、应急救援管理中的应用。因此，在未来研究中，我们仍需要进一步急灾害之所急，探寻遥感应急突破之道。

5. 红色党建：联席、引领

在实验室研究生党建方面，我总结为"联席、引领"四字。

2015 年 5 月 4 日入党的我，在本科期间曾担任过学本四支部统战委员。2017 年，从硕士入学开始，我便主动担任测绘遥感信息工程国家重点实验室研究生遥感第一党支部第一党小组组长一职。2019 年 6 月至 2021 年 6 月担任测绘遥感信息工程国家重点实验室研究生遥感第一支部党支部书记和研究生党建联席会骨干成员。在任职遥感第一支部书记第一年，实验室成立了第一届研究生党建联席会，旨在更好开展党建活动。我有幸担任副主席一职，分管宣传工作，以此为契机首次开通了实验室党建微信公众号"LIESMARS 红色之声"，并及时推送实验室各项党建活动，传递党员声音，争做优秀党员。在任职研究生党建联席会副主席和遥感一支部书记期间，我与支部委员们密切配合，发挥团队精神，保证定时、定量落实"三会一课"工作，切实开展不忘初心、牢记使命主题教育，对党员发展、转正、党员评议考核指标进行量化，公开、公平、公正。2020 年疫情期间，曾担任战"疫"微党课主讲人，以"疫情之下，党旗飘扬和青春绽放"为题贯彻落实习近平总书记重要讲话、重要指示精神，坚决打赢疫情防控阻击战。于 2020 年 4 月和 2021 年 3 月党支部述职中，连续两年获"实验室优秀学生党支部书记"荣誉称号并带领遥感第一党支部两年获得优秀学生党支部。

从无到有，联席是为了更好引领。在成立之初，在实验室党委的组织和领导下，我们对研究生党建有了新的认识，通过联席会引领着实验室研究生党建活动的有序开展。忘不了 2020 年元旦晚会，研究生第一次上台表演情景剧的突破；忘不了一次次联席会议上对党建活动布置的讨论。

6. 心得/感想/体会

泾渭分明，分而治之，让时间小偷追不上你的脚步。

计划先行：做好每天/几天计划，事情繁杂之时学会抓主要矛盾，有条不紊处理事情；

身心投入：全身心的投入很重要，只有对多任务都分别全身心地投入，积累点滴，才能提高效率；

把握机会：多任务即面临多方面认知，把握机会可尝试突破自己底线，发现新世界。

昂首向未来，带着坚信和热衷继续出发。与我书，一颗奔跑的心一直在悸动，向最初的梦想借来满怀热情，跑遍了祖国东南西北；一首安静的歌一直在播放，向蔚蓝的天空借来一抹风情，明媚了五个春夏秋冬。与你书，祝各位，远离疫情身体健康，学习进步工作顺心；愿今后，所到之处皆有星辰相伴，所想之时皆有声声入耳。为明天献出虔诚的祈祷，流年，山河无恙，人间皆安。

8.2.11 马宏亮：科研心得：一名"不务正业"的研究生转型之路

1. 人物简介

马宏亮，测绘遥感信息工程国家重点实验室2016级硕博连读生（2018级博士生），师从王伟教授和陈能成教授，读博期间受国家公派资助前往法国农业科学院进行为期一年的联合培养，合作导师为Jean-Pierre Wigneron研究员，研究方向为微波遥感土壤水分和植被光学厚度反演、评估与应用。目前以第一作者在遥感领域权威期刊RSE上发表SCI论文2篇，第一篇论文发表两年半内被引达112次，含多次*Nature/Science*子刊引用，成为ESI前1%高被引文章。参与合作文章超过15篇，均发表在*RSE*、*GCB*、*ISPRS*、*TGRS*和*WRR*等top期刊上。担任*Remote Sensing*的"微波遥感土壤水分"和"卫星土壤水分时空分析"两个专刊的客座编辑。曾获得博士研究生国家奖学金、王之卓创新人才奖和武汉大学优秀毕业生等多项奖励。

2. 前言

非常荣幸和高兴接到"咖啡屋"的邀请来做一些分享，一路走来，Geoscience Café带给我很多收获和成长。研一刚进入实验室就非常幸运地加入Café大家庭，当时是以组织者的身份面对各位"大牛"老师和师兄师姐，他们各自身上的闪光点让我打心眼里钦佩。临近毕业收到Café师妹的分享邀请确实有点诚惶诚恐，实验室优秀的同学非常多，自认为自己做得还远远不够好。所以，接下来主要从个人角度为大家分享进入实验室硕博连读以来的心路历程和浅见，希望能给需要的师弟师妹一些启发或帮助。

3. 迷茫摸索："不务正业"的研一和研二

我于2016年从华中农业大学本科毕业后，经推荐免试进入实验室攻读学术型硕士学位。进入实验室之后，一门心思奔着学技术，朝着硕士毕业进互联网大厂当打工人的目标努力。当时是大四下学期，大数据技术和数据挖掘比较火，我便和陈能成老师商量说想开展这方面的研究。陈老师安排组里的一个大我一级的师兄带我，其间系统学习了Java、Hadoop技术。在大四毕业那个暑假也被陈老师安排跟组里的师兄师姐一起去厦门进行开发实习。那段时间，工作日配合项目开展Android组件的开发，周末去厦门曾厝垵、普陀山打打卡，生活好像过得很有节奏感。但是闲下来的时候也会思考，如果想进大厂当码农，这也许就是以后的生活，自己会喜欢且一直做下去吗？带着这种对未来的不确定性，暑假结束后我就返回武汉开始了研一的学习。大四暑期的经历极大地锻炼了自己的动手能力，也为后续开展博士论文的研究打下了一个比较好的基础。

在课题组师兄的推荐下，我加入了实验室 Geoscience Café 和光影协会社团。原本的想法是丰富一下研究生生活，但随着不断地接触和参与，两个优秀社团也潜移默化地影响到了包括科研在内的我的各个方面。

首先，在 Geoscience Café 中，我有幸能接触到各个领域做得非常顶尖的师兄师姐以及老师前辈们，在这个过程中，极大地拓宽了自身的视野和眼界。也许是兴趣使然或者巧合，在社团中轮到自己负责的 Café 报告时，我会有意地去邀请本领域相关且科研做得非常好的前辈们。且在撰写新闻稿时，如果遇到"大牛"的报告，在不耽误导师分配的科研任务的前提下，也会去争取撰写新闻稿。例如当时负责或参与了宋晓鹏老师、沈焕锋老师、付鹏老师和彭漪老师等的 Café 报告。

其次，在与众多学术"大牛"交流请教的过程中，自身的学术思维也得到了一定的锻炼，尤其在整理新闻稿和嘉宾沟通时，或多或少会去体会他们的学术观点和方法，对于刚入学完全没有接触过科研的自己也是一个非常棒的体验。

再者，Café 和光影协会陪我度过了研一和研二的迷茫期。在自己还不确定想做什么以及适合做什么的情况下，当时社团的师兄师姐就建议多去尝试、多接触，然后再慢慢确定自己要走的路。

直到实验室的研究生中期考核时，我心中大概有了答案，但还不是很确定。那时觉得读博的师兄师姐都非常棒，也都是很优秀的人，我对自己是否有能力完成这个学习过程，并不是很确信。但此时我给自己做了一个假设性的选择：不管我选择毕业工作还是读博做科研，将来都可能会后悔，但是哪一种后悔让我更能从心里接受，我就选哪一种。经过深思熟虑之后，我向陈老师提出了硕博连读的申请，也得到了陈老师的支持和肯定。

总结来看，相对于很多非常优秀的同学从推免之后就能确定自己要做什么，并且能够马上进入科研过程的勇敢果断，自己并不能从一开始就确信自己能做科研，也经历过无数次迷茫和彷徨，确实也"耽误"了不少时间。但在这个过程中，首先前期的项目经历依然锻炼了我的动手能力，其次 Café 学术交流社团的工作经历也给了自己扩展学术视野、形成基本科研认知的机会，这些对于后续开展博士阶段研究都是比较重要的铺垫。

4. 我的成长：初入科研之门

作为一名科研小白，自己在进入微波遥感土壤水分研究领域的初期，也经历了以下几个必要的过程：

(1)广泛地阅读高质量的综述性论文。对于当时刚刚确定研究方向的我来说，大量阅读高质量的综述性论文(至少二区 top 以上)，有助于搞清楚三个问题：第一，可以清楚即将开展的研究目前的进展如何，还存在哪些问题和瓶颈；第二，所从事的研究内容在相关领域处于什么角色和地位；第三，围绕自身的研究主题，国内外有哪些主流的研究团队，他们的代表性工作是什么。虽然选择做学术还是要以修炼自身能力为主，但也不可避免地会面临学术圈子问题，这对于后续长远学术发展和规划也是很重要的。

比如，我的博士论文内容是做遥感土壤水分评估与改进。那么从土壤水分遥感自身来说，我需要考虑以下问题：涉及遥感手段，有可见光和近红外、主动微波、被动微波和GNSS-R(一种全球导航卫星系统技术)等，这些手段各自有哪些优缺点？每种手段目前有哪些主流的算法，它们的差异在哪里？涉及研究尺度，有全球尺度、区域尺度和田间尺度的研究，它们各自依赖的手段有哪些，核心需求是什么？涉及产品应用，我们的遥感土壤水分产品做出来主要是水文和生态领域的专家学者会使用，那么他们的核心需求是什么？

对于初入科研之门的我，虽然这些问题涉及的面大了点，但是从个人观点来看，是比较重要的。我个人倾向于先结合研究现状把问题想清楚，再去有规划地逐步深入开展研究，也就是"先博后渊"。在经过文献调研后，我选定了微波遥感土壤水分这一小领域。就算是这个小领域，也仍可以划分为一些具有很强逻辑关系的小方面，具体包括评估/验证、算法和应用等，其中评估是检验算法可靠性的必要手段，评估的结果也可以反过来指导算法的改进，是一个相辅相成的关系。保证算法和产品可靠的前提下，才可以有效开展应用。有了这个认识之后，就可以更明确地开展相关研究。

(2)形成良好的代码习惯。确定具体的研究之后，就需要动手做实验，而博士论文研究涉及的实验部分也是一个系统性的工程，如何避免重复性工作，是我们高效开展实验时必须面临的一个问题。

这一点要感谢我当时的硕士室友及同门刘晓林同学，硕士阶段我写的代码曾经因为不同文件重复度太高被他"吐槽"和"嘲讽"，他说在大厂干活如果有超过五行代码重复是要被扣工资的。

之后我思考了一下，代码简洁规范确实很重要。比如，我需要处理的遥感数据量都比较大，而且不同的遥感土壤水分产品存在一定的共性，但同时又有差异。那么涉及代码实现，规范的写法就是把共性部分写成一个公共函数，把差异部分分离出来单独命名，后续就可以对代码重复调用。

这样做的好处是，首先，可以避免修改大量重复的变量名；其次，重复实验更加容易，论文投稿时，往往需要涉及重复或者修改完善实验，代码规范可以让这个过程更加高效；再者，博士论文的不同章节之间的研究往往都有较强的关联，如果后续遇到和前面类似的问题，有规范明了的代码能省不少时间。

(3)形成总结文献并提炼问题的习惯。前面也提到文献阅读是开展科研的第一步，那么有效总结现有文献并提炼问题，则是提出创新很关键的一环。

这一点要感谢前期在 Café 邀请的一个嘉宾——UIUC(University of Illinois at Urbana-Champaign，伊利诺伊大学厄巴纳-香槟分校)的付鹏师兄。他谈到他在美国读书的时候，导师让他每周看 1~2 篇论文并做总结，涉及所读的论文提出了什么问题，最后怎么解决的，如果我们要改进，有哪些可能的方向。日积月累，后续就会形成一个非常庞大的文献库。撰写引言时就可以信手拈来(一般论文部分我最爱写的也是 Introduction 部分)。

对于文献积累的重要性，我注意到我的同门许磊博士(我们课题组一个大神级别的人物)在这方面也具有很好的习惯。他倾向于把当前开展的研究问题写在 Word 里面，然后围绕该问题的各个方面(研究进展、研究方法和研究数据等)进行文献总结。我想这也是一个非常好的文献积累方式。

(4)寻找志同道合的学术合作伙伴。在个人看来，如果决定做科研，注定是一个艰难求索的过程。在这个过程中，如果能遇到和自己研究方向类似且志趣相投的人，对于顺利开展研究的影响也是很大的。

Café 学术社团的经历告诉我，做学术需要分享和交流。同样也要感谢 Café，让我有幸认识了中科院空天信息创新研究院曾江源副研究员，他和我的研究方向非常相近。曾师兄在我开展博士论文的研究中也给予了非常大的帮助。在遇到挫折时，也是师兄从各个方面给予鼓励，使得我能在很困难的时候坚持下去。另外，我们可以珍惜平时参加国内外会议的机会，这些也是很好的和同行互动的场合。

5. 特别体验：法国联培经历

攻博期间，我得到公派资助的机会，非常有幸进入法国农业科学院联合培养一年。受疫情影响，当时在家里也待得蛮久的。就像法国那边的同门说的，读博三年，疫情两年。长期居家办公确实对科研影响很大，自己也一直面临效率低下的困惑。所幸外导 Jean-Pierre Wigneron 研究员和各位同门小伙伴从我到法国之初，就对我生活和科研方面都提供尽可能的帮助。对比国内外的科研和生活氛围，我有以下个人体会：

(1)科研和生活区分得更开。我当时在研究所，晚上固定时间(大约是 7 点)以后只能出不能进，不鼓励加班。而且双休和节假日(法国的节日很多)实验室锁门，也不允许加班。这样在保证充分休息的情况下，我发现那边同门在办公室的效率都非常高。这大约是我比较喜欢的一种状态，生活和科研是完全分开的。

(2)对于科研来说更多的是兴趣驱动。虽然我也能感受到大家对论文尤其是顶级杂志论文的重视，但是从那边老师的角度，可能更多地关注这个东西是不是有意思，是不是有用。论文只是水到渠成的一个过程。我想也许是因为国内外考核压力不同吧。

(3)国内外的生活氛围各有千秋。我所在的波尔多市是世界知名红酒之都，平时周末会和小伙伴骑行。还记得有一次秋天葡萄成熟时，我们一行人花了一上午时间，从住的地方骑车到圣埃美隆(Saint-Emilion，法国的一个千年古镇，也是世界知名红酒小镇)。一路上，会经过各种酒庄和大片葡萄园，也是一种很不错的体验。而国内的优势就在于烟火气，我想在外面的留学的小伙伴最怀念的估计就是在国内能随时随地叫上三五好友，喝酒、撸串、侃大山。

6. 心得/感想/体会

读博对我来说是一个探索的过程，转眼间学生时代也即将结束，以上个人浅见和一些思考定有不完善之处，读者可批判性阅读。同时这个过程也是对自身心性的一种磨炼。总结来说，有以下几点体会，仅供师弟师妹参考：

(1)选择相信和坚持。这是我常对自己说的话。如果经过全面调研和慎重思考而选定一个研究领域，自己都不相信的话，外界稍微有一点否定的声音便立马换研究对象。这样对自己是一种消耗。有了自己的独立思考并坚信着，才可能出现全身心投入的状态，这是一个非常快乐的过程。

(2)多向优秀的人请教和学习。榜样的力量很重要，我很庆幸，身边一直都有特别棒且真诚的朋友。不管是武大 SensorWeb 课题组，还是法国农科院优秀的同门小伙伴，以及一直陪伴保持着亦师亦友关系的江源师兄等，他们身上很多闪光点都值得我学习。

（3）允许自己失败和不完美。实验不符合预期是家常便饭。有时候就算做了充分的调研和宏大的规划，实践之后发现也远远达不到预期。这时候我的做法是静下心，思考问题出现在哪里，重新开始。另外有时候会遇到一些无法改变的客观条件（比如说疫情），也要学会与自己和解。科研也是一个长期的过程，保持平常心及可持续发展对我来说可能更重要。

最后，祝福师弟师妹们学习科研进步，能够收获自己想要的人生！

8.2.12　卢晓燕：科研心得：一名测绘工程学子的遥感之路

1. 人物简介

卢晓燕，测绘遥感信息工程国家重点实验室 2019 级博士生，师从钟燕飞教授和张良培教授，研究方向为线状目标智能解译。目前以第一作者/共同一作在 *ISPRS*、*Endoscopy*、*TGRS* 等权威期刊上发表 SCI 论文 6 篇、国际会议论文 3 篇。曾获得美国摄影测量与遥感学会"约翰·戴维森主席奖"一等奖、武汉大学"研究生学术创新奖"一等奖、武汉大学"王之卓创新人才奖"一等奖、武汉大学"宏图创展奖学金"一等奖等奖励与荣誉。将前往美国伊利诺伊大学厄巴纳-香槟分校进行博士后工作。

2. 前言

很荣幸接到"咖啡屋"的邀请来做一些分享，实验室优秀且努力的同学太多了，大家都各有所长，有很多值得我学习的地方，很感谢有这样的一个机会来分享我自己的科研成长经历。我认为自己并不是一个天赋型选手，也是靠平时多多积累，逐渐打磨而来。所以，我主要来分享一下自己与遥感相识相知以及慢慢成长的故事。

相识相知：一个测绘工程女孩的遥感之路。

我于 2013 年考入中南大学，报考的专业都未被录取，因此我被调剂到测绘工程专业，大学的大部分生活是在上课、扛全站仪、拿三脚架和立标尺的外业实习中度过。实话说，面对这样一个陌生、外业居多的工科专业，我是有一些排斥的。

直到大三的 GIS 课程设计，我才真正开始接触关于课题选择、背景调研、实验设计、分析总结的一些内容，发现原来不出外业也可以做很多有意义的事情。当时我的课程设计是关于京津冀地区空气污染物 $PM_{2.5}$ 空间分布制图的研究，具体是通过获取各个站点的 $PM_{2.5}$ 数据和相关影响因素进行建模，从而实现整个京津冀地区的 $PM_{2.5}$ 空间分布制图结果，为环境健康效应研究提供可靠的数据支撑。

在经历过这样的一个阶段之后，我决定继续攻读测绘大类的研究生。在我大三暑假来国重参加夏令营时，就十分幸运地遇到了我现在的导师钟燕飞教授面试我，并顺利加入了钟老师的团队。俗话说，"相识容易相知不易"，我们小组主要是做智能化遥感数据提取分析与应用的，对于我来说，本科阶段接触遥感相关的知识还是非常少的，智能算法更是没有涉及，完全凭着一腔热血零基础入门。刚进组时面临的挑战还是巨大的，对于自己研究方向的英文文献、晦涩难懂的算法流程、新的编程语言、操作系统以及新的工具 caffe

（一种深度学习框架）、TensorFlow（一种深度学习框架）等，我花费了很多时间来适应。现在回想起来，得益于小组良好氛围的熏陶以及老师同学们的倾心帮助，自己才坚持了下来，逐渐适应了这个环境。

3. 我的成长：科研小白的进阶之路

作为一名科研小白，自己在进入遥感图像处理领域的初期，经历过程可以总结为以下的三大步：

（1）阅读相关的硕博士学位论文起步。进入一个新的领域，首先是了解这个方向的研究现状。当时对我启发最大的是 Geoffrey Hinton 教授的博士生于 2013 年完成的博士论文，该论文作者是第一位使用神经网络进行道路提取的研究者，即使用多层感知机来进行道路提取研究。

（2）紧跟前沿，重点学习近两三年的文章。对于一个领域有了初步了解和基本把握之后，还要掌握领域发展的最前沿，可以通过在各个权威期刊或会议（如遥感领域的 *RSE*、*ISPRS*、*TGRS* 等，以及计算机视觉顶级会议中的 CVPR、ICCV、ECCV 等）或者 arXiv 网站上阅读最新的论文，还可以通过谷歌学术订阅一些大佬的文章。这些都有助于我们及时获取到研究领域的最前沿信息，为之后自己的研究做铺垫。

（3）发现问题，勇于创新。没有一个科学研究是天衣无缝的，论文读多了，自然就会总结出一些问题。我记得当时对我很有启发的是 2017 年发表在 TGRS 上的一篇道路提取论文，该论文首次使用端对端的方法，同时提取道路面和中心线。通过前期的知识积累，我发现了该研究仍存在一些不足。首先是中心线提取是在道路面分割结果基础上，通过卷积学习来得到道路中心线，会导致道路中心线结果完全依赖于道路面分割结果。其次是研究仍然停留在小数据集上，距离大范围应用仍然存在鸿沟。针对这两个问题，通过不断尝试，我提出了自己的解决方案：在算法层面上，道路中心线的学习融合了道路面分割结果和底层多层次特征，这样中心线提取结果可以不完全依赖于道路面，同时可以进一步约束生成更准确的道路面；在数据层面上，使用了 2013 年那篇博士论文公开发表的大型数据；在验证层面上，进行了更大范围影像的验证，但由于手工标注像素级标签费时费力，我利用开源 OSM 道路线数据生成不同缓冲区道路标签来进行评估。

做完实验之后就是论文写作，我觉得论文写作应该是从模仿开始，模仿目标期刊上的论文写作风格，然后对自己的工作进行总结。我的第一篇论文从初次撰写到最终投稿，中间改了十几个版本，因此收获很多。同时我也十分幸运，论文在 2018 年年末投出后一审小修，并于 2019 年的 6 月份被遥感领域权威期刊 IEEE TGRS 正式接收。

有了上述研究工作的经历，后续的研究开展就会熟练很多。第一个研究工作的核心思想是：针对建筑物、树木等地物对道路造成的遮挡、阴影等导致道路识别不连续的问题，在网络学习过程中加入道路中心线的约束，从而提取到更准确的道路面。也就是说，道路中心线可以约束道路面的位置，道路边界也可以约束道路面的位置。因此，第二个研究工作类似于这个思想，提出了基于边界约束的道路提取深度卷积神经网络，通过显式增强边界信息的监督，来提升模型对于道路区域的识别能力。第二个研究也整理成了论文，该论文一审大修，二审直接接收，发表于遥感领域权威期刊 PE&RS 上，并获得美国摄影测量与遥感学会"约翰·戴维森主席奖"一等奖（The First-place of the 2021 John I. Davidson President's Award，ASPRS）。

美国摄影测量与遥感学会（ASPRS）创立于 1934 年，为全球 7000 多位专业会员提供服务，是本领域最知名的国际学术组织之一。近年来每年年会均设优秀论文奖 5 项，从每年刊登在 ASPRS 官方刊物 PE&RS 上的所有论文中匿名评审产生。其中，John I. Davidson President's Award 每年仅评选出三篇，分别为一、二、三等奖，用于表彰在 ASPRS 官方期刊 PE&RS 上发表的具有实用价值的研究。

4. 特别经历：学科交叉融合的研究

说来也是缘分，我高考报考的全部是医学专业，没有一个被录取，后来被调剂到测绘类专业。目前在钟老师课题组，竟然有机会做一些医学相关的研究工作，这个工作应用于辅助治疗胆总管结石和胆总管狭窄两种疾病。

胆总管结石是一种常见的消化系统疾病，易引起胰腺炎、胆囊炎、胆管炎等并发症，严重时可危及生命。胆总管狭窄也是常见的胆道系统疾病之一，内镜下支架置入引流是常见的微创诊疗方法。经内镜逆行胰胆管造影术是一种常见的胆总管结石及狭窄的诊断及治疗方法，但其易引起较多的并发症，以及对操作者有较高的技术要求。其中，胆管结石的大小、胆管下段的宽度以及胆管狭窄段长度、胆管狭窄段到胆管末端的长度等对于手术方式和手术器械的选择至关重要。

目前，经内镜逆行胰胆管造影术所使用的仪器需要医生手动测量胆管结石的大小、胆管下段的宽度以及胆管狭窄段长度、胆管狭窄段到胆管末端的长度等，分散了医生手术中的注意力，且相对来说测量结果不够精确。这将影响医生对经内镜逆行胰胆管造影术术中材料附件选择的正确性，增加手术操作的复杂性，从而可能增加手术的并发症。

本研究就是为了解决在经内镜逆行胰胆管造影术中医生手动测量结石直径、狭窄长度不准确的问题，提出了一种在经内镜逆行胰胆管造影术中辅助诊断和测量的方法。主要研究内容是从医学影像中分割出胃镜、胆总管和胆总管结石，并测量相应关键要素的长度。其中，面临的主要挑战是：病例数据稀缺，胆总管结石患者病例很少；结石特征不明显，由于结石处造影剂无法渗透，导致其与背景特征非常相似。以上两点导致传统深度学习方法识别结石时，漏检的现象十分严重。

我们的解决思路是，首先将特征明显、较容易分割的胆总管整体分离出来，之后在胆总管中寻找结石，这样就成功规避掉相似背景的干扰，大大提高结石的识别率；然后在分割结果上，进行关键要素的长度测量；最后形成一个技术困难评分与辅助诊断系统。

具体步骤为：（1）通过医学仪器，获取经内镜逆行胰胆管术中的透视图像；（2）将透视图像输入训练好的分割模型中，分割出胃镜、胆总管和胆总管结石；（3）采用基于几何建模的测量方法测量胃镜宽度、胆总管结石的宽度、胆总管下段的宽度、胆管狭窄段长度，以及胆管狭窄段到胆管末端的长度等。

此方法可以及时判断胆总管里面有没有结石、有几个结石、根据结石的宽度和胆总管下端的宽度对比判断是否要取石/碎石，以及根据胆管狭窄段的长度和胆管狭窄段到胆管末端的长度，来辅助医生诊断和治疗胆总管结石和胆总管狭窄两种疾病。

5. 心得/感想/体会

总结而言，我觉得科研没有太多技巧，需要的可能就是：目标坚定，practice more and read more，不仅对于科研适用，做其他事情也同样适用。回想自己五年的硕博生涯，总结有四点比较重要：

第一是坚持，刚开始跨入科研的大门，每个人都会遇到各种各样的障碍，尤其是研一或者博一刚加入一个新的团队，接触一个新的研究方向的时候，这正是磨练我们心智的时候，只要坚持过了这个阶段，我们一定会有所收获，有所成长。

第二是耐心，科研是一个不断探索的过程，需要我们反复地尝试和验证，保持自己内心的平静，情绪的稳定，这才更有利于推动科研的进展。同时，在我们形成论文成果之后，也需要耐心地跟审稿人进行沟通交流，论文才能得以顺利发表。

第三是合作，所谓"闻道有先后，术业有专攻"，每个人都有自己的优势，我们应该多多向他人学习，互相合作，单凭一己之力，很难开展大型研究，尤其是学科交叉的研究工作，只靠一个团队难以开展，需要集合多方人力、设备、数据等资源才能进行。

第四是交流，包括科研上的交流，比如通过小组汇报、国内外学术会议等，积极与老师和同行们交流沟通，可以不断触发自己新的想法，同时也包含生活上的交流，比如多参加一些集体活动、组织一些户外出行、和小伙伴们一起喝快乐神仙水(咖啡、奶茶)等，找到释放自己压力的方式，做一名身体和身心都健康的科研新青年。

最后，衷心祝愿师弟师妹们都能在未来的科研乃至人生道路上，越走越远、越走越宽阔！

8.2.13 张岩：功不唐捐，一个中等生的科研体验

1. 人物简介

张岩，武汉大学测绘遥感信息工程国家重点实验室 2020 级博士生。师从陈能成教授和李英冰副教授，研究方向为协同感知与知识服务。目前以第一作者/通讯作者身份发表 SCI/SSCI 论文 5 篇(中科院 1 区 Top 论文 2 篇)，中文学报 1 篇，出版专著 1 部(导师一作，学生二作)，申请软件著作权 2 项。担任 *IEEE Access* 的审稿人。

2. 前言

很荣幸收到"星湖咖啡屋"邀请，我认真写下这篇文章，回顾自己科研上踩过的坑，分享一下我以本科中等生走上科研之路的心路历程，希望与大家一起互相学习。

3. 功不唐捐，不怕拒稿

首先我想讲一下自己从一个学习成绩中等的本科生到发表第一篇中文文章的研究生这段时间的故事。

回想自己的本科时代，也不算特别优秀，当然也算不上差，就是普普通通的本科生，上课常常打瞌睡，也不积极占前排座位，按时点卯上下课，心里没有什么成就感。

本科学习的一些课程诸如地球物理，测量平差，大地测量……授课老师都是业内专家，但是这些测绘专业课实在是距离生活太为遥远了，我无法想象大地水准面与高程控制网能给我自己的生活带来什么影响，我既看不见又摸不着，与李世石大战阿法狗抓人眼球的计算机热点话题相比，测绘显得不那么 fashion。

在后来选方向时我果断选择了 GIS，本科有着很多奇奇怪怪的 idea，但是受限于科研视野太窄以及动手能力太弱，都仅仅是空想，大创美赛一个没参加，游戏也很菜，成绩也一般，以至于报考本学院的夏令营都被刷了。

等到大三结束的暑假，要准备考研了，我觉得这样下去不行，身体里经过河南高考拷打过的基因开始显著，开始朝九晚八的复习备考生活，风雨无阻，听了无数次闭馆音乐，毕业记录显示进出图书馆 1637 次，这个习惯我一直坚持到了现在。

大概经过 4 个月左右的备考，考研成绩不好不坏，GPS 测量原理专业课竟然考了第一名(虽然现在做的内容与 GPS 没有任何关系)，这极大地提升了我的自信，这让我意识到功不唐捐，只要肯努力，什么时候都不算晚。

之后的学习就比较顺利了，在自己努力的加成下，幸运地成为李英冰老师 2018 级最后一位硕士生。

这个时候自己的计算机编程能力得到了一定的锻炼，自己的天马行空的想法特别多，开始着手第一篇中文论文。因为研究方向比较新，也没有师兄提供参考，我从提出 idea 到最终实现，一步一步地自己独立摸索，李老师与我光摘要和 title 就改了五版，还记得 2018 年的圣诞节我还跟老师在办公室里讨论文章，从辣眼睛的初稿，一步一步地修改完善，大概直到 2019 年中旬完成并投出了自己第一篇学术论文。

我这篇打磨了很久的文章出师未捷，第一次投就被拒稿了，拒稿意见只有寥寥几字(创新性不足)，第二次投稿也被拒了之后，自己算是起了一个大早赶了一个晚集，身边也陆续有同学开始投稿，我也对自己的工作产生了怀疑。

国内期刊的审稿流程比较慢，第三次投稿三个月以后编辑跟我说没有找到合适的审稿人，我心中疯狂质疑，最后编辑让我推荐了几位业内专家，走走停停兜兜转转，其间为了查询稿件状态我还专门写了一个脚本，每隔 12 个小时给我发邮件通报稿件状态。

最后稿件被录用，心中大石头算落了地，只记得排版的时候持续一周每天早上 8 点编辑就会给我打电话把我从床上喊醒，问我稿件排版的一些问题。

现在回想起来，通过这篇文章我熟悉了完整的科研流程，对我以后的学习起到了非常好的示范作用，出版后文章的下载量与引用量都很不错，直到现在依然是我最为得意的中文文章，唯一的遗憾是，因为没有审图号，很多地图都被改丑了。

4. 勤能补拙，注重过程

专硕时间真的是太紧张了，短短两年，其间又遇到了罕见的新冠疫情，等我报考博士时我只有一篇小修还没有录用的 SCI，尽管为了求快我投了一个开源杂志，但实际上直到博士考试结束后文章才被录用。

很感谢陈能成老师的知遇之恩，在没有 SCI 录用的情况下给了我报考国重的机会，否则我现在可能在某个公司写代码(2019 年秋招我也签了一份工作，自己没有把握博士录取，想着没有书读也能不失业）。

由于疫情只能待在家里，2020 年的上半年除了准备博士入学考试，就是写文章，我虽然出身工科院系，但是非常喜欢关注社会问题，做第一篇文章时学习的网络爬虫技术算是派上了用场，收集了疫情期间武汉市的新浪微博数据，想着能不能做一些工作可以让 GIS 在这场与疫情的战役中体现价值。我整理收集好的数据，有着林林总总的观点表达，映射世间百态，既有对国家抗疫政策以及医护人员的力挺，也有很多对疫情期间各种事件的评论，许多医疗资源的求助信息也包含其中。

作为一个 GISer，我发现这些微博很多是不含有地理属性的，也就是说从这些数据中无法定位发博者的地理位置，现有很多方法可以利用 NER 的方式来探测文本中的地理位置信息，然而大部分微博是不含有对位置的描述的，我抓取的 20 多万条数据仅有 5000 条含有可用位置信息，分布在武汉市 1000 多个兴趣点上。

我考虑能否利用文本中的语义信息对这些微博进行分类，我基于的假设是：在同一个位置或同一类位置微博关注内容是类似的。我认为用户在武汉黄鹤楼的微博内容与在武汉江汉关的微博内容是具有一定相似性的，即他们都含有旅游观光的属性。应该会与在火车站或汽车站位置发送的微博有着显著的语义区别。社会感知的主体是人，诚然我们无法避免一些误差，但是在样本丰富的情况下，我认为还是具有一定的甄别可能。

基于这个想法以及自己在家里学习的深度学习技术，我解决了社交媒体数据中语义对齐的问题。我撰写了一篇文章，花了 3 个月左右投了一个二区杂志，十几天后被拒稿，文章没有送审就被毙掉真的是太不甘了。第二次我鼓起勇气，投了 GIS 领域非常好的杂志 *Computers, Environment and Urban Systems*，副主编刘瑜老师第二天送审，当稿件变为 Under review 时还是蛮开心的。又过了三个月，一审意见回来了，给了大修，虽然三个审稿人措辞比较严厉，但是对文章的创新性比较认可，回复整整写了 30 页。

修回一个月后审稿人返回意见，看了意见我就知道这篇文章有戏了！非常和善的审稿人，专业程度以及认真程度令我感到敬佩，基本上二审就是一些建议，采纳与否交给了我决定。再过了一段时间这篇文章就录用了，我还专门在微博上@了刘老师，还得到了他的回复，这让我非常开心，逐渐感受到我这个窄窄研究方向小圈子的乐趣。

回顾这一路磕磕绊绊，我也有了一点点微小的投稿心得，投稿与拒稿是"科研小白"的必经之路，拒稿很正常，因为编辑的口味以及期刊的范围不同，并不需要对自己的工作质量妄自菲薄，我自己还有被国内核心的外审专家拒稿改为英文发表在 SCI 上的经历。

换个角度，审稿人都是小方向里的专家，即使被拒稿，也会得到很优质的评审意见，根据意见认真修改后会对文章质量提升很大。如果文章被送审就意味着编辑对你的文章比较认可，即使最终被拒稿了，也可以根据返回的意见，弥补文章的不足。如果专家与编辑给修改机会就一定要认真修改，如果自己真的尽力了，结果如何都不需要怨悔。

写论文就像炒菜，你读过的每一篇论文，吸取的每一个知识，处理过的每一个数据都会成为你素材的一部分，也会是你灵感的来源，当多个类似的灵感碰撞起来，火候已有三分，原材料大致备齐，就可以着手来做文章。

我的第二篇一区文章从有 idea、做实验到排版，写作，完成投稿只花了不到一个月，我认为这是厚积薄发的过程，得益于平常的知识积累。文章在春节返修，花了一周左右修回。之后的文章都波澜不惊，但是可以真真切切地感受到自己的科研综合水平相较于过去有了一些进步，同样的文章经过认真修改重做实验后提升很大。一篇文章在 2020 年 3 月被审稿人狂怼需要重写，认为我是一个 SCI 新手(实际上的确是)，到 2021 年 3 月被夸成"pillar"。

基于中文文章打下的基础，我花了整整一年的时间在科研上入了门，算是一个萌新了。这里我给大家一点点微小的建议：

GIS 本来就是一个与社会经济结合相当紧密的学科，我们可以与复杂网络科学、计算机科学、信息管理科学积极进行学科交叉，其次了解世界上最好的实验室，并追踪"圈内"最优秀的科研成果，"熟读唐诗三百首，不会作诗也会吟"。

其次就是目前国际上出版的论文越来越多，我们在做科研时不单单要努力前行，更需要提升自己工作的影响力，树立自己的个人品牌，给自己贴一个科研标签。对自己出版的论文我会用中文撰写微信推送，在写作过程中的重新审视以及与其他人的思想碰撞中，常常会有新的自己从来没有想过的 idea。同样的研究从不同的研究视角来观察，会有"横看成岭侧成峰"的观感，让人酣畅淋漓恍然大悟。

5. 把论文写在祖国的大地上，所学知识服务社会

我从小就喜欢地图，中学时买了一整套的历史地图集，小小地图，方寸之间，可以满足一个孩子对于世界的所有幻想。我与武大的缘分也从这个时候开始，书的扉页记录这部书由武汉测绘学院参编，也就是今天的武汉大学信息学部，那个时候我还没有意识到我会与珞珈山与东湖水产生多么迷人的碰撞。

在武大七年的读书期间，我常常想我所学的知识能否给自己的家乡、自己的祖国带来真真切切的贡献，践行为天地立心、为生民立命、为往圣继绝学、为万世开太平的格言，后来我有了一次践行的机会，下面给大家分享我的经历。

在新冠疫情期间，为了减轻城市管理工作人员的负担以及人员聚集，我与黄舒哲师弟和郑翔同学在 2020 年一起开发并上线了城市随手拍系统，将自己的 GIS 知识服务于实际的生产应用。

虽然现在看起来系统并不是非常复杂。但我依然觉得很有意义，践行了习近平主席提到的"广大科技工作者要把论文写在祖国的大地上，把科技成果应用在实现现代化的伟大事业中"的号召。该系统目前已部署于临颍县城市管理局官方微信公众号，服务于家乡的 70 万居民，为建设美丽城市与智慧城市提供支持。

系统采用 B/S 架构，用户在官方公众号进入信息采集接口，系统根据用户 GNSS 定位数据以及请求的 IP 地址进行准确定位，利用智能手机对违章停车、公共设施损坏等城市不文明行为进行拍照，以及进行简单描述，管理人员即可在后台实时接收上报事件，并安排人员进行现场处理。该成果受到了城市居民和政府工作人员的一致好评，并获得了"武汉大学优秀实践成果"。

当自己的科研能够结合自己的爱好，能够真真切切地影响这个世界，做出一点微小改变的时候，真的是太幸运了，也很感谢遇到的老师和同学。知识不再是故纸堆里泛黄的文字，而是我们认识世界和改造世界的有力武器。

我从一个华北小县城考学出来，倏然已经 7 年了，恍惚之间时间似乎还是停留在 2014 年，转眼一看却又已经走过了那么多路。我自己成了一名博士，一切好像做梦一样，自己好像也成了"科研人员"，这是我以前绝对无法想象，无法相信的。在科研这条路上浸淫已久，对我来说科研已经不是一种高大上的职业，但是我依然想保持我自己的初心，在地图上写写画画，做自己力所能及的事情，看一路走过来的风景，以及这似水流过的年华。

最后祝大家科研之路愉快，越努力，越幸运。

8.2.14　吴源：我的科研成长之路

1. 人物简介

吴源，测绘遥感信息工程国家重点实验室 2019 级博士生，师从陈锐志教授，2019 年硕士毕业于中国科学院自动化研究所。主要研究领域为手机室内定位。硕士期间发表 SCI 论文 1 篇，EI 论文 1 篇，获国家发明专利授权 1 项。博士期间获得 2020 IPIN 国际室内定位大赛冠军，在审 SCI 论文 1 篇。

2. 误打误撞"走入科研之路

本科我的专业是计算机科学与技术，但是在上大学前，来自农村的我，根本没有碰过电脑，学习起来有些吃力，直到大学毕业我感觉我的编程能力都非常糟糕，以至于直到现在我都感觉自己读了一个假的计算机专业。那时候，我只能拼命将期末考试考好，以证明自己还跟得上。大二的时候，一个偶然的机会，我进入了一个老师的实验室学习，目的是准备那一年暑期的电子设计大赛。在那里，我开始学习基本的嵌入式编程。当自己用代码控制单片机点亮 led 灯的时候，一点小小的成就感油然而生，这让我有了进一步去学习折腾嵌入式编程的兴趣。那时候，我一下课就跑到实验室待着，一方面是瞎折腾板子，一方面是为了准备比赛。还记得那年为了比赛，我暑假没回家，待在学校，实验室空调还坏了，顶着 40 度的高温，熬了三天三夜打比赛。测试当天，当看到自己写的代码和算法，控制着小车完美完成测试目标时，我感觉自己做到了。我们如愿捧回了那年的电子设计大赛一等奖。除了比赛，我在实验室还接触到了发文章、写专利等与科研相关的事情，自己也尝试着发表论文和专利。这些看得见摸得着的小成就，给了自己不断向前的动力。这些经历，让我触摸到了科研的大门，但最终让我迈入科研大门的是我幸运地拿到了一个保研资格，同时还拿到了中科院自动化所和浙大软件学院的推免资格。我最终选择了中科院自动化所，从此走向了读研的道路。

3. 塞翁失马焉知非福

拿到自动化所的推免资格后，由于我没有提前联系导师，等到所里通知可以联系导师签导师意向的时候，我心仪的导师和实验室全部没有名额了，而且当时通知选导师的时候，我还在回家的路上，这让我极其被动也让我的读研之路一开始就不那么顺利。对于研究生而言，选对实验室和导师是非常关键的，这让我意识到了我的读研之路必定会困难重重。我是我研究生导师的最后一个学生，我毕业后她就退休了。由于我硕导连续几年没有招到学生，我没有师兄师姐，直到毕业后也没有师弟师妹，整个三年就只有我一个学生。光这一点，我就意识到了自己的研究生生涯不容乐观。中科院的研究生，研一需要到中国科学院大学集中学习，研二再回所里进实验室做科研。2016 年，人工智能受到了各行各业的追捧，广阔的就业前景和不菲的工资待遇，让模式识别专业成了超热门专业。我记得当时上模式识别这门课程的时候，一个可容纳两百人的阶梯教室，需要提前抢座位、占座位，否则只能去其他教室抬凳子，坐在过道里，要是再慢了甚至过道都没有了，只能站着听。从这种空前的学习热情和选课人数中，可见这门课有多么地火爆。我的硕导从事的研究方向是基于惯性传感器的人体姿态跟踪，就是将 IMU 绑在人的各个关节上，实时跟踪人的动作姿态，跟人工智能沾不上半点关系。好不容易进入了中国人工智能最顶尖的研究所，却不能赶上人工智能这个风口，心底自然特别失落。我带着这种失落，研二回到了所里。硕士导师将我安排到了一间非常宽敞的实验室里。里面平时加上我总共就三个人，其中一个是老师，另一个是项聘，一天下来都说不了一句话。除了一日三餐跟室友一起吃饭以外，我感觉我与世隔绝了。硕导对我特别上心，回所后就交给我一堆五六年前开发的 IMU 硬件，vs2005 下开发的 XP 风格的软件系统和一堆不规范的文档。不出所料，这堆软硬件在我的 Win7 系统上根本跑不起来。接下来就是令人崩溃的找原因找 bug 的过程，而且由于开发这套软硬件的人早就毕业了，根本寻求不了帮助。导师的要求是把老软硬件在新的 Win10 系统上跑起来，然后再开发一套新的软硬件系统，这跟我想象中的科研生活有很大的不同。我就这样一个人，做着自己不认可的事，痛苦不言而喻。那个时候，我经常后悔自己选择读研，所以跟同学聊起自己近况的时候，我经常说的一句就是"塞翁失马焉知非福"。对我而言，拿到保研资格，进入了中科院自动化所就像获得一匹"骏马"，但当自己准备策马扬鞭，奔向人生新高度时，却狠狠地从马背上摔了下来。

面对这样一个天崩开局，我常常担心自己有一天会崩溃，所以我每天都在不断地调整自己的心态，告诉自己要乐观，事已至此，至少顺利毕业还能拿个学位证也不错。另外，我还找硕导沟通了很多次，说了说自己的想法。硕导人也非常好，最终也做了一些妥协，同意我先做研究，先把小论文发表了再做项目，但是我研究的东西需要跟项目是相关的。我查了一些相关的文献，在基于 IMU 人体运动跟踪领域，有一个分支是跟踪人体行走轨迹的方向，即行人航迹推算(PDR)。我对此产生了一些兴趣，决定从这个方向开始研究。经过半年时间，我就调研了这个领域近十年的近百篇论文，借着开题的机会，基于这些文献写了一篇英文综述，并投了自动化所主办的一个 EI 检索的国际期刊。当收到录用通知的时候，那种久违的小小的成就感，涌上心头，负面情绪也随之烟消云散。我继续做实验，实现自己的 idea，又发了一篇 SCI 论文，并提交了两项发明专利申请。这时已经进入研三了，我答应了导师，要完成她的项目，所以放下了科研，找 bug、改代码，那套老的软硬件在 Win10 上终于跑起来了，同时我还基于 unity 开发了一套新的演示系统，新的硬件也随之到位，并赶在毕业之前，为新的软硬件系统写好软著。

我的硕士经历告诉我，人生不会都是一帆风顺，有时候困难会接踵而至，但越是在困难的时候，越要给自己积极的心理暗示，越要努力，除此之外，我们别无选择。我那个时候常常告诉自己，如果这是人生的至暗时刻，那也不过如此；如果这还不算我的至暗时刻，那说明我还没有到该绝望的时候。

4. 柳暗花明又一村

决定读博，有几个方面原因。第一个是从众心理，当时我的两个室友，以及几个关系比较好的同学都选择了硕博连读，所以我也想着要不再读个博。第二个是暂时没找到好的工作，当时研三上学期秋招的时候，由于忙着完成导师的项目，没花什么时间在找工作上，而且没有实习经历，再加上研究方向比较偏，所以找工作并不顺利。第三个是我还是想再提升一下自己，不只是拿个学历，同时也是提升自己的能力，而且我对科研并不排斥。

当时决定读博的时间比较晚，好多高校和研究所报名都截止了。最主要的是，很多导师名额很早就已经被预定了。我那个时候到处找国内各大高校学院的官网，看哪个学校还没有截止报名，再看导师介绍，联系导师。有的石沉大海，寥寥几个回复了的，基本都名额已占。就在我快心灰意冷的时候，我收到了武大牛小骥教授的邮件回复。牛老师回复说他的名额也满了，但是推荐我到陈锐志教授课题组，并把我的简历推荐给了陈老师。我随即电话联系了陈老师，终于得到了欢迎报考的答复。最终顺利进入陈锐志教授课题组，可谓"山重水复疑无路，柳暗花明又一村"。这里的一切都是我理想中的样子：一流的导师，一流的实验室。

刚到实验室不久，就接到了导师的任务——带队参加 2020 年的 IPIN 室内定位大赛，并且必须拿冠军。用陈老师的话说就是"拿亚军就是输了，因为我们组参加的所有室内定位比赛全部拿了冠军"。我由于没有参加过以往相关比赛的经验，压力自然非常大。我和跟我同一届的李维以及大我们一届的余跃师兄组成了核心参赛队员。好在余跃师兄参加过两次室内定位大赛，所以在大方向上可以有比较好的把控。由于疫情原因，IPIN2020 会议直接取消，而比赛数据直到 8 月才发布。我们在 2020 年 3 月开始准备比赛，当时正处在疫情期间，只能线上讨论，在家做实验。由于比赛数据没有发布，我们只好在前两年的比赛数据上做实验。我们经过讨论，总结出需要实现一个关键的 PDR 优化算法。因此，我也把主要精力花在攻克这个难关上。我当时每天翻阅文献、建模型、推公式、写代码做实验，几周后，一条漂亮的轨迹曲线终于出现在了屏幕上。我抑制着激动的心情，再尝试不同数据集，结果同样完美。随着这个难题的攻破，我感觉我们已经在胜利的道路上前进一大半了。也许这就是做科研的乐趣吧，每当解决一个难题时，那种成就感会让自己觉得付出的一切都值得。等到比赛数据发布时，我们终于回学校了，因此每天可以面对面交流和讨论，这是非常重要的。在讨论过程中，可以学到其他队员的好的想法，别人也可以比较准确地指出我的方法的局限性，当然有时候也会争论得面红耳赤。就这样，我们在离提交数据还有一个月时，有了第一版结果。在信心满满地向陈老师汇报时，却被泼了一盆冷水。陈老师指出了我们的一些致命的不足，比如航向用了自带输出而不是自己解算，这样就跟别人拉不开差距，而且存在一些明显不合理的轨迹，如果就这样的话，我们一定是拿不到奖的。带着沮丧的心情，我们打算从头再来，一点点地抠数据，抠细节，讨论方案。有时今天出的方案，明天再看自己又给否了。就这样迭代一版一版又一版，直到得到最终提交数据前还在改。随着每一版的迭代，结果也在不断地改进。在提交前，向陈老师最后一次汇报结果时，终于得到了陈老师的肯定："这次的结果看起来不错，应该很有希望拿冠军的，你们可以提交了。"得到老师的肯定，我心中悬着大半年的大石头终于可以暂时放一放了，但是直到提交结果的最后一天，我们依然在讨论可以改进的地方，力求精益求精，哪怕精度能提高 1 厘米。在公布结果前，我们收到大会主席的邮件，希望我们可以在线上做一个 10~15 分钟的报告，介绍我们的系统。按照往年的惯例，会议有 15 分钟邀请前三名每组做 5 分钟报告，今年的会议流程是 winner 做 15 分钟报告，所以我们猜测我们至少应该进入前三了，并且很有可能是冠军。但是结果没有最终公布前，心里依然非常紧张。结果公布那天，当我看到 final winner 的队名是我们队的时候，激动的心情真的难以言表。这是我们团队的又一次胜利，也是我个人的一次突破。在这个过程中，我彻底体会到了团队的重要性，有效的合作是往往是 1+1>2。

我觉得自己的博士生涯可以说开了一个不错的头，也让我对未来几年的博士生涯充满信心。虽然比自己做得好得多的大有人在，但我还是喜欢按照自己的节奏来，跟自己比，才能不焦躁。

5. 总结感想

我非常喜欢"塞翁失马，焉知非福"这个故事。我觉得凡事就是这样，苦难中孕育着机遇，机遇中暗藏着危机，人生总是会起起伏伏，有得必有失。我们只需要保持一颗平常心，做好自己，不必患得患失。最后借用小米的一句 Slogan 送给自己也送给大家：永远相信美好的事情即将发生。

8.2.15 金炜桐：在深空探索中迈过自主研发道路上的"坎儿"

1. 人物简介

金炜桐，测绘遥感信息工程国家重点实验室 2017 级博士生，师从李斐教授和鄢建国教授，2018 年 10 月—2019 年 10 月，赴德国慕尼黑联邦国防军大学进行公派联合培养。主要研究领域为小天体探测器精密定轨与引力质量解算。博士期间以第一作者在天文学 *MNRAS* 杂志上发表 SCI 论文 1 篇，EI 论文 1 篇，中文核心 1 篇，在审 SCI 论文 1 篇，独立研制了兼具探测器精密定轨、小天体引力质量解算以及小天体星历解算三种功能的自主软件平台。曾获得金通尹奖学金、国家留学基金委奖学金，优秀研究生，优秀学业奖学金等奖项。除了致力于科研之外，还积极参加各种校园活动，两次获得"武汉大学研究生十佳歌手"称号。

2. 软件封锁——把自己"逼"上自主研发的道路

小时候，我心里一直都有一个"探索宇宙"的梦想。直到 2015 年暑假，我有幸进入武汉大学深空探测团队学习，在李斐教授和鄢建国教授的指导下，进行小天体探测器精密定轨的研究，终于圆了这颗藏在心底多年的"宇宙梦"。

进入团队以后，随着对探测器精密定轨这个方向的深入学习，我逐渐意识到这是一块真正难啃的"硬骨头"：

首先，由于深空探测这个领域涉及国家在未来太空权益方面的话语权，因此技术细节上比较敏感且开源度很低，这也意味着团队无法站在巨人的肩膀上解决问题，只能选择让自己先成为"巨人"——即从底层开始自主研发。

其次，探测器精密定轨并非聚焦在某一个算法或者某一个模型上，而是由若干理论、模型和算法组成的一个庞大的系统工程，涉及各个学科和技术的融合和交叉。为了保证每一个环节的正确性和数据处理的精度，必须对这一系列的交叉学科和技术进行深入的理解，而不能只了解大概的意思。

第三，小天体的探测器精密定轨是团队之前从未探索过的领域，尽管和传统意义上的卫星精密定轨原理基本一致，但在具体的技术实现上有很多"坑儿"和"坎儿"。

在我进入团队之前，我的师兄叶茂以月球探测器为主，初步搭建了一个体系完整的技术框架。我本以为我的任务就是在这个框架上修修补补，把月球换成小天体就大功告成了，然而在研一下学期的时候，我被科研生涯中的第一道"坎儿"拦住了。

在研究过程中，一个比较重要的工作就是把一些中间结果与国际权威软件进行对比，确保计算精度一致。在实现一个测量理论模型的过程中，我无论如何都达不到和国际权威软件 GEODYN-II 相同的计算精度，而同样的模型在月球、火星上都适用。一开始我认为是自己的代码实现错了，经过多方的验证和比对，确认在代码实现上没有问题。紧接着我开始查阅文献，遗憾的是这样的技术细节几乎没有对口的文献提到，后来偶然间我在查看 GEODYN-II 某个子函数的说明文档时，文档中特意提到了一种不适用的情况。经过一系列的顺藤摸瓜，我才发现原来问题出在引力时延的计算上，权威软件 GEODYN-II 在计算引力时延项时用的是比较粗糙的近似值，但对于一些小天体任务的探测段而言，用近似值计算引力时延就会引起很大的误差。实际上，我确实是按照精确的方式实现的，之所以两者对不上是因为我们拿到的权威软件版本并不适用于小天体探测任务，适用于小天体探测任务的版本对中国是禁运的。拿着一个不对口的权威版本去对比，那当然得不到正确的结果。惯性思维告诉我们首先要和那些权威的软件一样，那么在这种被封锁的情况下，又该如何继续呢？思来想去，解决的办法只有一个，那就是独立自主、自力更生，从基本原理开始自主实现，不断迭代，直到彻底理解整个技术体系中的每一个细节为止。于是，我决定放慢速度，沉下心来尽可能把这些技术弄懂。为了对每一个细节加深理解并且让自主软件更适用于小天体探测任务，我决定先尽可能保留叶茂师兄搭建的框架上可以共用的基础部分，其他部分全部推倒重来。就这样，我一步一步地缓慢地向前"移动"，其间有幸参加了 AOGS 和 JPGU 两个行星科学方面的国际会议，最终搭建了自主知识产权的小天体探测器精密定轨软件的基本框架。然而时间不等人，等到这个基本框架搭建成功的时候已经是 2018 年 6 月份了，同班的硕士同学已经毕业或者已经取得了丰硕的科研成果，而我整整三年只有一篇 EI 和一篇中文核心在手，我不禁怀疑自己是不是走错了路，直至出国联培一年的经历让我更加坚定了自己的路。

3. 出国联培——坚定自主研发的道路

出国联培前，我对这趟出国之旅是充满希望的，因为自己的外导 Tom 博士曾在 2017 年年底来实验室做过讲座，在那时我们就已经详细制订了联培期间的工作计划。计划的主要内容就是在 Tom 博士的团队开发的软件基础上，做一个重力场模型方面的改进工作，可以发一篇不错的文章。然而到了德国以后，Tom 博士由于事务繁忙，没有来得及预留出模型改进的接口，如果我按照原来的计划继续进行下一步的工作，则需要他们团队开发的软件的全部源代码。源代码对于任何一个团队而言都是原始的技术积累，Tom 博士不愿意提供给我，我也是完全可以理解的。面对这种情况，在导师李斐教授和鄢建国教授的指导下，我更换了联培的工作计划，决定从我们国家未来的自主小行星任务入手设计一个全面的模拟仿真实验。由于当时我们国家未来的小行星任务没有具体的规划，我需要从任务总体的角度设计仿真实验，面临的第一个难题就是轨道设计。但轨道设计对我而言又是一个完全陌生的领域。于是我又从轨道设计的知识开始学起，然后一步一步设计实验，再到撰写文章。

虽然 Tom 博士对软件源码讳莫如深，但在轨道设计、测量方案设计这样通用的技术领域给予了我极大的帮助，并且在我压力很大的时候，带我领略了慕尼黑的美好风光和美味啤酒。就这样，我进一步完善了自主软件平台，设计出了全新的全局参数解算子系统和小天体星历解算子系统，代码累计了 4 万余行。与此同时，在 2019 年 8 月的时候，我终于投出了第一篇 SCI 文章，9 月末的时候，我收到了小修的修改意见。这个时候我不敢有一丝怠慢，生怕这篇来之不易的文章被拒稿，于是一个小修的修改意见，我从 2019 年 10 月初一直修改到 2019 年 12 月末。终于，疫情期间在家的时候，我收到了文章的接收通知，我还记得审稿人就我的小修回复给出的意见，意见只有一句话："Very nice job fixing things in the revision!"虽然这篇期刊并非是一区 TOP，但也算是天文学领域中还不错的期刊。即使自己选择的这条自主研发的道路过于"稳扎稳打"了，但总算看到了收获。

4. 缓解焦虑和压力的小 tips

我经常和别人开玩笑说，别人的博士生涯会遇到科研瓶颈，而我的博士生涯是由瓶颈组成的。在那些感到沮丧、焦虑、自我怀疑、自我拉扯又与自我迅速和解的一段段过往的片段里，又夹杂着他人的鼓励、肯定以及自身微小且孤独的成就感带来的安心和幸福。最后，我谨分享一些或多或少能够战胜焦虑的小 tips：

第一，多和知心朋友谈心。在自己压力太大的时候，一定要将情绪释放出来，有的时候在与朋友倾诉的过程中反而可以将自己的心路历程仔细梳理一遍，让事情更明朗。我很感激与我的好友叶茂、杨轩以及在德国联培期间办公室同事 Graciela 一次次的交谈。

第二，积极肯定自我的微小进步。发表 SCI 是博士生涯中一个很重要的事情，但并不代表着一定要等到文章录用才觉得自我价值实现了，实际上每推导出一个公式、复现一个模型，相比于之前那个没推导出公式、没复现出模型的自己都是一个巨大的进步，对于这种进步我们同样应该感到快乐。

第三，发展一项适合自己的业余爱好。适合自己的业余爱好不仅可以转移焦虑的情绪，而且可以重建自己的自信。我的业余爱好是唱歌，它确实带给了我很多自信和成就感。在硕博期间，我两次获得了"武汉大学研究生十佳歌手"称号，在院级和校级活动的舞台上演出了十余次，也算是科研之余的意外收获。

5. 心得/感想/体会

最后，祝愿读研读博的小伙伴们都能在自己的科研道路上披荆斩棘，在所谓"内卷"盛行的时代收获自己内心的安宁和平静。

8.2.16 张强：自强者的坚持、成长与革新

1. 人物简介

张强，武汉大学测绘遥感信息工程国家重点实验室 2019 级博士生。师从张良培教授和袁强强教授，研究方向为遥感信息复原重建与深度学习。目前以第一作者/学生一作身份，在 *ISPRS P&RS*、*IEEE TGRS* 等遥感领域权威期刊上发表 SCI 论文 6 篇（1 区 Top 论文 5 篇），在投论文 2 篇，国际会议论文 3 篇，口头报告 2 次。谷歌学术总引用 270 余次，2 篇入选为 ESI 高被引论文。担任 *IEEE TCSVT*、*IEEE Access* 等多个 SCI 期刊审稿人。

2. 坚持

我出生于辽宁省大连市的一个不见经传的小山村，先后于 2013 年高考考入武汉大学测绘学院，2017 年保研至本院，2019 年硕士提前一年毕业，并在同年考取了武汉大学测绘遥感信息工程国家重点实验室的博士生，研究方向为遥感信息复原重建与深度学习，导师为张良培教授和袁强强教授。

2016 年 6 月起，在武汉大学张良培教授和袁强强教授的指导下，我开始进行遥感影像复原与深度学习理论方向的研究。记得刚开始接触自己的研究方向时，袁老师给我发了大量的顶会顶刊论文。面对这些前人的工作，我时常有种无从下手的感觉，觉得论文中的方法好多都公式繁多，晦涩难懂；同时由于我的英语基础较差，阅读时往往不知所云，这个过程可谓十分痛苦。坚持了半年后，我的英文文献阅读水平逐渐提高，基本可以做到脱离字典进行学习，也慢慢对当前的研究有了一定的了解。

此时，师门同级有的同学已经开始着手实验，而我还在学习基础理论和思路构建当中，进展缓慢，实验效果也不尽如人意。随后已经有同学开始撰写论文准备投稿。这段时间，我的内心十分焦躁，一度怀疑我到底能不能做得出来。参加学术会议的同学在前进的路上继续高歌猛进，而我自己却连科研的门槛都没有触及。更重要的是，不知何时才能解脱，也不知路在何方。那种绝望的感觉让人烦躁不安，我不停地叩问自己，到底哪里错了？自己是不是要选择放弃？

随后，我甚至曾找过导师打算更换研究方向。袁老师听完我的"诉苦"，建议我，做科研还是要有始有终，既然做了就要继续深挖，并现身说法，鼓励我永不言弃。研一上半年，我经常在武大信息学部和华中师范大学的操场上一圈又一圈地漫步，不断地反思，既然别人这么多年都能持之以恒地做科研，那么我为什么不能坚持下来呢？就这样，我最终

还是没有放弃希望,继续日复一日,坚持不懈地阅读论文、思考方法与进行实验。

3. 成长

2017 年的最后一天,我仍然没有一篇文章正式发表出来。截至此时,我已累计被拒稿共 7 次。但大组新生讲课的历练,张良培老师的鼓励与肯定,以及面对科研挫折和压力时的习惯与适应,使得我从最开始的失望郁闷,成长到现在的平淡如常,内心已无所畏惧。既然选择了远方,便只顾风雨兼程。

2018 年开始,漫长的辛劳付出终于开始有了回报:1 月,我的第一篇学术论文终于被 *RS* 接收;2 月,我的第二篇学术论文发表在遥感信息处理领域顶级期刊 *IEEE TGRS* 上;8 月,我的第三篇学术论文又发表于 *IEEE TGRS* 上,并在之后入选为 ESI 高被引论文。

2019 年开始,我又在前面的方法基础之上继续展开研究,分别提出了三种改进方法。其中一篇学术论文被 Top 期刊 *IEEE TGRS* 接收,另外两篇论文则在 2020 年双双被遥感领域 Top 期刊 *ISPRS P&RS* 接收。

4. 革新

极限尤可突破,至臻亦不可止

尽管已取得了上述几个成果,我并没有故步自封,而是开始自我革新,反思已有工作不足:原有的工作只考虑了单时相、小面积、单一噪声的场景,那么是否针对多时相、大面积、混合噪声等复杂环境进行处理?如何考虑不同的影像数据先验信息进行改进?由此,我在今年展开了新的研究工作,继续尝试联合变分模型和深度网络,将模型驱动验和数据驱动的思路进行有机结合,最近有一个相关的工作刚投稿到了计算机视觉与模式识别领域的顶级会议 CVPR 2021;如何针对遥感反演定量产品进行处理,能否考虑进行空间/时间大尺度的产品应用,也有一个相关工作已在今年投稿至地学领域 Top 期刊 ESSD;此外,如何考虑强化学习、迁移学习在底层视觉任务中的使用,等等,也值得我后面继续展开研究。

回首过去我已走过的求学之路,一个 2013 年高考考入武大,貌不惊人、沉默胆怯、穿着普通、英语较差、在当时都不能熟练使用计算机的普通男生,多年以后竟然会整天与英文文献、算法代码为伴,并在学术科研的这条曲折之路上且行且歌。

回望这五年来的科研之路,我从保守走到开放,从自卑走到了自信,从迷茫走到了自强。通过不断地自我坚持、自我成长、自我革新,我才能最终超越自我,取得更高的成就。最后,附上一段节选自王勃的《滕王阁序》,与自强之路上的诸君共勉:

老当益壮,宁移白首之心?

穷且益坚,不坠青云之志!

8.2.17　庄莹:新加坡 MIT 科研中心访问心得分享

1. 人物简介

庄莹,测绘遥感信息工程国家重点实验室 2018 级硕士生,师从方志祥教授和毛庆洲教授，主要研究人群动态与情景感知。发表 SCI 论文 2 篇(一作 1 篇)、中文核心期刊 1 篇(一作)、*IEEE* 国际会议收录论文 1 篇(一作)；申请专利 1 项，软件著作权 2 项；获湖北省大学生优秀科研成果三等奖。曾赴美国纽约州立大学奥尔巴尼分校和新加坡麻省理工科研中心(SMART)交流和访问，并曾在腾讯微信、阿里淘宝、小米大数据部实习。

2. 新加坡麻省理工科研中心简介

2019 年 12 月—2020 年 5 月，我有幸获得实验室的短期出国交流奖学金，赴新加坡麻省理工科研中心(SMART)进行交流访问。

首先介绍一下新加坡麻省理工科研中心，其全称为新加坡-麻省理工学院研究与技术联盟(Singapore-MIT Alliance for Research and Technology，SMART)，是由美国麻省理工学院(MIT)与新加坡国家研究基金会(NRF)于 2007 年合作建立的一家研究机构。SMART 是麻省理工学院在美国以外的第一个，也是迄今为止唯一的研究中心。麻省理工学院的教职员工在 SMART 设有实验室，每年 MIT 的导师、博士后研究员和研究生也会过来此处开展研究(SMART 官网：https：//smart. mit. edu/)。

目前 SMART 设有 5 个跨学科研究小组(IRG)，分别为抗菌素耐药性(AMR)、制造个性化医学的关键分析(CAMP)、颠覆性和可持续性农业精确技术(DiSTAP)IRG、未来城市交通(FM)IRG、低能耗电子系统(LEES)。我所在的未来城市交通(FM)IRG 与 GIS 学科结合较为紧密，旨在在新加坡内外开发一种新的范式，用于规划、设计和运营未来的城市交通系统，以增强可持续性和社会福祉。

3. 曲折的申请过程

由于本科时去美国的交流经历给我留下了宝贵的人生记忆，所以研究生期间我也一直十分期待能够有机会再出去交流一次。然而 2018 年国家基金委宣布取消公派硕士交流资助，曾一度浇灭了我的希望。但幸运的是，实验室推出了研究生出国(境)短期研修资助计划，培养具有国际学术视野的拔尖创新人才，这让我又重新燃起了希望。(这里不得不夸一下我们实验室提供的高平台机会和先进的育人理念，其他学院小伙伴都很羡慕!)

实验室的资助申请每年有 2 次，分别是在 3 月底和 9 月底之前需要提交申请，在此之前就需要提前联系好外导，拿到邀请信并确定研究计划。但其实我是 9 月中旬才最终决定要申请交流，距离截止时间不到两周。虽然时间紧迫，但我还是决定一试，具体的过程如下：

(1)学校及导师选择。

一开始我将目光锁定在欧洲的学校，也尝试联系了英国的外导，但是由于英国要求语言成绩且需要缴纳较高的学费，而我的雅思成绩已经过期，所以作罢。

之所以关注到新加坡的 SMART 科研中心，一是因为之前在看论文时看过署名该机构的文章而有所印象，二是我的导师曾介绍过有师兄在此进修过博士后。于是我自行搜索了SMART 的官网，并对官网上所有导师的个人主页进行了仔细研读，最终终于找到了与我的方向非常匹配的一名麻省理工的教授。

(2)邮件联系。

在联系导师之前，首先需要准备一份自己的 CV(简历)，一份 proposal，以及一封

cover letter 作为邮件正文。

学术 CV：和找工作的简历不同，它需要更加专注于自己的学术相关经历，包括教育背景，项目经历，研究方向，发表论文，等等。

proposal：结合国外导师及你自己的研究方向，找到两者的结合点，提出一份研究计划。

cover letter：自我介绍+研究方向+个人成果/能力+对导师研究的兴趣 & 匹配点+自身资源。

一开始我抱着试探的心情发出邮件，没想到外导第二天就回复了我，并让我进一步提供本科和硕士成绩单、两份 writing samples，以及三封专家推荐信。当时正值中秋假期，接到邮件时我正在回家的硬卧火车上，兴奋得差点跳起来，便开始掏出电脑用时断时续的热点信号回复邮件、准备材料。回到家的几天也一直足不出户准备材料，最终赶在截止时间前准备完毕。

（3）面试准备。

提交资料之后就是面试阶段。我总共接受了两轮面试加一个限时 task 的考验。

第一轮面试是 screening，这是美国面试常见的一轮初选，考察面试者是否符合一些基本条件。我的面试官是新加坡的 3 名博士后师兄师姐，也是我所联系的外导的学生。面试主要围绕我简历中的项目经历、个人能力、我所提出的 proposal，以及一些考察研究思维能力的题目。

第一轮面试结束后，我又收到一个限时 task 的任务，需要针对给出的研究背景和问题，写一份一页纸的研究方案和技术思路，于是我又马不停蹄地准备并在当天返回去。

第二轮面试是 presentation，除了第一轮的面试官，我的外导也会参加。我通过远程的形式，全英文分享了之前的一些项目研究，以及访问期间计划的 proposal，展示结束后还有问答环节。最终我的 presentation 获得了外导的肯定，他觉得研究非常 interesting，并当场表示欢迎我去他的实验室进行访问交流。

（4）行政流程及签证申请。

拿到外导邀请信后即可申请实验室奖学金资助，同时需要办理 SMART 的一些行政手续及新加坡签证。这里也有一段小插曲，由于 SMART 往年一般只接受新加坡本地或者美国麻省理工的学生，且今年中美关系紧张，SMART 机构的 CEO 中间也在犹豫是否批准我过去访问。而我的外导坚持学术无国界，不应该受到局势的影响，并多次写邮件帮我争取，这一点也让我非常感动。

最终，经历了多轮考验及心情的跌宕起伏，我在飞抵新加坡的前三天终于收到了签证，有惊无险地开始了访问之旅。

4. 初识新加坡

在终于拿到签证抵达新加坡时，一下飞机就感受到了新加坡满满的热情。新加坡是热带气候，终年夏天，植物繁盛，我第一次体验了在寒冬腊月差点热到中暑的感觉。在人文方面，新加坡民族众多，但以华人为主，很多地方可以直接以中文交流，所以毫无生疏感，街头巷尾也有很多中华传统美食。

我所在的 SMART 科研中心位于新加坡国立大学（NUS）的校园内，有几栋独立的办公楼，同时可享用 NUS 的食堂、校车等服务，因此生活也很便利。

由于我所联系的外导平时在美国麻省理工任教，所以我们主要在线上联系，带我的主要是一位麻省理工的博士后师兄。我在 SMART 的工作时间是每天早上 9 点到下午 6 点，主要的工作内容是关于无人车与行人的交通规划。

刚开始时需要进行一些文献的阅读与整理以及相关软件的学习，后续则基于我们的研究进行方案细化及实证研究。每周我会与博士后师兄进行一次进展讨论并调整方向。同时我们也会参加美国导师在麻省理工的线上组会，令我印象深刻的是，每次组会都会有几个人轮流分享自己的研究，其他同学则必须提出犀利的问题和建议，从而帮助分享者完善自己的研究。

刚到实验室时，研究机构的 Manager 还曾带我参观了他们的无人驾驶实验室，里面有他们研制的多代无人驾驶车辆，在校园里也经常可以见到在测试车辆记录参数的人员。

据悉，新加坡是一个在政策上对无人驾驶技术非常友好的国家，2014 年便成立了专门的委员会用于管理无人驾驶汽车，而新加坡陆路交通管理局（LTA）已经积极地和多家无人驾驶公司展开了合作。2016 年，由 SMART 科研中心孵化的 NuTonomy 公司就曾在新加坡开展了全球首个无人驾驶出租车试运营（载客），同时 SMART 也曾研制过无人驾驶轮椅、无人驾驶电瓶车等，都已投入实际使用。

除了常规的研究学习，偶尔也会有一些美国麻省理工的教授过来开讲座活动。讲座之后还会有茶歇，大家可以一边吃着点心一边社交，聊聊学术相关话题，我从中也学习到了很多。

5. 疫情间的生活

2020 年春节，我和同在新加坡的好友一同准备了一顿丰盛的年夜饭。当时国内疫情刚刚暴发，新加坡还无人感染，但以防万一，我们在超市采购食材的时候也顺便囤了许多口罩和酒精等备用。事实证明，我们的预感是对的，随着春节后大量人员返回新加坡，很快地疫情也开始逐渐暴发。

一开始，疫情尚未严重，校园里戴口罩的也只有三三两两的亚洲面孔，此时大家仍然正常上班，但每天大厦都会进行消毒，学校食堂也提供了免费打包的服务；随着疫情的发展，新加坡政府开始出台不能聚众、社交距离应超过 1 米等政策，大部分企业开始实行 AB 轮班，但这仍然挡不住病毒的步伐；最终，新加坡宣布实行封城，各家食肆也不允许提供堂食，而我们也只能待在家中，采用网购等形式购买食物及生活用品。

在这个过程中，令我感受颇深的是新加坡真的是一个高度法制的国家。随着疫情的发展，政府可以紧急配合通过限制法令，对违反法令人员的处罚都做到有法可依。但由于防疫初期大家戴口罩意识不强、客工宿舍未进行安全隔离等原因，最终新加坡的感染人数还是一直呈现爆炸式增长。

在疫情发展较为严重之后，我就基本待在家中，通过远程联系的形式与博士后师兄及美国的导师联系，并继续我的研究。在此期间，我还与师兄一起将我们的初步研究成果，在大组会上进行了 presentation，也得到了大家的一些建议和意见。同时，我们也会在组会上探讨疫情给各国带来的影响，我们可以围绕这一问题做哪些研究，如何为疫情贡献自己的一份力量，等等。

6. 个人心得

在国外交流申请经验方面，给各位感兴趣的同学建议如下：

（1）关注动态：学校国际交流部，院系官网，查找往年项目信息；

（2）积极准备：课程/科研准备、欧美语言准备；

（3）项目申请：

导师选择：来源包括本领域大牛、名校官网、导师推荐、论文单位等。

邮件申请：如果有资金资助可以注明，会增加录取的概率。

面试：注重 presentation 的能力，不仅要关注技术，更要关注研究的价值。

对本次交流经历，有如下的感触：

本次有幸与来自国际顶级学府的各位学者进行合作及交流，深刻感受到他们在研究创新时那种敢想敢做的思维。在他们看来，所有打破常规、颠覆世界的创新都是"可想象的"，他们愿意走在世界技术研究的前列，去做一些从未有过的探索，并企图引领下一个时代的潮流，这种精神其实是非常值得我们学习的。

以前可能觉得改变世界离我们太远，但实际上我们的测绘遥感学科已经名列世界前茅，我们青年学子也应当有这样的自信去承担起"影响世界"的重任，与君共勉！

8.2.18 赵金奇：留学分享，砥砺前行

1. 人物简介

赵金奇，测绘遥感信息工程国家重点实验室 2015 级博士生。2018 年 7 月至今，为武汉大学测绘遥感信息工程国家重点实验室讲师/博士后。

2. 机缘巧合，赴美留学

我在 2016 年有幸获得国家留学基金委（CSC）公派联合培养博士研究生项目资助，并在 2017 年 1 月—2018 年 1 月赴美留学。在此，我很荣幸受邀与大家分享一下我的留学经历和体会。

我在一次国际会议上和我的外导相识，并在 2016 年上半年着手准备申请 CSC 公派联合培养博士研究生项目资助。我在申请 CSC 资助时投入了很多精力，在此我总结了几点实用的建议分享给有出国留学意向的同学们：

多参加国内和国际会议，把握认识自身研究领域行业大佬的机会；

外导的研究方向最好与自己的研究方向一致，或与你想从事的研究方向相关，通过深入交流和探讨，获得外导的认可，拿到邀请信；

努力提高个人学术水平，因为个人已有研究成果、导师学术影响力、国外高校研究所的国际影响力和研究水平通常也是 CSC 资助评审的重要参考；

在向 CSC 提交申请时，要关注时间节点，提前准备材料，按时填报提交，申请过程

中多与周围同学交流，互相帮助，避免在流程上犯低级错误。

如果我们在这几个方面把握好，获得资助的机会会更大一些。

因为我从事的研究主要是 SAR 影像处理，刚好与国外导师的研究方向相关，加上外导在国内外的名气较大，所以我顺利获得了 CSC 的项目资助，从中国最美丽大学(武汉大学)前往美国最美丽大学(Southern Methodist University，SMU)。

3. 充实专业，扩展爱好

即将步入一个陌生环境，我非常忐忑不安，当时做的最坏打算就是天天以啃胡萝卜为生。但是当我抵达美国之后，外导的平易近人以及美国舍友的关怀备至，让这些不安都烟消云散，我也快速地融入了国外的环境。

国外的科研环境相对比较自由。大家在工作时比较专注，效率比较高，不会有太多的琐事分散他们的精力。在工作时间内，他们不玩手机，也很少用即时社交软件。如果组内有着急的事情，一般通过邮件、座机电话等联系。每天都会有咖啡时间，大家会互相交流讨论一些事情，也作为一种放松的方式。我外导对学生的指导非常细致，每周都会单独拿出时间去办公室和每个人讨论研究进展，包括如何写代码、该读哪些文章，还有一些科研上的建议等，这个过程给了我很大的动力。

国外的教授和学生都按时上下班，很少加班，周六周日一般不会去实验室，所以他们会把工作和生活分开。我们中国学生相对勤奋一些，在周六周日买完一周生活必须用品后，都会选择去实验室加班。

当完成本职工作后，闲暇时光我一般选择去学校的健身房打球或者健身，国外学校的健身房规模很大，包括一个巨大的游泳池、一个攀岩馆和多个室内篮球场地等，这些都大大地丰富了我的日常闲暇时光。

在学校放假时，我抓住了来之不易的机会，去感受了美国的地域文化，逛了美东和美西，顺便体验了大游轮。

4. 参加会议，扩宽视野

我在留学期间一共参加了两次会议。

一次是在沃斯堡(Fort Worth)举行的 IGARSS(the International Geoscience and Remote Sensing Symposium)会议，IGARSS 是 IEEE 地球科学与遥感大会，于 1981 年第一届开始，至今已经成功举行了多届。会议地点离我所在的城市较近，加上国内小组的成员都有参加，我起初就担任了各位老师和同学的接机服务生。当在机场见到熟悉的面孔时，我感觉非常亲切和开心。我现在还深刻记得那天我从下午 4 点半一直接机到凌晨，但是完全感受不到疲惫，异常开心。

在 IGARSS 会议期间，我主要学习了与自己研究方向相关的多个口头报告并展示了自己的研究成果。参加这次国际会议，我见到了不少之前只在论文中见过名字的"大牛"本人，并有机会与他们进行交流和讨论，非常充实。会后时间，我主要以"东道主"的身份带大家感受了一些得克萨斯风情的美食和斗牛表演，另外带大家去 Outlets 购物也是必须的。

另一次是跟随国外课题组参加在新奥尔良（New Orleans）举办的美国地球物理学会（American Geophysical Union，AGU）。AGU 成立于 1919 年，是全球最大的地球和空间科学国际会议，近年来 AGU 会议已发展成为全球交流和传递国际地球物理学跨学科的最新发现、趋势和挑战的最大平台。

这次会议我们选择从 Dallas 驱车前往 New Orleans，一路上外导不断地抛出很多日常生活中出现的有意思的现象，并让我们用物理方法进行解释，让这一路都非常充实，也让我感受到了科学与生活同在。

抵达会场后，我们首先安排好自己的住宿，然后直接去注册会议。由于这次会议信息量很大，我和国外小组成员不约而同地开始研究与自己相关的专题并互相分享。由于会场非常大，每天的日常基本上就是从一个会场赶往另一个会场，非常充实。而我与一个朋友在专注参会时被记录了下来，并被"大佬"发送到了 Twitter 上。

5. 心得体会

得益于国家的大力资助，我们有了更好的科研环境和更多的出国深造机会。短短的一年时间，我不仅在专业技术水平上得到了大幅的提升，而且丰富了我的阅历，让我认识和结交了更多的朋友。

在国外的学习过程中，我也看到了国外研究人员的平易近人、对待科研的严谨态度和对自己研究领域的坚持探索、不断创新。我也希望我能够不断探索、脚踏实地，努力在自己的研究领域贡献自己的微薄之力。同时希望在读的硕士/博士研究生们能够好好利用我们实验室这个优质的平台，大胆地去申请并争取国家提供的出国留学机会，多出去走走，取其精华去其糟粕，将自己的所学贡献到祖国大地上。

8.2.19 王晨捷：从双创竞赛迈向产学研结合

1. 人物简介

王晨捷，测绘遥感信息工程国家重点实验室 2018 级硕博连读生，师从罗斌教授，主要研究智能机器人和动态视觉 SLAM。发表 SCI 论文 2 篇以及 EI 论文 1 篇，拥有 5 项专利。曾获得包括第四届中国"互联网+"大学生创新创业大赛全国总决赛银奖（全国 60 万个团队，前 150 名获金银奖）在内的省级或国家级创新创业双创比赛奖项共 3 项。

2. 从事科研到参加比赛

大三时，我有幸提前进入罗斌老师研究组进行视觉 SLAM 相关的研究，正式开始自己的科研之旅。因为一直怀着对于创业的热情，所以在进行科学研究的过程中，我也一直期待着可以去参加顶尖的双创比赛。

在我看来科研与双创比赛是相互促进、相辅相成的。

高校科研产生的创新性成果，经过双创竞赛的打磨，可以促进科研成果转化，进而解决实际的问题，打磨出可以应用的产品，对于实现产学研结合和创业都有重大的意义。同时在比赛过程中发现的市场真正的需求痛点和工程性的问题，可以反过来促进指导自己进行科研创新的工作。

中国"互联网+"大学生创新创业大赛目前已经成为我国覆盖面最大、影响力最广的大学生创新创业盛会，涌现出了一大批科技含量高、市场潜力大、社会效益好的高质量项目，能够参加"互联网+"大赛，获得好成绩并打磨出一个完备的产品，是我一直以来的目标。

因此在第四届"互联网+"大赛开始前数月我就开始计划参赛，正好当时组内合作完成了一项室内变电站智能巡检机器人的样机，并在实际室内变电站进行了试用，在与老师以及师兄们商议后，我们以这个项目为主体参加了"互联网+"大赛。

3. 科研落地到终获大奖

从准备参赛到校赛到省赛再到国赛，是漫长又充满挑战的过程，历经了近十个月。在这个过程中，我们为了打磨最初的样机，不断地与用户和投资人沟通，去了解市场，发现真的需求痛点，并不断地思考与实验，来提升我们的项目。最终我们在全国 60 万个团队中脱颖而出，成为了 150 个金银奖项目之一。

我认为我们能够获奖的最关键原因，是我们成功地将自身的科研成果、技术优势进行了落地，解决了实际的需求痛点，让科研成果发挥出了社会价值，下面我将介绍这一过程。

在我们尝试用机器人在室内变电站实现无人化智能巡检过程中，发现了许多难点，我们总结为以下三点：(1) 不同于室外环境，室内变电站环境密闭，难以使用 GPS 等外部定位方式，定位困难，且室内通道狭窄，造成机器人导航避障难度大；(2) 室内变电站的仪表分布复杂、遮挡严重，有许多分布于高处或狭窄处的仪表，实现自动读表难度大；(3) 室内变电站存有无色无味的危险气体，一旦有所泄漏难以察觉，存在着一定的安全隐患。

这些难点造成了现有的机器人智能巡检技术难以直接应用于室内变电站，因此我们结合自身的科研成果来解决这些问题，实现了无人化巡检。

首先针对第一个难点，我们结合自身 SLAM、结构光，以及导航避障相关的技术积累，通过多传感器融合的方式实现机器人厘米级定位，保证机器人在室内变电站环境自主运动，安全有效地运行；针对第二个难点，我们结合机器人技术相关的积累，设计了一款工作半径高达 3.5m 的视觉伺服智能机械臂，通过机械臂运动来自动读取狭窄空间或者高处的仪表；针对第三个难点，我们结合高光谱相关的知识，尝试通过多源影像融合实现有害气体的精准定位。

通过用科研成果解决这些难点，最终我们将最初的样机打磨成了一个成熟的产品，实现了在室内变电站中用机器人进行智能巡检，并取得了大赛的好成绩。

4. 尝试量产到产品推出

之后在比赛以及团队计划的推动下，我们开始尝试将产品产业化推向市场，因为生产能力、资金等方面的限制，我们很难直接将室内变电站巡检机器人进行量产，因此我们开始的关键就是将机器人相关通用技术的积累进行整合。

在老师的指导以及和组内尹露、王伟、赵青师兄的合作下，在 2020 年 1 月份我们推出了软硬件自主设计的 Ruban 系列机器人核心控制器。Ruban 是一款高效稳定的工业级应用产品，搭载了我们自研的机器人相关的建图、定位和导航算法，利用 Ruban 控制器我们可以快速实现机器人相关应用产品的部署与使用。

以 2020 年疫情为例，在疫情期间，我们在实验室的支持下，与武汉大学国家多媒体软件工程技术研究中心合作，依靠 Ruban 核心控制器，快速部署应用了医疗服务机器人小珈，在雷神山医院上岗，担任医疗物资的配送任务。

以上的内容也呼应了我分享的主题——在参加双创比赛的过程中，促进科研成果转化去解决实际问题，打磨出可以实际应用和产业化的产品，同时用实际应用中发现的问题反过来指导自己进行科研工作和学习，实现从双创竞赛迈向产学研结合的过程。

5. 建议心得

最后是我在参加双创比赛过程中的心得体会，我总结为以下三点：

（1）科技创新是核心竞争力。我更加深刻地认识到科研创新带来的技术优势，它也是目前创业和做许多事情的关键因素。以"互联网＋"大赛中金奖项目为例，第四届"互联网＋"大赛大约有 2/3 的项目属于高校老师的科研成果转化的项目，正是高校科研产生的创新性成果，才支撑他们获得这样的成就。这也促使我更专注努力地做科研，并注重科研成果的转化。

（2）不适的环境更能磨炼自己。参加双创比赛，让我离开了较为单调简单的校园生活，跳出了舒适圈，投入创业的磨炼与学习中，推动自己提升各方面的能力，比如如何用科研成果解决实际的问题、语言表达能力等。

（3）团队努力才能产生大成果。双创比赛的经历，让我进一步认识到了团队合作的重要性。这次比赛能够获奖，最主要的原因不在于我个人，而在于学校的帮助、学院与老师的指导以及组内师兄们的大力支持与通力合作。所以我们在注重培养自己能力的同时，更要学会在团队中进行合作，与团队一起努力，产生大的成果。

8.2.20　彭程威：首届研究生人工智能创新大赛参赛心得

1. 个人介绍

彭程威，测绘遥感信息工程国家重点实验室二年级研究生，师从种衍文教授、潘少明副教授，主要研究无监督跨域行人重识别。担任 Intel 学生大使，支部书记及班级委员。曾获得首届研究生人工智能创新大赛一等奖（4/1217），CV101-计算机视觉青年开发者 OpenVINO 专项奖（5/946）。

2. 机缘巧合，进入决赛

我大四时，在种导师的指导下结合自身兴趣确定了以行人重识别（ReID）作为研究方向，并于研二时被选为 ReID 组长，这次的参赛项目也正是基于这一技术。很幸运，自己正好遇到了这个领域的快速发展期，各种新数据与新方法层出不穷。花费了大半年时间广泛阅读文献后，就进入了漫长的想法探索与实验验证阶段。经历了一次次失败的打击，我终于在研一下的新学期初找到一种对于解决无监督跨域行人重识别的有效方法并达到同期工作的先进水平，之后便开始了整理工作和撰写论文。在投稿之后的空档期我正琢磨着下一步该做点什么，很凑巧在实验室的硕士通知群里看到了这次比赛的消息。

因为一直非常期待自己的研究能在未来某天落地发挥社会价值，我就想着为何不在现实系统中测试下我们提出的算法呢？经导师批准后我注册了一支队伍。我们在校园内采集视频后快速写了个界面来包装算法，演示效果竟然还算不错。我们在初赛截止的前一天赶完了项目书与演示视频，之后很幸运地通过了初赛的筛选，成为了今年技术创新赛道入选决赛仅有的 5 支队伍之一。这个经历让我想和大家共勉的是：你不需要很厉害才能开始，但是你需要开始才能变得很厉害。就我认识的国重的同学，他们都非常聪明也很有想法，也许多一点开始就能收获很多不同的可能性。

3. 参加集训，开阔视野

适逢我们组暑假期间，有一个"中国高校人工智能人才国际培养计划"的集训营。我们觉得收获颇丰。在那几天里我学习到了许多与算法落地相关的技术与平台，并与资深工程师们进行了深入交流，这些都对提高作品质量有着很大的帮助。在十月也是机缘巧合地利用集训所学技术在另一场比赛中获得了价值 2 万元的奖励。当然更重要的还是认识了一些来自其他高校的优秀同学，看到他们在各自的研究领域努力进取，自己也备受鼓舞。其实这段时间里我在科研上一度思路阻塞没啥 idea，所以出去学点其他的东西当作散散心也非常不错。

4. 虚心求教，坚持到底

假期回来我们产生了一个新的想法，实验验证后发现较此前方法在同一指标上提升了近 20 个点，达到了目前同类算法中的最优精度。就马上对参赛作品的核心算法进行了迭代升级，并抓紧时间撰写论文，根据新的方案来准备决赛答辩材料。

十月与十一月过得非常忙碌，因为这两个月里有两场比赛和两篇论文需要提交，还有一些社会工作，协调时间成了最难的事情。自己也一直习惯于以单线程的方式工作，就是做好一件事后再去做下一件，我的导师告诉我迈向岗位后往往都是需要同时处理几件事情，我便学习着以多线程方式运行。终于在熬夜与咖啡的帮助下顺利完成了以上任务，也很感谢我的组员们，在我多事缠身的时候他们帮我分担了不少学业压力与组内事务。

虽然这两个月事情比较多，在人工智能研赛上我还是分配了不少精力。我们在计算机学院的组织下进行了多次预答辩，回想第一次预演时，PPT 做得实在简陋，十分钟里也没讲清楚创新点与技术应用前景所在，我们被严格的专家们从头到尾写了一整页纸的不足。神奇的是我并没觉得受打击，而是很有干劲地开始重新组织答辩材料，之后的每一次修改都能看到较前一版的进步，他们的宝贵意见是这次能够获奖的重要原因。

最终，我很幸运地获得了此次比赛的一等奖，其实这份荣誉不属于个人，它来自学校的大力支持，学院与老师的培养以及组内成员的通力合作等各个方面。也正如卡夫卡所说：当你努力想做到某件事情时，只要沉着冷静，实事求是就可以顺利地达到目标。在坚持不下去的时候也不要对自己过于苛求，专心做好手头事务，或者出去跑跑步运动一下来放松心情。

5. 小建议

研究生人工智能创新大赛给研究生群体在学术研究与产业界之间搭建了一个沟通桥梁，同时有着较高的社会认可度，是一个很好的展示平台。希望未来有更多的同学参与进来，展示出 LIESMARS 学子的风采与新时代研究生的风采。在此我有以下几点小小的体会与大家分享：

（1）参赛前需要广泛调研以确定一个合适的选题方向来体现人工智能赋能社会发展。最好能与自己的研究方向相结合，因为一定的前期积累可以让项目的可行性得到保证。

（2）仔细阅读大赛指南与比赛规则，留心细节问题与各个时间节点信息。最好能在截止日期的前一星期完成初稿，让同学老师们多多提意见，然后仔细修改。

（3）在队员组成上尽量多样化，分工各有侧重。这次我一个人参赛后期有点分身乏术，出发的前一天晚上还在录制视频和制作配音，最后的视频效果也不如其他团队精美。所以以后再组织比赛队伍里应有一位同学负责这一块的工作。

（4）模拟真实比赛环境进行多次预演，咨询专家评审的意见。对专家评审的意见一定要认真对待，因为自己可能因为太过熟悉陷入了"知识诅咒"而发现不了问题，他们的意见对提高作品质量有着决定性作用。

（5）答辩时难免内心紧张但是一定要表现得自信阳光，可以适当对评委和观众们笑一笑，开心是可以传染的。

（6）正面回答评委问题。评委们的问题可能比较尖锐，但应该本着实事求是的态度回答，不可回避或者夸大成果，这些都容易造成不好的印象。这次八强答辩中就有一支队伍坦言解决不了评委所提问题，他的坦诚也获得了满场掌声，当然如果能再将话题引回来那就更棒了。

（7）放松心态。尽量把比赛当作一个展示机会，只要付出了努力，最后问心无愧，那你就是最棒的！毕竟我们还年轻，未来有的是机会。

8.2.21　王毅：主动、果断、坚持

1. 个人简介

王毅，武汉大学遥感信息工程学院 2018 届本科毕业生，将前往德国斯图加特大学攻读硕士学位。本科连续三年获得优秀学生奖学金、校级优秀班干和社会活动积极分子，辅修心理学专业获得心理咨询师认证。参与测绘遥感信息工程国家重点实验室马盈盈副教授项目研究，发表 SCI 二区论文（*Atmospheric Environment*，IF = 3.629）1 篇。

2. 学习成绩 or 实践能力？

学习成绩没啥好说，学就完事儿了，而动手能力源于亲力亲为的实践，所以这其实就是如何统筹学习和科研实践这个老生常谈的话题。大学时间非常宝贵，而专业学习、社团工作、社会实践等每一项都要花费大量的时间，同时也确实会给我们带来各自不同的收

获，如何权衡并做出恰当的选择是一件很纠结的事。

就我个人而言，我根据情况将这些不同的主线分了阶段。大一刚入学时，我自己也挺迷茫，毕竟前 18 年的目标可以说就是高考这一个，突然面对无数选择难免会无所适从。这个时候，我选择了"多点栽花"，在保证学习跟得上的情况下，兴趣社团、学生组织、社会实践(甚至开黑打游戏)一样没落下，通过亲自尝试去体会不同活动带给我的不同感受。这样做的好处是我们可以亲自去踩一踩那些坑坑洼洼，然后总结哪些是可以继续的、哪些是放弃为妙的；同时有了这一段经历，即使不再继续，自己也掌握了一些技能、增加了一些视野、多了一堆朋友。当然代价也是有的，我并没有太多时间用于专业学习，因此那一年的成绩可以说是非常一般了。之后有了这样的基础，我在大二将重点放在了个别社团、计算机基础和双学位上，并在大二末接触了一些简单的科研项目。大三大四就很简单了，考虑到本专业的学习进一步深入，我通过心理咨询师考试后就没有再继续双学位第二阶段的学习，并转向绩点、科研和出国准备了。

回顾大学生活，再回到主题学习与科研的权衡，可以发现除了科研和学习，我居然还做了好多其他的事情？说这么多一大原因是想说明如果仅仅是科研和学习这两件事，其实每个人都是可以做到的。学习不用说，大家都会努力；科研抑或者其他活动，经验是累积的，尤其是动手能力这种操作性经验，只有去做了经验才会得到增长。因此问题不在于怎么统筹，而在于我们到底能否去实践，大家不必担心精力不足，我这么懒都做了好多事，关键是不要把时间浪费在想法和实践之间。

3. 出国 vs 保研?

对于这个问题其实我不是一个典型案例，我自己大学期间并没有太关注成绩，反而是其他各种兴趣接触得比较多，因此也没有想过能够保研，挺早就准备出国了(当然准备得不大好，就不能作正面教材了)。最后保研名单出来后我也确实因为这个"惊喜"纠结了那么几天，不过很快就决定了还是坚持原来的路线。这里也得感谢一下当时跟我聊天的长辈们，建议我保研和出国的都有，各有各的优势，所以最后还是得看自己的想法。我个人是本来就想去欧洲体验一下当地文化，另外当时论文还没发表很难竞争到"大牛"的博士名额，再加上斯图加特大学不管专业、校友还是学费都很 nice，所以也没有多纠结就去了，准备将这两年的硕士作为一个平台，以后再完善自身履历进行下一步发展。对于纠结这两个选择的同学们，我的建议是自己思考一下未来方向，如果想留国内工作，那保研、考研就很好；如果想出国历练或者学术深造，那么本科毕业出国或者国内读研之后再出国读博、交流也都是很好的选择。

4. 关于科研

我很早就有意参与科研实践了，但是大一大二，说实话，本身基础知识就还没有学全，所以也不适合做很深入的研究。我在这两年主要就是关注一下学院、学校的科研进展，然后参与了一个比较简单的校级大学生科研项目，并没有什么很厉害的创新，就是跟随小组长刘同志去体验一下整个科研过程。

真正地参与一个科研项目、做一个研究还是从大三跟随马老师和张师兄开始的，当时我结束了辅修和社团工作，又不想安心学习，同时觉得自己这个时候应该有一定能力去尝试更深入的科研实践，看到马老师的研究信息觉得并不排斥就去参与了。事实上从刚开始参与到最近论文发表差不多有一年半的时间，这还是在有老师和师兄辛苦领路的前提下，虽然研究的过程一般是利用课余闲暇时间，当时觉得没啥，但现在回头来看还是挺漫长的，这也印证了科研工作真的需要"坐冷板凳"的精神以及对研究内容不说热爱但起码不排斥的感情。

至于我这一段科研的过程，就是很正常的一套流程，从刚开始疯狂看文章积累相关领域的知识储备，到疯狂写代码做实验进行创新的尝试得到成果，再到疯狂看文章着手写论文，最后到自己修改、师兄修改、根据审稿人意见的第 N 次修改，等等，一直也就是按部就班自然发展。当然这次研究我的工作比较简单粗暴，文章又是分析型而不是算法型论文，所以对我自己而言就是一个学习的过程，也还没有体会到独立负责科研的那种压力，整体情绪都比较稳定。

至于经验，我觉得毅力和坚持很重要，但更重要的是"情绪"，我很幸运的是对研究课题还算有点兴趣，所以能够坚持下来，但是如果兴趣不大而强迫自己的话，那其实还不如尽早放弃，然后去尝试其他的方向。这样就又引申到如何选择研究方向的问题了，其实我自己也还没有确定我的研究方向，但是多多尝试肯定是最好的寻找方法，学校里很多老师有很多想法但因为没有足够的精力而难以实现，所以大家完全可以通过学院等网站上的信息去提前咨询自己看上去觉得有兴趣的老师，另外也可以多关注一些老师的招生信息。

最后一点就是要果断，很多同学都有去尝试科研的想法，但是想着想着因为各种事情拖一拖就给忘掉了，最后一直在想而未能得以实现，这其实挺遗憾的。不仅仅是科研，其他的社团、实践、组织工作、各种活动都是一样的，我们距离曾经眼中的"大佬"只有一步之遥。

5. 其他经验

关于有什么经验可以分享，我觉得一句话足矣："优秀，是一种习惯。"其实我自己说出来也稍微有点不够格，毕竟我也很喜欢偷懒，但这句话确实很适合送给大家共勉。我的身边、大家的身边都会有这样的同志，他们有非常明确的自我意识，日省己身并主动追求进步，低调地走在所有人的前面。除了成绩优异，时不时还会在各方面秀出一片赞叹，这是集大成者，主动且有效的学习让他们只会更加优秀。但是咱也不能妄自菲薄，虽然偷懒的时间长了一点，看球看剧多了一点，《文明 5》沉迷了一点，但也都能在各自的路口找到属于自己的方向，而我们所需要努力做到的，就是多想多实践，一点一点将这"良好"甚至"及格"变成曾经眼中艳羡的"优秀"。

8.2.22 张欣欣：嫩芽成长记

1. 个人简介

张欣欣，实验室 2017 级硕士研究生，目前在陈锐志教授的指导下，从事卫星导航方面的研究。参加在香港理工大学举办的暑期课程，借"星湖咖啡屋"这个平台和大家分享一下心得体会。

2. 初生嫩芽

相对于实验室众多学霸，我可以算是一个很平凡的学生。得知自己可以去参加在香港理工大学举办的暑期课程，我觉得特别幸运，所以也特别珍惜这次机会，想要努力地去汲取更多营养，充实自己，就像初露脑袋的嫩芽，渴望着阳光雨露的滋养。当踏上去香港的旅程时，我这颗嫩芽对新奇的世界充满着期待，也知道会有更多的挑战等着自己，但我知道只有经历风雨的洗礼，嫩芽才能茁壮成长。

3. 浇灌成长

在香港理工大学学习的这一周，是促使我成长最快的一段时间。高强度的课程安排，全英文的授课模式，各领域领头人物的讲解，老师们为了让学生可以更容易地接受知识，并且对知识产生兴趣，每个老师都很用心地准备了不同的讲解方式。上课现场连线他们的学生，让学生为我们一步步地展示着软件操作过程，让学生回答大家的疑问，彼此促进，共同进步，这样的形式新颖有趣，也有老师会搜集很多有趣酷炫的视频为学生讲解着科技领域应用的场景，生动形象富有吸引力；有的老师借助板书一步步地推算着公式，详细讲解着每个符号，每个计算步骤的意义，详细具体，让学生真正听懂每个公式的含义和用法。虽然老师们风格迥异，但是都极具吸引力，讲解内容让我们收获颇丰。

刚上课时，语言成了自己的一大挑战。课堂上，面对很多没有接触过的专业词汇，不能立马反应过来，往往很难完全跟上老师的节奏。庆幸这个时候在那里结识了一群可爱的小伙伴。课余时间与他们讨论，了解课堂内容，在他们的帮助下，不断去发现自己的不足，同时为了紧跟老师的步伐，自己也会尽量提前了解下一节课的讲义内容，使自己更容易融入老师的课堂。语言这关教会了我：只有做了充足的准备才能更好地面对挑战，解决困难。

经过五天的学习，最后需要小组合作展示自己所学到的东西。我们选择了陈锐志老师有关室内定位的题目，在老师的指导下，我们有了大致的框架，由于时间紧张，我们晚上开始小组讨论，积极地准备，大家各抒己见，在交流的过程中感受每个不同的想法，那种从无到有，从模糊到清晰，从框架到具体的成就感，让我们每一处神经都无比兴奋。以至于我们常常忘记了时间，总要等到关楼门才回酒店，回去之后继续工作，负责制作 PPT 的同学竟熬夜到两点。最后一天早上，陈老师五点便开始为我们精心修改 PPT 中的不足之处。更是早早来到教室，做我们的第一位听众，看我们的预演，给我们提出了很多宝贵的意见和建议，让我们在最后的展示中取得了一份不错的成绩。合作展示这关告诉我：成功完成挑战离不开队友的陪伴与合作，更少不了导师的教诲。

4. 绽放花朵

时光匆匆，课程就这么结束了，回首一周，收获颇多。聆听领域内的"大牛"讲解，收获了知识，开阔了眼界；和小伙伴一起学习，收获了珍贵的友谊；在聊天交流中，感受着不同的风土人情；在合作讨论时，收获了不同的思维模式，感受到思想碰撞的喜悦；在展示时收获的是自信，只有自己保持自信，才能更好地把自己展示给别人，得到认可；在遇到困难时，收获的是努力，只有努力才能达到理想的状态，绽放属于自己的光彩。

感谢陈老师和实验室，让我有机会学习知识，开阔眼界，感受这座城市的魅力，更让我认识到自己不足之处，明确了自己需要努力的方向。

成功的花儿，人们只惊羡她现时的明艳！然而当初她的芽儿，浸透了奋斗的泪泉，洒遍了牺牲的血雨。

8.2.23 孙嘉：我和英语的一点缘分

1. 人物名片

孙嘉，武汉大学测绘遥感信息工程国家重点实验室 2014 级直博生，导师为龚威教授，主要研究方向为多光谱/高光谱激光雷达植被探测。本科就读于武汉大学测绘学院，获武汉大学外语学院英语专业双学位。

2. 幼儿园：英语就是鹦鹉学舌

我的幼儿园有所谓的"双语教育"。记得小时候自己洋洋得意地跟邻居奶奶说，"奶奶你知道男孩和女孩用英文怎么说吗？是'脖'和'狗'哦！"当然，不要以为我的英文因此而起点更高。事实上，到上小学的时候我记得的单词就只有一个 monkey 了。

3. 小学：妈妈，周六我非得去学新概念吗？

我的小学从三年级开始开设英语课。起初和大家一样，我在英语课本上写满了汉字和拼音，总是不记得单词要怎么读。事情的转折从四年级开始，这一年，我妈妈所工作的中学开始在周末开设新概念英语学习班，中学生可以报名参加，而教师子女的一个福利就是可以免费上课。听闻此，我妈妈和好朋友的妈妈决定让小学四年级的我们每周六和初一的学生一起学习新概念。当时知道这个消息倒也没有觉得晴天霹雳，虽然很不愿意上额外的课程，但是想到可以多一个半天和好朋友待在一起，我还是乐意的。就这样，我和英语的缘分才算正式开始。

四年级的孩子，没有任何英文基础，和初一学生一起上《新概念英语 1》的课程是很困难的。我记得头几次课的时候，老师让大家写句子，我连"I"表示"我"的意思时要一直大写都不知道，什么主谓宾语法更是一窍不通。回家自然是要抱怨听不懂的，可是妈妈说："没关系，哪怕你每次去只多学会一个单词也好呢。"就这样，我和好朋友的英文课程坚持了下来。每个学期和每个寒暑假，我们《新概念 1》大概学了两三遍，接着又上《新概念 2》的课程。

在这期间，回答不出老师的问题是家常便饭，老师也不怎么提问我们。学习的很大动力是为了用新买的荧光笔在课文上标词组。学到"lawyer"（老爷）和"damage"（大妹子）这样的词时，我和好朋友可以笑很久。遇到"refrigerator"这个又长又绕口的词，我们俩齐声念了 50 遍，又以哄笑收尾。现在回想起来，英语学习的过程与其说是为了学习知识，不如说是为了和好朋友度过一段快乐珍贵的时光。

小孩子是没有毅力的。即便有好朋友陪伴，有的时候还是想偷懒不去上课。但是即便是期末考试的那次课，我们题目都不会只能瞎蒙，妈妈也从未同意我缺席过。那时，虽然我什么都不懂，新概念英语的精神却不知不觉植入了我的脑袋。我印象很深，在某一本的扉页中作者写道：如果一个老师只以教授学生通过一项考试为目标，那么他/她就不可能教好一门语言（When the teacher makes it his aim to get his class through an examination and no more, he will undoubtedly fail to teach the language properly）。这句话一直到现在我都深以为然。

4. 初中：咦，我什么时候英语这么好了?

变化是在不知不觉中发生的，渐渐地我们开始能听懂老师讲的语法，也知道了简单提问的答案。习惯了作为英语课上的"落后生"出现，在初一正式开始上学校的英语课的时候，我惊讶地发现我的英文在班里绝对是上游水平，在考试中也终于可以考出理想的英文成绩了。新概念英语的课程自然是要一直上下去的，这次是和同班的同学一起学《新概念英语2》和《新概念英语3》。渐渐地我们的英文甚至在班级里拔尖了，我记得初三有了学校的英语竞赛，好朋友拿了全年级的第一名，后来我也拿了一次。这是我第一次得到英语的好成绩，感觉自己得到了很大的肯定。我们也每年都会参加全国中学生英语能力竞赛，不过基本都是陪跑。

5. 高中：英语是一种放松和调剂

高中时候学习很紧张，仗着自己也算有个好底子，我的大部分时间是花在其他科目上，在英语上花费的精力很少。但是学习累了的时候，我喜欢研读英语课文消遣放松，自己寻找新颖的词组和搭配，在朗读的过程中和主人公一起经历喜怒哀乐。比如《皮格马利翁》中的选段，卖花女学会了如何文雅地说英文，却不知道自己将来能做什么，发出"What's to become of me?"的追问，也恰似我们少年时不知未来地图模样的迷茫。语言学家接受挑战时的兴奋"What is life but one challenge after another? The difficulty is finding them. Never lose a chance: it doesn't come everyday."一直到现在还常常在我胆怯时给我尝试的勇气。

初中毕业后我就没有再上过英文辅导班了，但是我还是很喜欢《新概念英语》这套书。新概念的课文非常经典，不管是从语言还是内容的角度都让我受益匪浅，所以后来我就自学完了《新概念3》，本科的时候又看了《新概念4》。一直到现在，提起英文学习，我都还是很推荐这套书，如果能够认真研究里面的语法、搭配，甚至可以背诵的话，相信英语水平会得到非常大的提高。即便现在偶尔翻起，我还是会忍不住感叹作者用词之准确，语言之精练和句式之丰富，里面的内容也会引发读者对人生、人性的思考。个中种种不必多说，一千个读者眼里有一千个哈姆雷特，相信大家会有自己的体会。

6. 本科：英文双学位

虽然有对英语的一腔热爱，高考完报志愿的时候我却很坚持没有报英语专业。当时觉得英语作为兴趣爱好是好的，可以在我疲惫时给我慰藉，但是如果将来成为了工作，那它对我来说可能就变得沉重了。本科的时候我进了英语快班，可以大一就考四级，大二考六级，由于分数够高，到大三就免修了英语课。这是因为我从大二下开始修外语学院的英语双学位，和双学位的课程相比，本专业的英语课实在有些无聊了。双学位课程会讲《圣经》，讲英美诗歌和小说，翻译、口译，等等。英语的学习只是一方面，更多的是了解了许多英美的文化和文学常识，这些在后来的阅读和生活中对我的英文理解帮助很大。给我印象深刻的还有初上双学位时一位外院老师对我们说的话，和《新概念》里的那句很像：学习语言和应付考试是两码事，我们的重点应该放在前者。对于后者，作为一名英专的学生要有信心通过任何英文考试，因为所有的英文考试都有套路可循，都可以通过刷题过关，即便是专八。这句话给了我非常大的信心，事实证明也确实如此。我大二的时候自学考了 GRE，大三考了托福，大四考专八拿到优秀，真的是靠自己刷题一路过来。如果没有花上足够的时间或者没有自信，可能都是难以想象的。

7. 研究生：圆了一个小小心愿

研究生接触的英文，毫无疑问主要是论文。即便自恃英文不错，在刚开始读英文论文的时候我还是很怀疑人生。那些专业的词都是什么意思，查了一遍第二次见到又忘记了。有的词即便在词典中看到中文，还是会一脸茫然。或者就是明明每个词我都知道是什么意思，组成了句子就不知道在说什么了。入门总是困难的，英文学习是这样，读论文也还是这样。如果非要说有什么诀窍，可能就是再多坚持一下吧。

前面说到我初中的时候就参加过两次全国中学生英语能力竞赛，本科的时候开始参加全国大学生英语能力竞赛，但是最好成绩也只是二等奖而已，从来没有进过决赛。研究生之后我也还是坚持报名了，心想那些英语好的很多毕业或者出国了吧？我总算可以进一次决赛了吧？然而后来发现并不是这样，因为本科时候考试是分英语专业和非英语专业的，而研究生的时候不分了，统一是研究生组。就这样我又陪跑了一年二等奖。然而功夫不负有心人，不到长城非好汉，第二年我有认真准备，终于进了决赛。研究生组全校只有两个人进决赛，另一个同学果然就是外语学院的。当然，参加了决赛也只是拿了一等奖而已，但是我的水平确实就到这里了，还是很开心，感觉圆了一个初中开始的小心愿。

8.2.24 雷璟晗：身体和灵魂，必须有一个在路上

1. 个人简介

雷璟晗，武汉大学测绘遥感信息工程国家重点实验室 2016 级硕士生，导师为刘浪副教授和樊红教授，主要研究方向是 WebGIS。旅行过中国 80 个城市，遍布 28 个省市区。

2. 产生想法与计划

从小我就喜欢看《世界地理未解之谜》等书籍，大学之后就看中央电视台推出的大型旅游类节目《远方的家》系列，如《北纬 30° 中国行》《江河万里行》《边疆行》，等等。从此在我心中，中国地图渐渐从抽象的图形变成了具体的一个个可到达的点。在大学期间，时常参加 GeoScience Café 组织的有关旅行的讲座、徒步、骑行等，对那些大神的经历特别憧憬，希望能看到他们所描述的美景，体验不同地区人们的生活方式。之后，我疯狂地阅

读有关旅行的书籍，包括小鹏的《背包十年》、谢旺霖的《转山》等。通过别人的亲身经历，来幻想自己如果也有相似的生活。当内心欲望达到一定高度的时候，就该行动了。

3. 天时地利人和的说走就走

不行动永远觉得别人是很厉害的，而当你去执行，迈出第一步的时候，其实，那些你觉得厉害的事情你都能做得到。在科研之余，我会选择苏州、扬州和廿八都这类古城古镇休闲游来调整生活节奏；我会选择平潭、青岛和厦门这类海滨城市使内心更加豁达；我会选择黔东南、云南、甘南和恩施这类民族风情浓厚的地区来体验不同民族的生活特色。

在所有出行里，我最喜欢的方式是骑行与登山徒步。我曾一个人一天骑行 165 公里来回于武汉与黄冈，只为看一眼传说中的黄冈中学，而忽略了一人在路上的孤独与寒冷和夜骑的恐惧。心里有了目标，即使它特别遥远，但你一步步前行，总有一天你能到达。在后来的环青海湖骑行 360 公里与海南骑行 450 公里中，并不觉得艰辛。有些路，你付出汗水后才能更深刻地感受它。而登山徒步，从最开始登黄山的小白一个，到后来在庐山、武功山、武当山、张家界、南太行山、华山、泰山、扎尕那、三清山、雨崩和虎跳峡中，不断追求着徒步中征服的快感。

4. 在旅行中收获与成长

在经历过这么多次的旅行中，收获和感悟积累得也越来越多：

旅行是痛并快乐着的。对于我来说，旅行不是休息，而是体会别人的生活，从而调整自己的生活。为了在时间有限、资金有限的情况下，我会把行程安排得特别紧凑。在 2017 年清明节假日的 4 天里，一晚上硬座坐到了济南，济南暴走一天后乘坐汽车前往泰安，并于晚上 10 点开始夜爬泰山到早上 4 点多，只为了看"神州最佳观日点"的朝阳。接近 40 小时不休不眠的暴走，把我们的精神与身体逼到了临界状态。而旅行中也有幸福的时刻，饥肠辘辘地坐在火车站地板上吃饭是幸福的，在骑行中大汗淋漓筋疲力尽地上坡时，陌生人赞许的手势与有力的鼓励也是幸福的。

每个人都可以成为有故事的人。在旅行中，会遇到形形色色的人。出去走走，才会发现，原来每个人的生活都不是一样的。有些人常年行走在路上，有些人愿意在一个旅舍待上几个月做义工，有些叔叔阿姨依然喜欢户外徒步运动，当然更多的是像我们这样，生活千篇一律，偶尔出门转转的人。在路上，你可以在酒吧和刚认识两天的朋友交换故事，你可以和藏民交谈当地风土人情与感受他们虔诚的朝拜仪式，你可以在青旅和陌生人交流旅行经历。在旅途中的一切都将成为你以后的谈天资本，渐渐地，你也成为一个有故事的人。

珍惜同行的朋友。在旅途中，不可能一切都按计划进行的，更多的时候是需要团队的智慧与合作。在身心疲惫时，我们互相加油鼓励；在遇到困难时，一起讨论解决问题；在到达终点时，我们开心留影。到最后我发现，重要的不是你去了哪里玩，而是谁与你一起感受着未知的世界。

读万卷书，在学校，学习和科研是奋斗的目标；行万里路，出去看看不同的地方、不同的人、不同的生活方式，可能会给自己带来一些新的想法和冲动，让我们一起，给生活增加更多的色彩。

8.2.25 郭光毅：PerfLoc 参赛心得分享

1. 个人介绍

郭光毅，实验室 2016 级博士研究生，目前在陈锐志教授的指导下，从事室内定位方面的研究。最近在陈教授及武大多位老师共同指导下，我们团队参加了 NIST 举办的室内定位比赛。非常荣幸可以借实验室"星湖咖啡屋"这个平台，和大家分享一点点这次参赛的个人心得和体会．

2. 走出你的测试环境

参加这次室内定位比赛，让我对消费级的室内定位需求有了更全面的了解，也对室内定位需要解决的问题有了更深刻的体会。

我们刚拿到初赛的数据时，可以说是没有任何思路，只能凭借以往的经验来处理数据，越到后期，就越是发现，这些数据同我们自己采集、测试的数据很不一样。以往做科研解决的是单方面问题，甚至是额定条件下的问题。而这次比赛涉及室内定位领域的各种场景，解决的是通用型问题，需要通盘考虑复杂的环境。

到了决赛前夕，我们是以国重实验室楼作为我们的测试环境来准备比赛的。然而，到了比赛现场我们面对的则是多栋复杂的室内建筑，这里面涵盖了图书馆、办公大楼、仓库、地下室等，更是有一些像跃层中的旋转楼梯，图书馆里轨道书架间的夹缝这样的极端测试环境。比赛环境比我们自己的测试环境复杂太多了，甚至超出了我们的想象。但正是这样的测试环境，让我们的算法、方案暴露出了一些我们未曾遇到、考虑到的问题，也让我们对原有的"老问题"，有了新的、更深刻的认识。

3. 带上足够多的工具去和"锤子效应"作斗争

这次能作为团队的一员参加这次比赛，对我来说是一次非常宝贵的人生经验。我们的团队由不同学院、不同专业方向的老师和博士硕士组成，老师们都是在各自领域的专家，同学们也都有着各自不同的知识体系、思维方式。这样的团队架构让我们在挑战这一比赛过程中，碰撞出了很多很棒的思想火花。每两周一次的开会交流讨论，不定期和同学、老师的讨论。我们一起解决了一个又一个的具体问题，不断地讨论完善了整体的比赛方案。

博士研究生的研究方向，我认为通常是聚焦且深入的，因此有时在解决一个科学问题时，我们通常会陷入自己的惯性思维之中。就好比是"对于一个只有一把锤子的人来说，任何问题看起来都很像钉子"。通常这个时候，我们所学到的知识反而会限制我们解决问题的思维和行为。因此我认为，在我们日常科研中，不仅要关注自己的领域，更需要不断地拓宽自己的知识面，加强跨学科的交流，努力打破思维定式。带上足够多的"工具"去解决问题，而不只有一把锤子。

4. 一个人走得快，一群人走得远

9 个月的比赛走下来，我想对每一只参赛队伍来说都无疑是一场身体和精神的双重考验。我记得，在初赛的阶段，我们每天都会关注比赛的排行榜，各个参赛团队提交结果的频率都很频繁，竞争也异常激烈。可是，到了中期后期，能够坚持下来的团队已经屈指可数了。我很荣幸能和团队的成员一起走到最后，同时取得一个满意的成绩。

学习、科研不应该是单打独斗的，这条路，一个人走可以走得很快，但是一群人，才能走得更远。9 个月的时间，我们团队一直保持着良好的工作、学习氛围，大家都有一种很强的归属感，同时学习动力、潜力都得到了很大程度的激发。大家都朝着一个同样的目标一起努力，将自己的本职工作做到最好，相互鼓励、相互督促。团队里也流传着一句话，经常在出现难题时，大家拿出来打趣——"只要思想不滑坡，办法总比困难多"。

8.2.26 郑玲：在科研中收获

1. 个人简介

郑玲，武汉大学测绘遥感信息工程国家重点实验室 2013 级博士生，导师为李必军教授。主要研究方向高精度地图，地图和传感器数据融合等，获授权国家专利 8 项，发表 SCI 论文 1 篇，获得 2016 年湖北省科技进步奖一等奖、2017 年湖北省技术发明奖二等奖，参与制定国家标准《导航电子地图增量更新基本要求》《导航电子地图框架数据交换格式》《公交导航数据模型与交换格式》，2016 年第二届、2017 年第三届"互联网+"大学生创新创业大赛全国银奖。

2. 经验分享

我是武汉大学测绘遥感信息工程国家重点实验室的博士研究生郑玲，经过几年努力，取得了一些科研成果。很高兴能在我们实验室研究生微信平台"星湖咖啡屋"分享这几年科研生活的一些感悟。一般来说，大多数博士生的研究过程可能都是相似的，那就是首先找到自己感兴趣的方向，然后积极主动去提出问题、分析问题和解决问题。在这里，我结合自己的实际，谈谈体会。

第一，用积极的心态去面对未知的挑战。未知的领域意味着有无限的可能，有困难与挑战，但同时也会有惊喜。当我们选择了读研究生，进入科研的殿堂，就会碰到很多的第一次。这些第一次接触到的未知难以在网上或者课堂上搜索到现成的答案，这时候不要害怕未知，要有不怕苦、不畏难的精神和心态。在学生阶段，哪怕我们最终的成果不那么理想，也是人生中宝贵的经验。第一次准备国家标准草案的时候，发现这是一个完全陌生的领域，其方式跟做学术课题完全不一样，身边可以讨论的同学也不多。一开始的感觉肯定是茫然，此时自己得有一个信念：这件事情交给我，我肯定是可以做的，哪怕结果不一定是最好的。用迎难而上的心态跨过心理障碍，选择接受挑战。没有人生中的第一次，也就没有以后的宝贵经验。所以，在面对新的挑战时，自己最应该有的一个态度，就是大胆撸起袖子去干吧！

第二，利用身边的资源主动去破题。读万卷书不如行万里路，行万里路不如名师指路。我们在碰到问题的过程中可以合理地去利用身边的资源，提升科研的进度和质量。我刚开始参与编制国家标准的草稿，茫然和无助的时候，就去寻求导师指点。导师总是能够高屋建瓴地给出建议和方向，然后召集相关领域的专家多次开会讨论，慢慢入门了，编制标准也得到了比较好的思路。在编制标准的过程中，企业的需求、标准的成文也是没有现成答案的。我们需要反复深入企业、政府去调研需求，主动寻求资源去找到要的答案，这些都不是课堂上老师教的。在征求意见稿阶段，主动向各位相关专家发函，打电话，甚至主动上门寻求专家的建议。最后的送审稿会议，更是醍醐灌顶。专家不仅给了我本标准内容的意见，更重要的是给了我审视问题的视角与思路。从标准编制过程中学习到各大牛的思想精华和经验，是靠自己死磕多少年可能都难以得到的。

第三，在合作中成长。大多数时候做事情并不是一个人在战斗，我们还有可以依赖的团队。跨课题组、跨校的团队合作项目往往能接触到非本课题组的大牛，团队的交流能让我们发现别人课题组的不同之处，每个课题组都有值得借鉴的特色。在合作中进行对比也能受益良多。我们标准在编制的过程中是三个标准同时进行，我们项目组负责起草一份标准，参与另外两份标准。负责起草和参与审稿和修改的感觉完全不同，从另外两份合作方起草的标准中，来检查自己标准的问题，修改起来也更得心应手。

第四，健康和勤奋是深度实践的必备要素。身体是革命的本钱，王冠再璀璨，荣誉再耀眼，都不如健康珍贵。健康的体魄是为梦想狂奔的前提，也是我们勤奋的动力源泉。原先有个"863"项目，接近两年的时间几乎每个月都要去北京。不仅去北京的票太紧张了，行程不确定的时候，更是随时有滞留北京的可能。我们课题组同伴经常半夜扒火车，睡过道，练就了熟练的出行本领。项目组清华的同行评价我们团队为最勤奋的小分队。后来京广高铁开通结束了经常半夜赶火车的差旅生活，回头想想以前的时光也是充满乐趣。在实践过程中，成长缓慢是比较正常的现象，要沉住气。名师给你的经验是名师多年的积累，我们大多数都是普通人，企图通过心中的理解或者一两天的实践要达到名师的造诣是不可能的。不管是专家的指导还是从合作中对比的心得，都应该深度琢磨和反复实践才能变成自己的素养和技能。

总的来说，这几年的科研经历，自己是幸运的，写了基金本子与专利，参加了论文会议，参与国标制定，参与创业大赛及科技奖的申报，这些经历都是财富。最宝贵的，是有了一点探索未知的能力和面对未知的勇气，这都是未来科研道路上迎接挑战的最大法宝。

8.2.27 徐永浩：我的学习心得：阅读、交流与坚持

1. 个人简历

徐永浩，武汉大学测绘遥感信息工程国家重点实验室 2016 级硕博连读生，导师为张良培教授与杜博教授。已在 *IEEE TGRS* 期刊上发表 SCI 论文 1 篇，获得 2018 年 IEEE 数据融合大赛第一名。

2. 经验分享

大家好，我叫徐永浩，是实验室 2016 级硕士研究生，目前在张良培教授与计算机学院杜博教授的指导下，进行高光谱遥感影像处理方向的研究。老实说，当我被邀请写一些学习中的心得体会，分享给大家时，我还有些不好意思。因为，我们实验室的学霸同学实在太多了，我还有很多地方要向这些优秀的同学学习。不过，还是很高兴能有机会，与各

位同学分享自己在学习中的一些感悟。我的分享包括三个方面：

3. 勤于阅读

记得刚开始接触自己的研究方向时，我时常有种无从下手的感觉，觉得现有的方法都已难以突破。我的导师张老师和杜老师建议我从综述文献入手，进行大量的文献阅读，并仔细思考这些工作的研究动机是什么、还存在哪些不足。经过一段时间的学习，我发现，广泛地阅读文献，是快速了解一个领域研究现状的最直接的方式。以我的研究方向——高光谱遥感影像解译为例，早期的文献多集中于光谱信息提取，这类方法由于忽略了地物分布的连续性，极易受到各类噪声的影响。针对这一问题，基于空间特征提取的方法被广泛提出，使得解译精度得到了显著的提升。但随后的文献指出，单纯使用基于空间特征的方法，又易产生图像过平滑的风险。因此，空谱融合的方法逐渐成为当前研究的主流。

通过大量的文献阅读，我们可以发现，前人的创新并非一蹴而就的，而是在对已有方法的不足进行深刻的思考后，进行有针对性的改进得出的。广泛地阅读文献，不仅可以帮助我们更好地理解前人的工作，也会促使我们从前人的工作中，发现尚未解决的问题，找到我们可以寻求突破的方向。

4. 乐于交流

交流，也是我们学习的重要途径之一。我的导师张老师和杜老师非常重视我们的小组例会。小组同学都会轮流在组会上做 PPT 汇报。我觉得这是一种很好的学习形式。我们在做汇报时，要想给听众讲明白自己做的工作，首先需要自己对这些工作有非常深入的理解。准备 PPT 的过程，就是对相关工作的加深学习。同时，老师和同学们提出的问题与建议，也可能帮助我们进一步完善自己工作中存在的不足。

而我们在听其他同学做报告时，则会有机会接触到很多其他研究方向的工作。作为一名研究生，我觉得思维的宽度与深度，对于做研究是同样重要的。学习其他同学的报告，就是一种帮助我们提升思维宽度的很好的方式。例如在我们小组中，除了有研究光学遥感的同学，也有研究自然图像处理的同学。尽管遥感图像解译与自然图像解译不尽相同，但自然图像处理的相关技术，仍然有可能为我们做遥感图像处理带来启发。当我们下一次遇到类似的问题时，也许这些启发，就会成为我们创新的灵感来源。

5. 勇于坚持

和很多同学一样，我在学习中，也会遇到很多困难。实验失败，文章被拒，都是常事。经过两年多的学习，在我的导师张老师和杜老师的指导与帮助下，我也逐渐认识到：学习是一场马拉松，急于求成，只会适得其反；唯有坚持不懈，才能取得进步。正如荀子所说，锲而舍之，朽木不折；锲而不舍，金石可镂。我们做科学研究，就是要有打持久战的思想准备。

在参加今年的 IEEE 数据融合大赛时，我同样感受到了坚持的重要性。由于正式比赛历时近两周，各个队伍的成绩排名可能会有非常大的起伏。我记得我们团队提交的第一个结果，曾经占据在线评测系统的榜首有两天之久。而随着比赛的进行，我们的结果在随后的几天里，不断被其他队伍超越，直到跌出前 10 名的榜单。看到我们的方法被超越，一方面心里有些失落，另一方面，我也感到有些兴奋，这说明我们的方法仍然具有提升的空间。在接下来的比赛中，我们不断思考可能的突破点，调整算法思路，改进程序代码。我们的排名也随着比赛的进程，有起有伏。直到比赛结束前的几分钟，我们提交了最后一个版本的结果。凭借这一结果，我们最终拿下了这场历时近两周的比赛的胜利。回想起来，如果我们在比赛中，没能坚持到最后一刻，我们很有可能，就与最后的胜利擦肩而过。

8.2.28 幸晨杰："感谢慕尼黑和武汉，为我的人生增添丰富的色彩。"

1. 个人简介

幸晨杰，2011 级摄影测量与遥感专业硕博连读生，首届中德 ESPACE 双硕士项目成员之一，2014 年转博，2017 年 12 月毕业。导师为龚健雅院士和陈能成教授。

2. 个人分享

"尊敬的旅客，我们抱歉地通知，您乘坐的飞往成都的航班由于武汉机场交通管制的原因将推迟起飞十分钟……"

此行特意选了靠窗的座位，透过舷窗再多看看这座城市，满满的不舍，甚至飞机延误十分钟反而能让我偷偷一笑。

这是我博士毕业工作后第一次回到武汉出差。三天两晚的时间怎么计划也不够，工作之余起早贪黑地花了绝大多数时间陪伴这里的亲人、老师、挚友们。如此留恋，是因为这里留下了我十年半的青春，尤其是 2011—2017 年的研究生生涯为我打下了鲜明的烙印、为我的人生绘就了绚丽的色彩。可要在小小一文里把这一切都记述下来，太难，太难！我只好摘下这一片记忆中最闪亮的那几颗，作为对这几年生活最有意义的纪念，也为未来的师弟师妹们介绍一点或成功或失败的经验。

飞机在一声轰鸣和奋力的颤抖中直刺苍穹，窗外的第二故乡越来越远。飞行过许多次了，但最令我铭记的一次还是 2012 年 10 月 4 日 14 点 30 分从首都机场 T3 航站楼起飞的 LH723 次航班。这一连串信息我近六年来一直清晰地记得，因为它在我硕士第二学年开始之际将我送上了后来让我久久感怀的留学之路。

2011 年 3 月我得知了首届"ESPACE 中德双硕士交流项目"招生的消息，出国留学的渴望如潮水涌来。项目成员选拔条件之一是外语成绩，为此我报名了暑期的托福考试，预计成绩揭晓后正好提交申请材料。6 月下旬，我完成了本科毕业的所有手续，和我的本科好友们依依惜别后，回家立刻开始备考。我憧憬着考出好成绩能实现长久以来的留学梦，复习效率异常的高。上午背单词、练阅读，下午练听力和速记，晚上背诵口语和写作模板，睡前再复习单词……从睁开眼到入睡前的每一刻我都过得异常充实。枯燥的备考期间我也有过想偷懒的时候，但每次意志力总会获得最后胜利，在家健身替代了出门娱乐，体力和脑力高效地交替调节。一个月后的考试中我顺利发挥，如愿超过了双硕士项目的选拔要求。每每回想起那一个月彻底闭门复习的艰辛，我总会感谢当时奋力拼搏的自己。实际上，那次获得成功的诀窍不只是努力、专注、自制和自信，更重要的是完成复习的时间十分合适——不长到令激情退却，也不短到手忙脚乱。后来的很多经历也告诉我，一些重要的事情准备周期恐怕不是越长越好：或是撰写一篇期刊论文，或是完成一大批算法实验，都需要短时间高强度地集中精力，才能实现前后高度连贯，否则一串断断续续的工作拼凑到一起，很难成就高质量的作品。正所谓"一鼓作气，再而衰，三而竭"，应当猛火爆炒的菜，文火慢炖是出不来色香味的。

后来，得益于学校和实验室的赏识，我如愿入选了首届中德班，并在 2012 年中秋之际首次跨出了国门。在慕尼黑留学的两年对我而言就像进了大观园，好奇又热爱观察的我从生活习俗、工作风格、待人态度、建筑特色、环保手段、交通设施、气候风光……甚至洗涤剂的气味、消防车的声音、地铁站的构造、桌椅的高度、巴士司机的驾驶技巧、房屋门窗的结构材质……多角度、全方位地看到、听到、尝到、嗅到、触到、体验到一个活灵活现的德国，也利用假期把观察的触角延伸到了另外 8 个申根国家。两年间的记忆至今仍深深刻在我脑海里，其中最难忘的是 2014 年夏季的世界杯足球赛。作为足球运动强国的居民，德国人在世界杯赛期间表现出了极大的热情。彼时我和同学们一起挤在人潮里，席地坐在大街上观看电视转播，在德国 7∶1 大胜巴西的震惊中，在最终捧得大力神杯的狂欢里，一次又一次地现场见证和参与了一座城市的彻夜沸腾。在欧洲留学的两年不仅给了我在世界顶尖学者的带领下广泛涉猎专业知识的珍贵机会，更让我屡屡沉浸在发现新体验、开拓新视野的狂喜中。后来每次向朋友们谈及那如梦幻般的留学经历，我都必定要传递一个思想：要趁年轻时争取多走走多看看，拓展自己的眼界，看看世界之大，知道世上一切的变化之多。这能在以后一些人生重要关口前或给我们独到的看法，或令我们做出更好的选择，因为比正确的选择更重要的是知道有哪些可能的选择，这要求我们有足够宽广的视野。另外，人生的意义在于体验。生命虽然不能随意延长，但可以通过更多更广泛的体验得以拓宽，从而过得更充实。

在回国后刚开始攻博时，我也和其他许多博士生一样遇到过科研进展不遂人愿的焦灼和迷茫。彼时的我开始怀疑自己做过的选择，偶尔回避现实的困难，把希望寄托在"推倒一切重来"的思想上，却也无法做出斩钉截铁的转变，终将时间和精力耗损在彷徨中。后来，好友刘梦云师妹的一席劝慰将我从当时的泥淖中解救出来，大意是"如果对现状不满而又无法彻底回避，就耐心直面问题。努力完成不得不完成的任务，才能尽快到达下一个重新选择的转折点，迎来新的希望"。后来的两年我凭借这份鼓舞坚持实现了一个又一个以前看似不可能的目标，最后到达了博士毕业的彼岸。人生在世，不称意的境遇、无法满意的选择太多了。面对各种各样的无可奈何，最快、最好、最直接的办法就是立刻动手解救自己。无法逃避的问题终究必须解决，与其自怨自艾在脑海中排演各种无法实现的假想或失败的结局，不如立刻行动，因为迎难而上才是迈向光明的方向。

在攻博的 3 年间，单调的科研之余是 GeoScience Café 和星湖光 in 摄影协会接纳又陪伴着我，给了我家一般的温暖和归属感。在 Café 组织、主持和聆听讲座让我认识了许多优秀的主讲人和更多友善可爱的 Café 成员兄弟姐妹们，并和他们成为了亲密的朋友。Café 给了我施展特长的舞台，也赐予我被需要的认同感。我要真诚地感谢这个集体，对 GeoScience Café 大声说："谢谢你！"星湖光 in 摄影协会是我目睹发展壮大的社团，虽然我在活动组织上对它贡献很少，严格地说也没完全尽到一名正式成员的责任，但我偶尔同协会的成员同学们一起拍摄照片,既收获了乐趣,也让我有机会身处一个个精彩现场的最前沿,用我热爱的方式记录一个个有意义的瞬间。我的部分作品得到了大家的喜爱,甚至被纳入实验室乃至测绘学科的发展记录,是我的莫大荣幸,令我无限自豪;于我个人而言,和协会一起拍下的数万个瞬间也串联成了我的攻博历程,忠实地记录下了这段美好的青春岁月。我要衷心地表白这个集体,对星湖光 in 摄影协会大声地说:"我爱你!"无法想象如果没有这两个集体,我的攻博生活会失去多少乐趣,或许我也将不完全是今天的我。可以说是这两个集体成就了现在的我,因此我在这里留下同这两个集体的合影,记录下毕业之际最开心的自己。

8.3 采访

8.3.1 冯健恒:日升月恒,出类拔萃

1. 个人简介

冯健恒,来自广东佛山,土木建筑工程学院 2018 级给排水科学与工程专业本科生,目前已保研至清华大学。

连续两年专业排名第一,曾获甲等奖学金、国家奖学金、于刚宋晓奖学金。曾获"优秀共青团员""三好学生""暑期实践先进个人""抗击新冠疫情学生先进个人""土建之星"等荣誉称号。

曾担任给排水一班班长、土建学院分团委科协科研部部长。本科志愿总时长超过 250 小时,连续三年参加寒暑假社会实践并获奖。曾连续两年获得武汉大学田径运动会跳高冠军,金秋服饰大赛第三名。

作为队长主持过国家级和校级科研,学科竞赛获国家级等各类奖项 10 余项,申请 3 项发明专利和 1 项实用新型专利,发表中英文论文 2 篇。

2. 个人采访

Q1:请问获得国奖后,你是否有什么经验之谈想与大家分享呢?

冯健恒:在本科生阶段,学习摆在首位,其他各种活动是锦上添花,科研、竞赛、学工、实践、文体等大家都可以尝试,拓宽自己的潜力边界,丰富自己的课余生活。

其实并没有普适化的经验可谈,每个人有每个人的道路与选择,做好自己的事情,相信自己的判断,荣誉与奖励也只是水到渠成对你努力的肯定,比起光芒下的自己,应该去享受提升自己的能力去从容摘星。

追光路上,免不了各种各样的困难与质疑,但你永远可以选择站起来,义无反顾地,因为 What dosen't kill you makes you stronger!

Q2:请问在参加诸多学科竞赛后,你在这方面上有哪些收获呢?

冯健恒:在决定参加竞赛前一定要认真做好准备:选择自己感兴趣的赛题,组队时考虑队员能力的合理搭配,以及保持好一颗坚持到底的心。

学科竞赛对队伍综合能力的要求很高，文章编写、软件使用、科研实验、答辩展示等必经的过程考察着整个团队的协作能力，这也使其成为一个锻炼个人能力的难能可贵的机会和平台。

参赛时不要太过于功利，在竞赛的过程中提升自己的能力才是参加竞赛最大的益处。认真对待每个过程，保持好耐心与信心，相信功夫定不负有心人。

Q3：请问在科研方面，你有哪些经验可以分享呢？

冯健恒：如果确定了读研的想法，同学们可以通过参加大创、学科竞赛和直接联系导师申请加入课题组等方法尽早进入实验室。

在科研的过程中你会有很多收获，如失败后从头再来的恒心、按实验计划推进的执行力、团队合作能力等。

但科研并不是一个轻松的过程，需要心理和生理上的强大，要能从容面对各种困难和问题，不轻言放弃，用耐心品尝科研路上的点点甘甜。

Q4：请问你是如何平衡科研、学习和娱乐的呢？

冯健恒：大学生总是充斥着大大小小的事情，而与之矛盾的是一个人的时间和精力是有限的，这也是我们在未来几十年里会一直面对的问题。

首先，这时候学会选择与放弃显得尤为重要，对于本科生而言，学习科研大于文体实践，团队活动大于个人任务，这不意味着彻底放弃，而是在对的时间点做对的事情。

其次，做好远期计划和短期计划，我会在每周或每月的开始大概列出我要完成的事情，不需要具体到时间，这可以给自己协调与灵活调整的空间，我每天睡前也会计划好无课的时间里要做的事情，这样就不会在空下来的时间里因虚度而焦虑了。不要高估每一天能做多少事，但也不要低估每一年能做多少事。

虽白驹过隙，亦不忘初心。只要我们坚持住初来武大时立下的理想与抱负，并加上每个学期习得的经验，便可从中孕育出向上的决心。

8.3.2 独涛：乐于求知，学而常思

1. 个人简介

独涛，武汉大学土木建筑工程学院 2018 级本科生，曾主持由王正直老师指导的国家级大学生创新训练项目一项。多次参加省级、国家级比赛，取得优异成绩。

曾获全国大学生结构设计信息技术大赛二等奖、武汉大学届结构设计大赛一等奖、武汉大学成图创新设计大赛一等奖等，获得"武汉大学优秀共青团员""优秀学生""社会活动积极分子""暑期社会实践先进个人"等称号。曾任武汉大学学生团委副书记联席会团培部负责人、土木建筑工程学院新闻宣传部部长等。

2. 个人采访

Q1：你认为学习成绩和实践能力哪个更重要？

独涛：这个问题因人而异吧。进入大学后，有些同学保持着高中的学习习惯，可能更侧重学习成绩。而有些人希望在学习以外的地方有所涉足，获得成长。

当然，我也建议学弟学妹们在学习之余去参加一些社会实践、科研竞赛或者学生工作等来充实自己的大学生活。

其实，对于学有余力的同学来说做科研既是一个不断学习的过程，也是充实自己、提高实践能力的过程，对一个人的整体素质提升还是有很大帮助的。

你认为对于我们这些大一新生来说，什么时候去做科研项目合适，以及我们要做什么准备呢？

这个问题我可以分享下我自己接触科研的经历。我大一的时候是我们学院科协科研部的成员，对科研有一定了解，通过与学长学姐交流，了解到了科研是什么、怎么做。

之后我在和自己的烛光导航老师交流的过程中，向老师请教了他的课题研究方向和大致内容，老师非常耐心地进行了介绍。之后我就在立项之前通过和老师的联系与沟通，确定了这个研究方向，组建队伍，申报大创项目。

从最开始的院级答辩再到校级答辩我们做了很多的准备工作，这也进一步帮助我们对项目安排有了更明确的计划。

对于学弟学妹们来说，我觉得只要有时间、有兴趣便可以联系导师，选择自己感兴趣的研究课题。做科研其实没有大家想象的那样高门槛，本科生做科研很大程度上也是对自己的锻炼。

Q2：关于正在做的科研项目，你可以简单谈一谈吗？

独涛：我们的课题是对临床牙齿修复技术进行改进的研究。

目前主流的牙齿修复技术存在一个问题：修补的部分会在固化的过程中发生体积缩小，导致填入的树脂与健康的牙齿之间会有一个拉力。如果这个拉力很大的话，就会把填入的树脂与健康牙壁拉开，甚至会使牙壁断裂。

我们的指导老师已有的研究提出了仿照天然牙齿的想法。天然牙齿的结构力学性能是呈梯度变化的，而目前临床上使用的这种修复方法是没有这种梯度结构的。然后我们就从仿生的角度出发，将梯度结构应用到牙齿修复技术中去。

Q3：对于大一新生来说，刚进入大学难免会感到迷茫，有没有什么建议？

独涛：我觉得一方面要学会独立思考。进入大学后可以先多尝试些新鲜的事物，在体验中对它们有一定的了解和认识。其实在大学生活里有很多东西是我们自己真正去接触之后才能了解它们是什么样的，对我们有哪些帮助。

另一方面，大学生活中学习还是主要的。很多同学刚进入大学可能会有些懈怠，很容易进入一种不太好的状态，导致学习成绩不太理想，甚至影响了后续专业课的学习。

最后，让自己忙起来也是克服迷茫问题的一个方法，课余多参加一些活动或者竞赛，虽然对于目前来说可能只是一次次体验，但是我们从中积累到的经验、所拥有的这些经历都将会在未来的某一天起到作用。

8.3.3 王斌：希望孕育在危机之中，灾难藏匿于自满之中

1. 个人简介

王斌，男，武汉大学土木建筑工程学院 2021 级硕博连读生，专业为市政工程，导师

为王弘宇教授，研究方向为污水处理与资源化。目前共发表 SCI 论文 8 篇，其中第一作者两篇。曾获国家奖学金，于刚·宋晓奖学金和武汉大学优秀学业奖学金等奖项。

2. 科研生活

王斌一直在强调的一点就是每一项科研成果都需要大量的时间去完成。在科研过程中，他总结了以下四点最为关键：首先要广泛阅读文献，了解所在领域的研究成果和最新动态，这样才能为自己设计，操作，分析实验结果打下良好的基础；其次要勤于尝试。只有通过不断的尝试-失败-再尝试的循环，不断分析并吸取失败的经验教训，我们才能获得满意的实验结果；再次是要善于总结。在不断总结经验、梳理实验结构脉络中，我们才能继续进步，不断提升自己的实验水平，完善自己的研究结果；最后是要善于交流。有困难多向身边的同学请教、提问、交流，即便是与自己的研究方向完全不相关，他们依旧能提供一些可行的解决方案。

3. 专题采访

Q1：你觉得研究生阶段帮助课题组做一些与自己方向无关的项目活动会影响自己的学业吗？

王斌：量不太大、不太频繁的项目课题对我们的学业不会有很大的影响，相反，适当课题之外的项目能帮助我们了解、掌握多项技能，实现全面发展，提升我们解决问题的能力。然而，如果被大量与自己课题无关的项目拖延了自己课题的进展，这样对自己的成长就是不利的。在这种情况下，我们应该积极沟通，把自己的主要精力放到自己的课题上。

Q2：平时在做科研的过程中遇到困难时，如何克服困难？

王斌：做科研过程中遇到困难是在所难免的。当我们在做科研过程中遇到瓶颈时，可以耐心地从头梳理自己在实验过程中可能存在哪些当时没有考虑到，但是对实验结果或过程有显著影响的因素，包括环境因素、实验设计细节等。同时，可以积极寻求师兄师姐和指导老师的建议，他们的建议通常能够点醒我们。最后就是要多尝试，困难是试出来的，也会在试的过程中加以解决。

Q3：本科生与研究生在培养方式上有很大的不同。对于研一的科研小白们来讲，要摆脱这种身份转变带来的不适应感，迅速进入科研状态，请问学长有什么建议给学弟学妹们吗？

王斌：从本科到研究生，一个很大的转变是，从以前的被动接受知识到读研之后自己要去主动获取信息。进入研究生阶段，自己对自己的科研实验需要有一个比较全面的把控。研一的同学一开始有这种不适应感很正常，这需要一定的时间去积极适应。新同学可以通过多跟师兄师姐交流，多观摩学习师兄师姐的做法快速进入科研状态。

4. 寄语

每一个走到今天的你，都已经很了不起。也许你曾想过放弃，但请相信，刚刚进入研究生学习阶段的学弟学妹们或多或少都会有些迷茫和困惑。首先需要不断调整自己的心态，尽快适应研究生阶段的学习和科研过程；其次要尽早明确自己的职业选择，并在研究生期间进行相应的锻炼；在明确了自己的目标之后，就要大胆不断地尝试，总结经验教训，提升自己的综合能力，遭遇挫折时不要轻易灰心，因为遇到困难恰恰意味着我们正在进阶。而重要的是，要在不断尝试中提升面对困难的勇气，提高解决问题的能力。时光不会辜负每点努力。坚持下去，加油备战，一"研"为定！

每一个走到今天的你，都已经很了不起。也许你曾想过放弃，但请相信，时光不会辜负每点努力。

8.3.4 张大为：大有可为，大有作为

1. 个人简介

张大为，武汉大学土木建筑工程学院 2019 级博士研究生。目前已发表 SCI 论文 7 篇，中文核心论文 3 篇，先后获得"国家奖学金""武汉大学优秀研究生""武汉大学优秀学业奖学金一等奖"等荣誉。

2. 科研生活

当谈及科研生活，张大为有深刻的感悟，他认为"勤"更胜于"智"，科学研究往往战线都很长，需要大量的时间和精力来填充，因而"沉得住气"是一个科学研究者所必备的。当然，盲目实验也不可取，在科研中需要不断与导师和同门沟通，以明确下一步的目的，"随机应变"，及时调整实验方案才能在科研中崭露头角。同时，张大为表示美好的研究生生涯并不应该完全被科研所占据，毕竟人生在世生活也很重要。在学习和生活两者平衡的问题上，制定计划很重要，根据计划按部就班，才能实现鱼与熊掌兼得。

3. 专题采访

Q1：你觉得研究生阶段帮助课题组做一些与自己方向无关的项目活动会影响自己的学业吗？

张大为：对学业肯定是有影响的，但是我认为这也是研究生的另一种学习。事实上，大部分硕士研究生在毕业之后不会继续从事科研行业，这就需要在研究生学习中综合锻炼各方面的能力。因此，多走出去学习学习未尝不是一件好事，人在江湖，技术不压身嘛。

Q2：平时在科研的过程中遇到困难时，如何克服困难？

张大为：正常来说，科研遇到问题和困难的次数是远远大于一帆风顺的。正是这些问题的存在才使得实验有意义。如果一切都在预料之中，那就没有实验的必要了。遇到问题，首先要重复明确问题是真的存在还是实验误差导致，排除其他因素后应该通过查阅文献、与导师同学沟通等方式来解决问题，大部分的"问题"都可以通过这两个方式解决，如果解决不了，恭喜你，仔细钻研没准你就会发现"新大陆"。

Q3：如何克服实验上急功近利的心态？

张大为：就像上面提到的，科学实验是需要不断尝试的，没有谁可以一试就成功，首先要明确这一点，跟着导师和自己的节奏按部就班地去执行我认为才是正确的思路。

Q4：读研的时候应该如何合理地分配自己的时间？

张大为：在研一期间主要以平时课程理论学习和阅读文献为主，为日后进入实验室打下基础。合理地规划自己科研时间的同时，也要注重其他方面能力的锻炼，比如上面提到的加入学生会、社团，做一些项目等。当然，有闲暇时间最好也要解决一下个人问题，为自己枯燥无味的研究生生涯增添一些色彩。

4. 师兄寄语

千里之行，始于足下，昨天的刻苦和拼搏，铸就了今天的辉煌。而明天的成功还需要今天的不断奋斗和努力。希望师弟师妹们尽快进入状态，完成从本科生到研究生的转变。希望大家在研究生学习期间：(1)明确奋斗目标；(2)善于团结与合作；(3)崇尚优良的学术道德；(4)培养独立工作的能力；(5)注重科学思维能力的培养；(6)培养经常阅读科研文献的习惯，然后在新的起点上，新的征程中，不断创新，不断进取，取得辉煌的成绩。

8.3.5 李卓鸿：遥感学科竞赛与科研经验分享

1. 核心提示

李卓鸿结合自身参加国际、国内学科竞赛的实战经验，回顾硕士两年期间的学习科研经历，为我们分享硕士学习规划方式、遥感图像解译竞赛中可借鉴的战术与策略，以及将科研与竞赛互相启发、相互促进的经验。

2. 人物名片

李卓鸿，测绘遥感信息工程国家重点实验室博士生。主要研究方向为弱监督分割和大规模土地覆盖制图。硕士期间获 IEEE 地球科学与遥感学会数据融合竞赛 2021 全球冠军、2022 全球亚军、2020 高分遥感解译竞赛语义分割赛道全国季军，并在多场国际会议中进行成果汇报。依托竞赛成果，在 *ISPRS Journal of Photogrammetry and Remote Sensing* 等期刊与会议发表 SCI/EI 论文 5 篇。曾获微软 AI for Earth 奖金、一等学业奖学金、实验室优秀硕士新生奖学金。

3. 嘉宾小语

勇毅笃行，然后迎难而上，在竞技中成长。

4. 报告现场

2022 年 11 月 11 日晚，测绘遥感信息工程国家重点实验室博士生李卓鸿做客 GeoScience Café 第 345 期讲座。李卓鸿结合自身经历，介绍了竞赛中的战术和策略、科研与竞赛的相互启发等内容，解答了同学们关于科研与竞赛的问题，同学们受益匪浅。

参加国际大赛并取得优异成绩是我们的愿望，但是如何参加国际大赛，如何准备比赛对于我们来说却是陌生的。博士生李卓鸿从自身经历出发，通过回顾自己参加高分遥感解译竞赛和 IEEE 地球科学与遥感学会数据融合竞赛的心路历程以及备战经历，介绍了自己在科研和竞赛中收获的启发。接下来，他从个人的竞赛历程、学科竞赛到成果产出、竞赛中可以借鉴的战术和策略、科研与竞赛的相互启发这四个角度展开分享。

（1）个人的竞赛历程。

李卓鸿回顾了自己本科到硕士七年的科研竞赛历程。从最初的通信硬件研究，到大四的高分遥感解译比赛，再到硕士期间两次的 IEEE 地球科学与遥感学会数据融合竞赛的经历，不断的身份切换以及不断的挑战，让他在竞赛中不断磨练自己的本领，取得了一个又一个优异的成绩。

（2）从学科竞赛到成果产出。

李卓鸿介绍了评估是否参加竞赛的几个出发点：一是评估自身能力以及实验室的客观条件；二是评估竞赛可能带来的收获；三是评估社交问题；四是评估导师以及自身工作安排；五是评估该竞赛本身的含金量。

为此，他列举了自己参加的两种比赛。

一种是以高分遥感解译竞赛为代表的基础性竞技类比赛，这种比赛以竞技为目的，竞赛内容相对基础，实现过程相对成熟，主要考察竞赛者对现有算法的熟悉程度，主要是对 SOTA 算法进行改良，创新程度较低。通常以短期的线下比赛为主，对选手的临场反应能力有一定考验。它的竞赛成果，以比赛奖金为主。

另一种是以 IEEE 地球科学与遥感学会数据融合竞赛为代表的创新性科研类比赛。区别于前一种比赛中以改良当前 SOTA 算法的主要实现手段，它需要参与者对主办方提出的前沿问题，提出属于自己的解决方案。同时，作为全球性的比赛，他需要参与者克服时间与空间之间的困难，在一个较长的比赛时间内，合理地安排自己的工作。它的竞赛成果，以发表相关的论文为主。

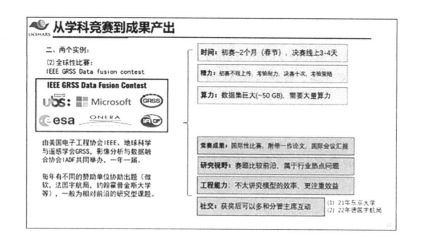

（3）竞赛中战术与策略。

李卓鸿从自身经验出发，为大家介绍了在竞赛中应该注意的策略问题。

一是要组建一个合理的团队。团队是一个有机的整体，与突出个人能力不同，团队更需要整体的协调与配合。李卓鸿认为一个竞赛团队一般由 2~3 个人构成，通常为自己之前合作过的同学。一个人负责统筹和平衡组内沟通，负责制定计划，一个人负责快速实现算法，提高代码质量与效率，另一个人要有较强的工程能力，负责在需要的时候及时提供支援。李卓鸿认为，团队最重要的就是互相交流。定期地举行会议，沟通彼此的想法，总结过去的工作，展望未来的安排，都是十分必要的。只有互相沟通，互相配合，才能构建一个良好的团队。

二是关于赛题的选择，李卓鸿认为，应该结合团队的实际情况，选择适合的竞赛模式：对一个赛题一以贯之，或是多线并进。

三是关于竞赛的技巧。李卓鸿认为首先要分析赛题的主要挑战，并依次从数据分析与处理、模型改进与集成、结果分析与后处理以及提交等步骤，结合自身经历向大家分享处理策略与心得体会。不论是具体提交轮次的安排，还是最后的保持成绩的秘籍，他都向大家倾囊相授。

四是关于心态的调整。李卓鸿以自己除夕夜工作的经历为例，鼓励大家要有毅力和决心面对竞赛中的各种困难。

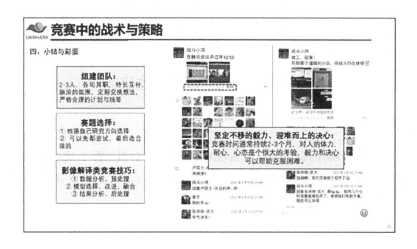

（4）科研与竞赛的相互启发。

李卓鸿首先回顾了过去七年自己研究方向的变化以及自己学习科研工作的改变。从本科硬件的开发、到毕设的语义分割、再到研究生阶段的弱监督土地覆盖制图，其中着重介绍了自己如何通过竞赛，提炼科学问题并深入研究的相关经历。

此外，李卓鸿还介绍了自己的写作心得。首先要明确工作内容，展示自己的创新点及工作意义，合理安排文章结构，并做美观的可视化。

最后，李卓鸿勉励各位同学们，勇毅笃行，迎难而上，在竞技中成长。

5. 互动交流

Q1：请问怎么提高自己的代码能力？

李卓鸿：首先是要多读文献和资料，通过复现现有的 SOTA 算法，来提高自己的代码能力。其次是要多实践，学习别人的工作，将他们整合到自己的工作中去。

Q2：请问竞赛中所使用的模型基本上都是从 CV 里现有的模型中进行选取吗？

李卓鸿：是的，以遥感影像语义分割为例，很多算法都是从 CV 迁移到遥感领域使用的。例如，20 年参加高分遥感解译大赛的语义分割赛道时，当时有一个 CV 领域的最新算法在自然影像上有 SOTA 的表现，就不约而同地被该赛道前七名的团队都使用了，即使当时还没有该模型在遥感方面的应用。

Q3：想问问怎样才能想出好的 idea？

李卓鸿：我认为 idea 是在针对科研竞赛中解决具体问题时所产生的。以我 2021 年的比赛为例，当时我们遇到了一个问题：如何将低分的标签与高分的影像做一个对应，但是现有算法不能很好地解决。我们不断地尝试，最后才有所收获。idea 就是在不断的尝试中来的，有时候可能是一次胡思乱想就尝试出了非常好的方案，但有时候则是在不断的实践中才能出真知。

Q4：基于团队竞赛产生的论文，如何区分贡献？

李卓鸿：我认为团队在做比赛的时候，首先要确保能够取得相应的科研成果（例如论文、比赛名次），在该前提下，再去思考队伍内部的人员排序。在团队中，常常需要有同学去主导比赛，设定更完善的整体计划与方案，最终在论文上可能就是按照团队中不同角色所给予的贡献来依次排序。

8.3.6 王俊珏：高分辨率遥感深度智能解译方法研究

1. 核心提示

遥感影像地表覆盖解译算法研究中有哪些挑战？针对其"看不清、迁移差、设计难"等问题，应该如何解决？王俊珏从遥感与计算机视觉领域交叉的角度出发，深度剖析遥感成像与模式识别机理，分享科研心得。

2. 人物名片

王俊珏，武汉大学测绘遥感信息工程国家重点实验室 2021 级博士生，师从钟燕飞教授，主要研究方向为语义分割、深度架构搜索和视觉问答。以一作/通讯作者在遥感与计算机顶级期刊/会议（*NeurIPS*、*TGRS*、*RSE*）发表论文 4 篇，其中首次提出遥感专用网络 RSNet 的论文为 ESI 高被引。曾获 2019 IEEE 数据融合大赛亚军、2022 IJCAI LandSlide4Sense 滑坡检测挑战赛冠军、2022 阿里天池图像篡改竞赛冠军、优秀硕士新生奖学金、武汉大学研究生学术创新一等奖。

3. 嘉宾小语

顺，不妄喜；逆，不惶恐馁。
胸有惊雷而面如平湖，凛冽寒冬中悄悄拔尖，然后惊艳所有人！

4. 报告现场

2022 年 11 月 18 日晚 7 点，武汉大学测绘遥感信息工程国家重点实验室 2021 级博士生王俊珏做客 GeoScience Café 第 346 期暨"研途指南"系列第四期讲座。针对高分遥感深度智能解译中"看不清、迁移差、设计难"的三大问题，王俊珏结合自身科研经历，从信息-地学交叉角度分享了自己的研究思路和思考方法。

高分辨率遥感影像卫星带来了更加丰富的空间分辨率影像，其几何结构更加明显，位置布局更加清晰，数据量却呈几何量增长。与此同时，高分辨率遥感影像也使得我们对地物的精确解译成为了可能。王俊珏深入浅出地阐述了遥感影像地表覆盖解译算法研究中的挑战，引领大家一起探讨。

（1）"看不清"——背景杂、目标小。

如何在大图中找到我们感兴趣的小目标？小目标往往特征微弱只留下很少的外观线索可供利用，同时丰富的背景样本主导了模型优化，使得感兴趣目标容易漏检。传统一步式语义分割的编码-解码结构，以端到端的方式直接解译影像，不能很好地处理上述问题。

王俊珏以人类视觉感知方式为切入点，考虑到人类视觉感知的层级关联。首先大致识别感兴趣的目标在哪个区域，后通过凝视对目标重点理解。他将人类视觉感知流程运用到深度学习建模中，由此设计由粗到精的建模方式：先在扫视阶段将目标识别定义为二类语义分割问题，使得感兴趣前景被激活；再基于激活图，对目标进行类别细化，得到细化的多类分割图，以此解决目标特征微弱的问题。王俊珏从大量的实验中总结经验，通过分析实验问题发现表征特点，利用可视化的手段探究样本挖掘方法。他参考网络的前向推理过程，得到影像像素级损失图，将其投影到三维空间中，选择有效的前景样本的同时，剔除大量背景样本，动态平衡两者比例，以解决样本不均衡的问题。

（2）"迁移差"——跨场景、传感器。

中国城市和乡村地物分布差异巨大，如何将只涵盖城市区域的模型，泛化到农村？王俊珏指出，现有的公开数据集往往只含有城市或农村区域，且分辨率差异大。他们选择南京、常州和武汉这三个长江中下游的典型城市，构建了一个数据质量高、标注精细且同时包含城市农村样本的大体量数据集。该数据集包含两个域，不仅可以用于地表覆盖、语义分割的任务，还可以进行跨域的学习。现在该数据集下载量破万，已被众多高校和企业使用。对于为什么存在迁移差这一问题，王俊珏从不透水面、植被、建筑物等多方面给出翔实的数据分析，阐述了工作的必要性。

如何将无人机采集的小范围样本迁移到城市级地表覆盖分类制图？王俊珏从星载和机载之间跨越差异分析，将自训练方法运用到跨传感器迁移这一问题中。他再次利用可视化方法，发现光谱差异的编码层级，在传统的语义分割模型中引入跨传感器归一化的策略，对归一化层进行改进，使得不同传感器的统计量更为接近，以取得更好的迁移性能。

（3）"设计难"——实验慢、门槛高。

谈到不同的任务需要耗费大量精力设计模型、调参这一问题，王俊珏指出可以学习计算机视觉里面的深度网络架构搜索，对模型架构进行参数化，与网络参数一起学习，以减轻人工压力、满足多任务需求。该方法主要包含两类参数需要优化，一是网络架构参数，旨在数据驱动下学习最重要的边权和算子，其决定了模型的结构；二是模型内部参数，训练时不断调整以适用于不同下游任务。上述过程不需要人为干预，节省了网络设计的时间。他同时提到，在遥感影像解译问题中，计算机视觉的一些深度网络在模型参数上较为冗余，通过上述架构搜索方法能够设计出参数量更小、性能更优的结构。

在完成上述分析后，王俊珏提出了 RSNet 搜索框架。RSNet 主要包含两个阶段，一是搜索阶段，通过数据去搜索，保留最有效的边权连接、有效的算子从而固定架构；二是任务驱动阶段，将搜索的架构适用于各种下游任务，训练得到最优的模型参数。在训练过程中，该架构是不断变化的，能够根据不同任务获得理想结果，在精度和参数量上达到最优。

（4）学习感悟分享。

在报告的最后，王俊珏分享了自己学习方法和感悟。一是不断阅读最新的顶刊、顶会论文，跟进新知识，寻找灵感。可以运用 Github 上的 Awesome 库关注前沿方向，总结最新论文。二是坚持不懈，论文持续调优。要保持乐观的心态，一对一地回答审稿人意见从中吸取经验，最后都能得到很好的反馈结果。三是积极参加学术会议，与国内外学者交流分享；积极与组内同门合作，碰撞思想火花。

5. 互动交流

Q1：你这几年发了很多优秀的文章，你会不会每天做一些计划？

王俊珏：我其实不会有每天很具体的计划，只是一段时间有个大致的模糊的目标。比如说我现在要做视觉问答这个任务，我把它分成几步，第一步是数据集的 benchmark，第二步是实验的调优。我会在每一周内规定自己完成什么任务，不会精确到每一天。因为每一天给自己设定目标的话，一旦没有完成当天的目标就会陷入焦虑，目标和情绪往后延续，可能会每天都处于焦虑之中。

Q2：在你分享的过程中，我感觉你发现问题的能力非常强。你刚刚有提到做一些可视化的工作或数据分析，能不能分享一下这方面经验？

王俊珏：这个问题很好，大家其实都是站在巨人的肩膀上。基本上你在做某一个方向，如果不是特别偏或者特别冷门的，前人都已经有这些工作了。如果你要开展这个方向，首先是要把 benchmark 搞懂，你要知道现有方法的发展历程，重点关注有突破性节点的一些论文，去复现他们的工作。在这个过程中，摸清楚整个脉络，模仿他们的思考，去发现更多问题。

从具体使用工具上来说的话，就是一些深度学习网络可视化的手段、聚类的方法等。最重要的是 follow 前人的一些工作，然后摸清楚他们为什么这么去想。

Q3：听了你的报告，感觉每一部分都很契合遥感领域的一些专有问题。同时也看到你既能发表于遥感领域的一些顶级期刊，也能发表于计算机领域的顶级会议，让我想到一句话"能够做遥感领域里面最懂计算机的人，也能做计算机里面最懂遥感的人"。想问问投给遥感领域或者计算机领域的期刊会议，分别有哪些侧重点值得我们注意？

王俊珏：其实这两个领域写作的侧重点是完全不一样的，比如要投给遥感的期刊 *ISPRS*，从名字看，是偏向遥感应用的，审稿人比较关注算法是不是能落地，能不能做大范围的应用。还有 *RSE*，这个期刊不太关注你的算法是不是创新，比较关注算法的结果能不能对期刊本身或者是对我们社会的发展乃至全人类发展有所贡献。对于计算机视觉的一些会议来说，他们会更关注你的 insight 是不是创新，你算法的思路一定要为后来者提供一些经验。

8.3.7 彭德华：聚类算法研究与科研经历分享

1. 核心提示

聚类算法可以应用在哪些场景？现有聚类算法的性能受到哪些因素的制约？对此又有哪些创新性的解决方案？科技论文的写作和投稿过程中，我们可能会遇到哪些障碍？彭德华同学结合自身科研经历，分享了他的心得体会。

2. 人物名片

彭德华，武汉大学测绘遥感信息工程国家重点实验室 2020 级博士生，师从吴华意教授、桂志鹏副教授，主要研究方向为机器学习、聚类算法与理论。在 *Nature Communications*，*Future Generation Computer Systems*，*Neurocomputing* 等学术期刊发表 SCI/EI 论文 7 篇，申报发明专利 6 项，软件著作权 2 项。曾获得学业奖学金一等奖，中国研究生数学建模竞赛一等奖。

3. 嘉宾小语

从多尺度聚类到局部方向中心性聚类，再到流形学习、边界检测和图聚类，研究的过程中总会不断冒出新的问题指引我们的方向，蓦然回首才发现，已经走了很远的路了。

4. 报告现场

2022 年 11 月 6 日晚上 7 点，武汉大学测绘遥感信息工程国家重点实验室 2020 级博士生彭德华做客 GeoScience Café 第 344 期暨"研途指南"系列第二期讲座。彭德华根据自身科研经历，介绍了聚类分析中存在的问题和相关的创新性工作，分享了他投稿 *Nature Communications* 的科研历程与心得体会。讲座分为算法原理简介和科研经历分享两个部分。

（1）聚类算法创新性研究。

大四保研后，彭德华在桂志鹏老师的带领下，开始了对多尺度聚类的研究。他所在的团队提出了一种融合分析尺度和视觉尺度的多尺度网格聚类（MSGC）算法，并在中国大陆企业注册数据的实验中验证了算法的优越性。

在进行该项研究的过程中，彭德华系统总结了现有聚类算法在不同评价维度的性能。他认识到，现实数据中广泛存在的密度异质性和弱连接性是限制算法性能的重要原因之一，由此开启了他的第二项研究工作。

为了有效应对聚类中面临的密度异质与弱连接数据分布，彭德华希望建立一种密度无关的边界识别度量指标来区分内部点和边界点，并使用边界点形成封闭的"笼子"来分离弱连接簇。局部方向中心性聚类算法（CDC）是他的原创性成果，该算法通过度量每个点 KNN 方向分布的均匀性来搜索边界点，度量指标在二维空间定义为角方差，在高维空间则转换为对单形体积的计算。

该项工作于今年 9 月被发表在 *Nature Communications* 期刊上，论文展示了 CDC 在单细胞 RNA 序列（scRNA-seq）、质谱流式细胞（CyTOF）、英语语音数据库（ELSDSR）等 47 个不同类型的数据集上与 38 种专业或通用基准算法的对比结果，显示出了 CDC 的巨大潜力。

此外，彭德华还分享了他在流形学习、边界检测、图聚类等方向的研究工作。

（2）科研经历分享。

彭德华从投稿经历、论文作图、回复审稿意见三个方面分享了自己的科研经历。

首先，彭德华分享了论文 *Clustering by measuring local direction centrality for data with heterogeneous density and weak connectivity* 的投稿经历。这篇文章被审稿人誉为"一项优雅、简洁且极具创新性的工作"，而彭德华则向我们揭示了论文发表背后的凄风苦雨。在初次被 *Nature Communications* 拒稿后，他根据修改意见补充了算法伸缩性实验并设计了高维可扩展方法；之后，论文中对生物数据集的处理方式受到质疑，于是他与武汉大学生命科学学院的老师和博士生合作完善了相关实验；面对审稿人不合理的验证操作，他开发了封装好的聚类算法工具箱以提升实验的可复现性，最终守得云开见月明。

谈到论文作图，彭德华以"信达雅"三字概况了个中要领。其中，"信"是图片传达的信息需准确无误；"达"是图片大小统一工整对齐；"雅"是图片的配色构图要有审美追求。

最后，基于自身论文写作投稿的经验，彭德华对如何回复审稿人的意见进行了总结分享。

5. 互动交流

Q1：师兄在论文和 PPT 中的图表都非常好看，想请教一下绘图使用的工具和方法。

彭德华：我作图使用的工具比较简单，常用的软件是 Origin 和 PPT，也有很多图片是用 Python 和 Matlab 代码生成的。我个人的做法是，先生成子图，再使用 Office Visio 合成一个高分辨率的图像。

Q2：请问聚类算法常用的数学理论有哪些？掌握研究背景的理论部分需要多久呢？

彭德华：大部分机器学习算法中用到的数学没有那么复杂，所需要的数学基础主要是线性代数和微积分。另外，还需要具备应用知识的能力。如果想要做算法创新的话，很多理论的证明需要我们应用数学工具去证明一些命题，这个能力可能要慢慢地积累。

Q3：复现论文的时候，数学公式如何"翻译"成代码？

彭德华：一方面，将数学公式"翻译"成代码是一个编程的问题，主要考验我们的编程能力；另一方面，有很多论文会提供开源代码，我们没有必要重复造轮子，可以在他人代码的基础上开发自己的工具。

Q4：原始数据有多种属性，在聚类的时候如何确定对聚类结果更加重要的属性？

彭德华：在将算法应用于某一个场景时，我们确实会面对这样的问题。首先，我们可以使用统计学的方法进行特征分析，例如我之前提到的，通过变异系数等统计指标选择高变异基因。其次，可以借助主成分分析、降维等方法去分析每一个特征维度对数据的区分能力，然后考虑哪些属性需要弱化，哪些属性需要保留，以此提高数据分类或聚类的准确性，也可以提升计算效率。

Q5：你的方向是机器学习的聚类方面，在一个万物皆可深度学习的时代，你如何看待你的研究方向，是否有大环境的焦虑？

彭德华：这个问题其实你一说我就焦虑了，确实身边有很多人都在做深度学习，但是我认为，每个人还是要做出自己的特色。有相当大的一部分深度学习相关的研究论文，可能还是停留在应用层面，或者特征工程的一个层面，在理论的创新方面可能还是比较弱的。但是我认为自己的研究成果还是具备较高的理论创新性的，所以觉得这件事很有价值。当然，这并不代表我以后不会做深度学习，现在深度聚类也很火，我可能也会考虑将聚类和深度学习结合，去做一些深度聚类的工作。总的来说，我们要对自己的研究工作有信心，要相信在自己的领域也能做出很多创新的东西，不一定要去和大家一起"卷"深度学习，每个人做出自己的工作的特色就可以了。

8.3.8 庄庆威：于无声处听惊雷——磕磕绊绊，坚定不移

1. 人物名片

庄庆威，武汉大学测绘遥感信息工程国家重点实验室 2020 级摄影测量与遥感专业博士生，主要研究方向为农作物生产力遥感估算以及粮食安全监测，在全球粮食危机背景下提出了一个创新性框架系统评估"自然-社会"二元属性中的各类要素对粮食安全的影响，相关成果已在 *Geoderma*、*Journal of Hydrology* 等发表 SCI 论文 15 篇，申请发明专利一项。部分成果被相关部门直接应用于耕地"非农化""非粮化"监测和高标准农田建设，真正做到"将论文写在祖国的大地上"。*Geo-Spatial Information Science* 优秀学生编辑，*Hydrology* 编委，*CATENA* 等十余个 SCI 期刊审稿人。武汉大学唯一入选中国科协"科技智库青年人才计划"在读研究生，荣获第十届全国"高校 GIS 新秀"奖。

2. 嘉宾小语

于无声处听惊雷，于无色处见繁花。

每个人有自己的成长轨迹，也有自己面对的难题和压力，但最重要的是要走得坚定一些。

3. 报告现场

2022 年 10 月 15 日晚上 7 点，武汉大学测绘遥感信息工程国家重点实验室 2020 级博士生庄庆威做客 GeoScience Café 第 343 期暨"研途指南"系列第一期讲座。庄庆威结合自身求学、科研经历，介绍了科研论文的写作方法、科研项目的申报注意事项与寻找科研与生活平衡点的方法，解答了同学们关于科研道路的选择、科研一手信息的获取等方面的问题，使同学们受益匪浅。

（1）国内硕博现状与个人经历。

庄庆威从国内硕博现状开始讲起——2011—2021 年，我国研究生数量涨幅超 50%，如此夸张的增长幅度是研究生焦虑的根源所在。不仅如此，在日常科研生活中，研究生也面临友情、爱情等多方面的孤独，朋辈压力大、科研任务重等多方面的压力。

从个人经历出发，他分享了从 2017 年读研至今的成长轨迹——从一开始的徘徊迷茫到广泛野外实践，再到疯狂追赶小有所得，至如今的主动从容。他以其自身科研兴趣的演变历程告诉同学们，如今的焦虑是情有可原但其实没有必要的，不用过分纠结于初期的成果与进展。如今，同学们不论是如鱼得水还是磕磕绊绊，都属于正常情况。每个人有自己的成长轨迹，也有自己面对的难题和压力，但最重要的是要走得坚定一些。

（2）科研论文与写作。

彭德华从投稿经历、论文作图、回复审稿意见三个方面分享了自己的科研经历。

庄庆威以六个带"路"字的词语并基于自身科研写作经验，眼观六"路"、提纲挈领地向大家分别分享科研论文六大要素的写作要点：

①摘要部分——山高"路"远。

摘要部分是一篇科研论文能否送审的关键。其作为一篇独立的文本，应明确回答"为什么要做这个工作""做了什么工作""发现了什么"和"得到了什么重要的成果或结论"这四个问题，重点突出此研究的重要贡献。

②引言部分——投石问"路"。

引言部分的写作应"从大到小"，从所研究领域宏大广阔的研究背景处落笔，将范围收敛、问题聚焦在已有的研究进展和不足上，提出此研究的创新点和拟解决的问题，从而突出此研究的必要性和重要性。充分的实地调研、足够的文献调研和出色的归纳总结能力是同学们写好引言应具备的条件。

③材料与方法部分——修桥补"路"。

在材料与方法部分，庄庆威结合自身实例指出在写作中应注意提供翔实的数据源，详尽介绍对方法或模型的改进，描述一些已完成的先验性实验并解释自己选用此方法研究的原因；否则，研究成果容易被忽略，甚至被审稿人指出研究缺乏依据。在此部分，他还向同学们介绍了回复审稿人意见的方法——应先明确出现这种不足的原因，并在回复中给出弥补解决的方法。

④结果部分——轻车熟"路"。

对于结果部分，写作者应明确地从几个方面描述结果，给出翔实的数据加以支撑，并着重突出此研究中有趣的成果。其中，作图能力也是必不可少的，利用恰当、优美、科学的图表能够更清晰地展现论文的主要内容。其中，庄庆威推荐了 PowerPoint、Microsoft Visio、Origin、ArcGIS、R 语言、Python 等作图的有力工具。

⑤讨论部分——峰回"路"转。

科研论文的讨论部分是容易被忽略的重要领域，却能充分展现出此项研究的创新性。因此在讨论中，应重申该研究的目的，指出该研究的独特性，与他人的研究成果对比并重点解释研究中的重要和有趣的成果。在此基础上开拓格局，明确本研究的方法或发现的普适性，并陈述此研究存在的局限性和未来的发展方向。可见，与引言部分相反，讨论部分的写作是"从小到大"的。

⑥结论部分——"路"遥知马力。

结论部分是科研论文的结尾，应做到简短并突出要点。此部分应首先明确结论，接着重申重要的成果、提出可能的应用以及未来的研究方向，最后应再次强调本研究的意义。

在分部分介绍完科研论文写作的注意要点后，庄庆威还针对"如何寻找合适议题""如何明确研究问题""如何拟定论文标题"三个问题进行了讲解。同学们应在广泛的阅读与实践中寻找议题的合适切入点；在提出被认可的问题、挖掘选题意义中明确研究问题；在拟定论文标题时应注意简短并包含论文的核心概念和创新点，概念之间应用逻辑清晰的主动句式连接。

其后，庄庆威还向同学们分享了自己论文构思的过程——先想好框架再与导师讨论，最后再着手实验，以帮助同学们更好地完成科研论文写作。

（3）科研项目申报。

科研论文写作和科研项目申报是研究生科研道路上的两大主题，在系统地介绍了论文写作要点后，庄庆威进一步对科研项目申报的注意事项做了说明：

①如何进行心态调整。

初入科研道路的研究生们经常需要为导师撰写项目申报书，这在一定程度上占用了大家的科研时间。而这种锻炼是很有意义的，能很大程度上助力未来自己项目的申报。学习是成长的阶段，同学们不应特别定量化地评估好坏或价值，应保持平常心对待项目申报任务。

②如何获取项目申报信息。

同学们可以在基金委、科协、发改委、各学会及重点实验室等相关部门和单位的官网和官微，一些比较活跃的公益公众号如 GSIS、青塔、智绘科服上了解项目申报的信息。此外，也可咨询课题组的青年教师或博士后，从所在单位的工作群中了解。

③如何解读项目申报指南。

阅读项目申报指南时，同学们应重点关注这一项目的项目定位、资助方向、项目实施方式、有无经费资助以及申报人条件。

④如何有针对性地确定选题。

科研项目的选题应基于前一部分项目指南中的项目定位与资助方向来确定。应重点围绕国家需求、科技前沿、科技政策、创新人才、创新组织、科技治理等大背景来有针对性地确定选题。

⑤如何撰写项目申报书。

在撰写项目申报书时，紧扣申报指南的选题、突出的拟研究/解决的问题、清晰的研究内容、能被认可的创新点、合理的可行性分析这几项缺一不可。外加个人扎实的研究基础和一点好运，才能成功完成科研项目的申报。

⑥履行申报流程中需要注意的问题。

本部分中，庄庆威提醒同学们应留心申报的时间节点、通过依托单位进行申报、注意《项目申报书》的提交平台、关注公示结果、及时完成任务书及合同书的签订等细节问题。

之后，庄庆威结合个人项目申报的成功经历，告诉同学们科研重在系统性、成体系的研究，不必过分纠结于发论文的数量，助力同学们更好地进行科研工作。

（4）个人正在进行的工作。

在全球气候变化、自然灾害频发、新冠疫情蔓延、国际局势动荡多方面因素影响下，全球粮食危机逐年严峻。由此，庄庆威正在开展大尺度的农业资源与环境监测研究，利用多源遥感数据突破农作物生产力估算的瓶颈，探究农作物产能变化机制，为农业宏观调控、农情预警、农业可持续发展和及时的人道主义援助提供重要的数据支撑、技术支持和科学参考。进一步地，利用崭露头角的 SIF 技术，可以发展多参量模型以提高农作物生产力估算性能，并设计一个概念性框架量化"气候-城市化-土壤-农业管理实践"对农业生态系统 NPP 的影响。在未来发展方面，庄庆威将会围绕"中国耕地的极限生产力"和"疫情暴发前后影响全球粮食危机的罪魁祸首"这两个问题展开更深层次的研究。

（5）寻找平衡点。

在本次讲座的最后，庄庆威围绕寻找科研、生活、玩耍之间平衡点的问题与同学们展开了进一步的讨论。

庄庆威认为，平衡家庭、学业、个人健康与人际关系的前提在于有一颗"大心脏"和找到科研中自己的"兴趣点"。得失之间，我们总会想着得到什么就会失去什么，而现实中却是我们会首先失去一些东西，然后才会有得到的。正所谓"没有经历过深夜哭泣的人，不足以谈成长"。在面对首先到来的失去时，我们便需要有一颗在一切困难面前都保持坚强的大心脏。而科研中的兴趣点更是同学们能做好研究的前提。

进一步，同学们应注意把握两个关键点，一个是"快和慢"，另一个是"批判性"。在做事情时，应在保证质量的前提下足够快，但也要在生活中留下"慢"的时间让自己思考、沉淀自我。而批判则是指"没有绝对的权威"，应带着批判的思维去寻找这个方向里的薄弱点。

下面，庄庆威讲述了两个避雷点——同学们的疲倦与焦虑大多来源于此。一个是"提前量"，在自己的时间安排和工作进度上应有提前量，这样做事时会很从容。另一个是"学习力"，不应躺在自己功劳簿上，持续学习才能不断向前有所突破。

最后，有两个具体措施更好地帮助同学们寻找平衡点，这便是"多锻炼"与"多倾诉"。此处的锻炼不只是身体上的锻炼，更有思维能力上的锻炼。而倾诉则是指向对象、好友、同学倾诉自己生活中的压力。

正所谓"于无声处听惊雷，于无色处见繁花"。我们在科研道路上都是磕磕绊绊的，但重要的是坚定不移地在暂时的失衡中寻找平衡点，追求新的平衡，去从容而快乐地生活、学习。

4. 问答

Q1：请问你为什么要读博？可以分享下你读博的心路历程吗？

庄庆威：首先，我觉得读博这件事并没有那么高大上，不是每个人一开始都是出于很高的学术理想来读博的。我个人是在读了两年硕士后发现，找工作这件事对我而言似乎没有那么着急，家里面的压力也没有那么大，觉得即使去工作的话也不一定拿到特别好的待遇。所以我当时就在想，既然可以做研究并且感兴趣，那不如就再多做几年，并且后来发现研究的势头越做越足了。其实我觉得大部分人考虑读博的心路历程还是比较现实的，未必有太远大的理想。比如有的同学就是硕士期间成果特别好，有的同学是觉得跟着导师继续做研究比较有安全感之类的。所以最终还是要根据你个人、课题组和联系的导师的情况综合考虑来抉择。

Q2：硕士生应该如何获取针对自己研究方向的第一手前沿的信息并判断它对我科研工作的价值呢？

庄庆威：第一，最能够得到前沿信息的是一些讲座，要多去关注与自己研究方向相关的讲座信息。毕竟能拿出来在讲座上分享的内容是比较新的，不是特别老套的故事。第二，是看和你研究方向最相关的期刊，看它在近两年间发表的成果。第三，是和你们课题组或者和你方向相关的同学进行交流讨论。这样可以让你快速获取第一手知识。

8.3.9　喻杨康：浅谈如何在科研中发现和解决问题 & 徐凯：从 idea 到 SCI 论文发表——关于科研那些你想知道的事

1. 人物名片

喻杨康，同济大学测绘与地理信息学院 2017 级硕士生，师从杨玲副教授；主要研究方向是室内外导航与定位；目前已发表 SCI 论文 1 篇，EI 论文 1 篇，EI 国际会议文章 2 篇，发明专利 1 项；获得 UPINLBS 优秀论文奖、硕士研究生国家奖学金、同济大学优秀毕业生等诸多奖项。

徐凯，武汉大学测绘遥感信息工程国家重点实验室 2017 级博士生，师从张过教授、张庆君研究员；主要研究方向是星载 SAR、光学影像数据高精度几何处理；目前已发表学术论文 9 篇，其中 EI 论文 1 篇，SCI 论文 8 篇（一作/通讯 6 篇）。获得博士研究生国家奖学金、光华奖学金、"武汉大学优秀研究生"等荣誉奖项。

2. 喻杨康：浅谈如何在科研中发现和解决问题

上半场是同济大学 2017 级硕士生喻杨康的报告。首先，喻杨康介绍了科学研究的目的和意义，他认为科研要做的事是突破壁垒，解决问题，当费尽千辛万苦取得了一点突破的时候，哪怕是很小的突破，就说明科研工作取得了成功。

（1）"科研三要素"之"学习"。

接着，喻杨康谈了谈科研三要素。第一个是学习，学习的目的是积累知识，让人看到人类的知识壁垒，让人发现问题。

关于我们需要学习的内容，喻杨康推荐以专业知识和数学为主，其他相关学科知识为辅（计算机、通信、控制、交通、海洋、环境、无线电、地球物理，人工智能等）。

接着，喻杨康介绍了学习的三个要点，首先，不要从最基础的书籍开始，因为最基础的书籍大多数是理论说明，有非常多的数学公式推导和数学方面的描述和证明。其次，要抓住主流，不要纠缠于旁枝末节。最后，培养自己的兴趣，兴趣是最好的老师，当你做一件感兴趣的事的时候，你整个人的能量都不一样。

最后，喻杨康介绍了学习的三种方式：一，科普性平台，包括知乎、博客、b 站和网易云课堂，还有诸如此类的。喻杨康介绍他个人比较喜欢知乎，上面有很多各种各样学科的一些普及、科普性的一些说明文章。二，基础书籍，包括一些专业书籍，还有一些数学类的书籍，还有一些其他学科的书籍，大家都可以看，有一点比较重要，就是看书，一定要看经典的那些书，不要什么书都看，尽量以英文原著的书优先。三，专业文献，专业文献的好处就是可以实时了解这些知识的最新动态，或者是去追溯到这个知识的提出，它是什么背景。

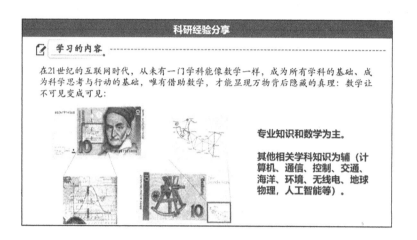

（2）"科研三要素"之"思考"。

第二个要素是思考，思考在科研中间也非常重要，尤其是当人触碰到了知识壁垒的时候，仅仅通过学习已经没有用了。需要通过思考来创造新的知识，解决问题。

接下来，喻杨康介绍了思考的三个要点。思考知识与知识之间的关联性；形成自己的理解和知识系统；思考所学知识的用处。

最后，喻杨康分享了测绘里面的主要的一些最基础的知识。信息论，包括参数估计和最小二乘，它对我们的作用很大。大家思考一个问题就是我们的观测模型和我们的观测值，它们都包含了信息，信息之间是什么关系？是相等还是什么样的呢？信息论就可以帮助我们解决这个问题。深度学习，其要做的是一个模型的构建。它适用于缺乏模型信息的数据，即它的优点是可以构建模型，但是同时这也是它的缺点。科研的一些具体步骤。在入门阶段有准备数据、文献调查、对比总结并提出问题三个步骤，在进阶阶段有精读文献、寻找自己的创新点、泛读文献三个步骤。

科研经验分享

入门阶段

· 准备数据
当你想要进入研究领域，先要知道你研究的对象时什么，也就是要处理的数据是什么类型的数据，明白了这些以后，了解你要处理数据的特性，也就是这个数据本身的特点（特性或者特征）是什么。

· 文献调查
通过读文献，了解国内外研究现状，通过方法本身的理论知识与数据本身的特性进行结合，分析为什么这些算法用在这个数据上面会有这样的效果，进一步加深理解别人的算法。可以自己复现别人的算法，或把别人的代码下载下来进行修改。

· 对比总结并提出问题
总结已有的方法有什么优缺点，存在什么问题。思考问题问题出现的原因，是理论方面还是实际操作。选择合适的问题进行下一步研究。

（3）"科研三要素"之"交流"。

第三个，人类比较容易忽略的就是交流。几万年来我们的祖先一直过着很简单的生活，用石头和木头制作简单的工具，但现在的我们和那些石器制造者其实是同一个物种，身体和大脑构造上并没有特别大的差异，为什么人类近代就会出现一个爆发式的文明的增长？最近的观点认为答案很简单，就是因为数量的增长。意思是随着人的数量增加，个人的想法就会传递给越来越多的人。人的想法就像具有生命，他们互相竞争，不断改进，取得了文化的进步，这就是交流的作用。

接下来，喻杨康介绍了交流的重要性。交流是最好的老师。科研中间很多时候我们会遇到困难。当遇到困难的时候，交流是我们的首选方式。表达能力是最高层次的能力。表达能力主要分为写和说两种能力。

最后，喻杨康以对同学们的建议结束了今天的讲座。养成爱交流的好习惯，对有身份的人，私下的请教体现你对他的尊重；对同年龄的人，公开的讨论可以使大家畅所欲言。学好英语，这一点无论是对出国留学还是国际会议交流，或者文章写作都非常重要。

3. 徐凯：从 idea 到 SCI 论文发表

下半场是武汉大学 2017 级博士生徐凯的报告，报告主题为"从 idea 到 SCI 论文发表"。徐凯同学主要从科研心得和论文写作两个部分展开分享。

（1）科研心得。

徐凯同学首先分享了自己在研究生成长历程中的科研心得。在刚进课题组时，徐凯同学也经历了发懵的状态，由于研究方向的不熟悉、编程能力欠缺而造成了焦虑。因此徐凯同学进一步介绍了自己的调整方法。主要分为几个部分：①梳理自己所缺的知识，找到自己的专业短板，并进行相应的专业基础知识的补充。徐凯同学推荐了 coursera、mooch 和硕博论文等相关的学习材料；②从经典教材学习到本课题组师兄师姐毕业论文学习的过程。对于经典教材，徐凯同学推荐了慕课网等精品线上视频课程，也介绍毕业论文由于具体比较全面系统的知识体系非常适合我们学习阅读；③编程能力的提升，实现某个想法或做导师的项目更需要扎实的编程功底，提升编程能力的途径包括了网络培训视频、课题组内部代码和一些开源代码的学习。徐凯同学推荐了一些线上的编程学习网站和优秀的项目代码，推荐大家去学习里面代码的写法和技巧。在有了一定基础之后徐凯同学强调一定要将学习的内容应用出来，比如尝试复现论文中的算法，从公式的推导过程到利用 Matlab 等进行复现。接着徐凯同学通过讲述自己的一次经历，提醒大家要及时向导师反馈，这是对导师负责也是对自己负责，这能够形成一种良性循环的师生关系。

然后徐凯同学介绍了一些实用的文件分类小技巧，也向我们推荐了包括天若 OCR、Everything、Xmind、有道词典、Grammarly 等工具。这些工具能够极大地提高我们科研学习过程中的效率。

（2）论文写作。

在讲座分享的第二部分，徐凯同学分享了论文写作经验，主要分为了论文写作前、论文写作中、论文发表前几个部分向大家介绍。

①论文写作前。

徐凯同学介绍了论文写作前的三个准备，包括 good idea 挖掘、目标期刊了解和论文框架搭建。对于 good idea 的来源，徐凯同学给出了自己的一些经验，good idea 可能来自于团队传承和项目凝练、本专业前沿论文以及与大同行交流等。其中徐凯同学着重讲到了在许多论文中工作展望的部分，这部分可以给我们很多启发（见图）。

三、论文写作那些事-论文写作前

➢ Good Idea来自哪？
- 团队传承和项目凝练
- 追踪本专业前沿论文（ISPRS、RSE、ICCV、测绘学报、武测学报等）
- 新数据、新方法、新选题
- 大同行交流，挖掘需求点

➢ 写作前准备
- 目标期刊了解
- 论文框架搭建
- 不要自我怀疑，我写的论文一定有用！如果时间允许，先投最好的期刊试试！

②论文写作中。

徐凯同学向我们分享了论文写作的基本框架，包括背景、方法、结果以及结论，并通过一些具体实例介绍了各个部分的写作要点和技巧。然后徐凯同学也对英语的表达和参考文献管理编排进行了分享。

③论文发表前。

最后徐凯同学就论文投稿中审稿人常见问题及回答策略与我们进行了交流。第一个常见问题是语言表达问题，徐凯同学给出的策略是向审稿人表示感谢和歉意，根据要求具体修改。第二个常见问题是审稿人要求的修改内容文中已提到，但审稿人没有发现，徐凯同学给出的策略是折中满足审稿人要求，示意性修改。第三个常见问题是审稿人要求开展新的研究，徐凯同学给出的策略是表示感谢并耐心解释。同时徐凯同学也说明了并不是审稿人给出的所有修改意见都必须采纳。

三、论文写作那些事-论文发表前

➢ Reviewer常见问题及回答策略
- 并不是审稿人给出的所有修改意见都必须采纳
- 语言表达/格式/具体问题
  策略：感谢，表达歉意，根据审稿人要求具体修改
- 要求的修改内容在文中已提到，但审稿人没有发现
  策略：折中满足审稿人要求，示意性修改
- 要求开展新的研究/偏离论文主题/没有理解论文
  策略：感谢，[indeed 认可合理部分]，however，耐心解释

➢ 拒稿怎么办？
- 脸皮厚一点，邮件咨询编辑，可否重投
- 修改另投期刊，一切都是最好的安排！

4. 互动交流

Q1：科研小白如何尽快确定研究方向？

喻杨康：我个人的理解是当你做完你的文献调研之后，你可以发现你的领域里面有很多个问题可以解决，可以作为你的研究方向，然后你就要去结合自身的条件去考虑，哪些问题是适合你的，并且去咨询一下你导师的意见。有可能某些方向你的导师比较擅长、比较了解，他可以对你进行指导，他就会让你选择那个研究方向。

Q2：在写科技论文的过程中，如何能加深论文的深度？在阅读文献时应该从什么角度发？发掘其他文献的深层次分析？

徐凯：第一个问题，首先你要把你的文章的背景需求跟别人说清楚，你的研究提出来，为什么要提出这个研究？你的研究有哪些很好的意义。然后整个论文的撰写过程，比如结果讨论这一部分你就是要讨论得具有深度一点，你不要光简单地介绍自己的一个实验结果，应该要从各个方面以及对立的方面去谈，然后去引导出来你论文所具有的一个研究意义。第二个问题，其实大家可能很难从一篇文章当中去发掘，建议大家就像深度学习一样，去阅读大量的文献，因为你读完一篇文章再读别的文献，你就能去对比着看。

Q3：对于科研小白来说，确定了研究方向与题目，浏览了大量的文献，但是发现文献中只是一笔带过了一些研究方法及一些步骤，自己在进行模拟实验和跑模型做空间分析时，就感觉非常吃力。

喻杨康：如果你发现文献中只是一笔带过研究方法和具体步骤的时候，其实是说明作者做的工作并没有很仔细。你不必要去纠结他是怎么做的，你可以从原理上面去对问题进行分析，然后用你自己的一种思路去把实验好好做一下。我觉得这其实是一个机会，相当于别人没有做好的工作，你在这方面有一些发展空间。

8.3.10 何达：5 年科研感悟分享

1. 核心提示

初入科研的你是否也在疑惑如何高效阅读文献，是否也在苦恼求而不得的 idea，本次讲座有幸邀请到何达博士生来答疑解惑。嘉宾将结合自身 5 年科研经历，从阅读（学习）、创新点（论文）和学术交流（会议）三个方面进行分享和交流。

2. 人物名片

何达，测绘遥感信息工程国家重点实验室 2017 级博士，师从钟燕飞、张良培教授。主要研究方向是高光谱遥感亚像元制图、遥感影像的智能化处理及地学应用；目前已发表 SCI 论文 6 篇，其中第一作者/通讯作者 4 篇，在投论文 3 篇；获得测绘科技进步一等奖（排名第 15）、博士研究生国家奖学金、实验室优秀新生入学奖学金等诸多奖项。

3. 报告现场

2020 年 4 月 17 日晚上 7 点，武汉大学测绘遥感信息工程国家重点实验室在读博士何达做客 GeoScience Café 第 246 期分享活动。嘉宾主要从自身经验出发，从不同方面分享了自己 5 年的科研经验，提供了宝贵的经验，让大家收获颇丰。何达同学提到，初入科研圈时，我们一般会根据导师指示的方向，搜寻论文开始阅读，但通常会发现不知所措，甚至可能会钻牛角尖去推公式，去理解作者的意图。但其实一开始没有必要这样跟公式斗智斗勇，不应该被公式给劝退。这种情况下，何达同学给出了以下分"三步走"的经验。

4. 第一步——阅读

何达同学建议首先应该多阅读，打牢基础，建立研究方向的体系，并具体就如何阅读提了五点建议：

第一，要找到硕博论文进行阅读，一般通过知网或者武汉大学的学位论文库进行检索，就可以搜索到硕博论文。抓住了想做的科学问题和关键问题后，需要以此为依据，为所研究领域构建一个类似于知识图谱一样的体系结构，这样可以帮助我们对即将进入的领域有一个全局的了解。何达同学将这种类似知识图谱的结构大致划分为了以下的三个部分：数据部分、模型部分、应用部分。当我们阅读了一定量的文献后，要对这些方法进行分类，有了这样一个分类体系框架后，在后续逐渐阅读的过程中，就会再逐渐去拓展这一方面的研究，而这整个都是将来我们可以发展的领域；应用部分，一般遵循的是学科领域的目的。应用方面有了这样一个知识图谱后，我们就可以大胆地阅读近几年的一些期刊文献，了解近年来在该领域的发展情况，其他的学者在该领域做了怎样的工作。每读一篇论文，我们就可以根据之前建立的知识图谱体系进行归纳和管理，归入它们所属的类别分支当中，更新知识体系，逐渐扩大我们的知识图谱。如果觉得文章太多不好管理，也可以根据知识图谱体系的分类标准，创建各自目录，对这些文献进行管理。

第二，订购感兴趣的 alert，追踪领域"大佬"工作。何达同学提到当我们在阅读、看文献的时候，经常会看见一些作者的名字频繁地出现，这时候应该去紧跟这些作者的研究进展。何达同学建议我们可以利用谷歌的快讯功能或 Research Gate，它随时可以给我们发送科研动态，并向我们介绍了如何创建。

第三，注意期刊的等级，文章被引用次数，保证文章质量。那么如何去确定期刊等级，何达同学提议可以利用 JCR（Journal Citation Reports），查阅期刊的分区以及影响因子。

科研感悟分享

☐ First step--reading

■ 阅读硕博论文，打牢基础，建立体系

■ 阅读期刊论文，紧跟前沿，锦上添花

■ 订购感兴趣的 alert，追踪领域大佬工作；

■ 注意期刊的等级，文章被引用次数，保证文章质量；

■ 阅读 nature，Science，涨见识；

第四，定期阅读 *Nature*、*Science*，长见识。何达建议我们在学习自己学科领域知识的同时，也要保持开阔的视野，多读一些殿堂级的文章来长见识，比如与我们息息相关的全球地表变化。

最后何达同学总结了一个经验送给我们，就是要 keep reading——活到老，读到老。

5. 第二步——创新

第二步是创新。有的同学可能会觉得创新很艰难，但何达同学认为创新同样是有据可循的，它来源于我们之前构建的知识服务体系。接着，何达同学从模型、数据和应用上的创新为我们进行了讲解。

首先，如何对模型进行创新？何达同学以自己的研究——亚像元制图为例做了讲解。随着遥感卫星的迅速发展，越来越多的多元、多时相、多尺度的遥感影像数据能够被利用。何达同学介绍了在海量遥感数据时代，亚像元制图可以利用这些海量的数据，同时基于时空融合、信息互补的思想，融合这些海量数据来约束亚像元制图，就诞生了时空亚像元技术。再进一步融合演化算法，就产生了时空演化亚像元制图。时空融合技术结合之前的正则化模型，我们就产生了一个时空融合的亚像元制图，这就是一个模型上的创新。

何达同学接着提到了亚像元制图利用遥感数据存在的问题——时空融合技术没有充分地利用这些海量遥感数据；同时，他为我们分享了模型创新方面的一些思路。结合近年的趋势，他向我们提到了亚像元制图与深度学习的结合，诞生了深度亚像元制图，它结合不同分辨率的多元、多时相数据构建了一个样本库，然后利用超分网络的结构，就可以构建一个面向亚像元制图的深度学习方法。

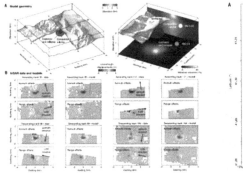

Wang, T.*, Q, Shi, M. Nikkhoo, S Wei*, S. Barbot, D., Dreger*, R. Bürgmann, M. Motagh & Qi-Fu C. (2018), The rise, collapse, and compaction of Mt. Mantap from the 3 September 2017, North Korean nuclear test, *Science*.

其次，在数据上该如何创新？何达同学在接下来的汇报中举例进行了回答：在20世纪的时候，很少有高分辨率的火星地表观测手段，而1997年发射的 MSG 能够实现高致命的火星地表观测，因此只需要套用一些成熟的地学分析方法，就能得到一个崭新的实验结果和分析。何达同学用这个案例告诉我们，要多多利用自己采集的质量比较好的数据，并且要有合理的标签以及数据说明来对这些数据进行实验和验证，这样的数据其实是一种独一无二的数据源，能够为我们的工作添光加彩。

最后，如何在应用上进行创新？何达同学提到了这几个月来的新冠疫情，我们实验室的李院士和各个老师做的相关工作，并表示这些都是非常具有冲击力和实际意义的一些工作，也是非常好的、高质量的工作。他也讲到了他们团队在之前的工作中，做的关于火星背景探测方面的一些创新，同样也是数据+模型+应用的模式。

6. 第三步——交流

第三个方面何达同学做了关于外出交流开会的经验分享。他提到当我们出去做汇报时，可能会有人询问类似我们工作的意义是什么，这种比较尴尬的问题。以此为展开，他为我们讲述了在出去交流开会的过程中，应该注意的一些事项。

首先，一定要厚脸皮"搭讪"。因为很多时候我们都是在自己的科研环境里学习，很少去外面与其他的学者进行交流。因此我们至少要和别人聊上几句，混个脸熟。但是在这个过程中，何达同学强调一定要保持礼貌交流，多从对方角度考虑问题。

其次，交流前应该熟知对方的研究方向。我们羞于和别人进行交流的很大原因，可能就是不了解对方的工作，和别人说不上话来。所以在这种情况下，我们要先熟知对方的研究方向，比如说听了他的报告，有内容可以交流，再去和对方进行交流。

再次，要跟"大佬"混眼熟，跟同龄人混知己。因为我们大部分人可能还是和同龄人在一起学习进步，而更重要的一个方面就是我们要去寻找一些交流合作。

最后，要多交流、多合作。一个高质量的研究，不仅仅是一个学科方向，它涉及的学科特别多。何达同学引了火星海啸的例子，说到它不仅涉及遥感图像处理，还有地理学、化学，等等，而这些学科不可能都集中于一个人身上，因此我们要去交流、去合作，才能催生出一些好的工作。

□ Third Step--Communication

- "厚脸皮搭讪"，礼貌交流求助，多从对方角度考虑问题
- 交流前应熟知对方的研究方向
- 跟大佬混眼熟，跟同龄混知己
- 交流合作催生Nature, Science

Keep in touch
Keep cooperation

Rodrigue et al., Tsunami waves an early Martian ocean, 2016

遥感图像处理
地质学
物理学
化学
考古学
etc.

27

何达同学在最后对前面所讲述的内容做了总结。总体上是从三个方面进行了讲述：第一部分是活到老，读到老；第二部分就是要做实验，然后结合身边发生的一些新闻时事进行思考，以及多和该领域的人进行 battle；第三部分就是在出去开会交流时，要多和陌生的学者进行交流，即使对方的方向与我们不一样，也可以进行交叉，也许会产生一些很好的想法。

7. 互动交流

Q1：用卷积神经网络对高分辨率光学影像做土地利用，还有哪些点可以做？或者说可以从哪些点切入感觉？

何达：它突破点其实是有很多的，比如关注深度学习方面最新的一些创新，就可以很好地牵引过来；再比如遥感影像的特征——不同地域的空间分布特征差异很大，那么像不同城市地区的迁移能力，即使在武汉存在训练好的一个模型，其实是很难迁移到其他城市的，很多人在做这个方面的工作。另一方面，遥感影像的降尺度，它最难的问题就是细节保真很差，那么如何提高它，我们也可以参考已经成熟的一些创新，来解决我们的这样一个问题。关键是我们要明确自己的什么问题，然后找到一些新的 idea，或者是新的方法进行解决。

Q2：你是如何平衡科研和生活的？科研路上有困难是怎么进行调整的？

何达：劳逸结合。每个人肯定都有自己的兴趣爱好，然后在科研之余要多奖励自己一些时间，去做一些和自己兴趣爱好相关的事情，就可以多分泌一些多巴胺，来刺激你更高效地做科研。

Q3：想问一下师兄如何从论文到实验进行开展，有时看完了论文，却不知道作者具体是如何实现的。

何达：我推荐大家阅读硕博论文的原因就是它们写得特别通俗易懂，可能它里面对一些算法的细节部分没有详细的阐述，那可能要追溯到作者的具体某一篇期刊的文章，但是这些论文对于我们出入门者而言其实都是通俗易懂的，让看的人不会那么不知所云。所以，其实就是要认真地精读，比如你找了一篇好的论文，但看不懂他写的什么，那就应该赶紧换一篇看，总有一篇可以让你看懂，让你知道你这个领域具体是在干什么、怎么做的。第二个问题，如果你看一个问题不知道具体怎么实现，其实最好的方法就是发邮件问一下作者。像我读研一的时候就问过好几个作者，他们都回复了我。当然你也可以找他们要源码，有时候他们也是愿意分享的。

8.3.11 李雪：获得人工智能顶会杰出论文奖

1. 个人简历

李雪，武汉大学测绘遥感信息工程国家重点实验室 2015 级硕博连读生。曾获得研究生国家奖学金、王之卓专项奖学金、协同创新奖学金、武汉大学学业奖学金一等奖、武汉大学研究生新生奖学金一等奖、硕博连读奖学金和武汉大学"优秀党员""优秀研究生"等荣誉。

2. 互动交流

Q1：发表 IJCAI 并获得杰出论文奖是一种怎么样的体验呢？

李雪：IJCAI 是人工智能领域的 A 类会议，包含了人工智能领域众多的研究方向，近些年吸引了越来越多华人学者的参与。计算机领域和遥感领域的会议差别还是比较大的，计算机 A 类会议论文接收的难度比较大，投稿的数量也相对较多。投 IJCAI 会议是我自己的一次尝试和锻炼，在老师的指导下，经过几个月的理论研究、实验和论文写作，以及后期对论文的反复琢磨和修改，最后有幸论文被 IJCAI 会议接收，这让我感到非常开心，也备受鼓舞。获得杰出论文奖是很幸运的事情，之前并没有预料到能获奖，因为会议接收的论文中，有很多针对不同研究方向的非常优秀的工作，获奖对于我来说，更多地是对自己的勉励，希望以后能做得更好。

Q2：在顶会做报告是一种怎么样的体验呢？

李雪：在顶会上做报告是一种很新奇、令人期待、也有点紧张的体验。在参加国际会议之前，平常在学校做的学术报告通常听众较少，大多是面对同学，压力比较小。而在顶会上，报告的听众人数很多，有很多行业内的前辈，甚至还有很多学界的大佬，一开始心里会有些班门弄斧的感觉。但是感受下来会发现，不管是年轻学者还是知名大佬，大家都带着一种包容的心态进行着相对轻松的学术交流。因此，在报告前我的紧张感稍退，并尽可能充分地准备好 PPT 和讲稿内容，并进行多次演练，但在做报告的时候，仍然会比较紧张，想到能在其他学者面前介绍自己的工作，内心也非常兴奋。由于报告的数量很多，每个人的报告时间受到了严格的限制，报告后有几个听众提问，他们的问题会从不同的角度出发，让我深受启发。总体来说，第一次参加国际顶会并做口头报告，感受着浓厚的学术氛围，能学到前沿的技术，感觉很震撼。

Q3：你的第一篇 SCI 对你后来的科研成果有什么帮助呢？

李雪：我觉得第一篇 SCI 论文最重要的是，让我能完整地经历一篇论文从开始到见刊之间的所有流程，包括选定研究方向、提出问题、寻求解决方法、实验、写论文、修改论文、投稿、和审稿人的斗智斗勇、对论文的继续打磨、论文接收以及出版等。同时，我学会了在这些过程中如何思考以及怎样解决出现的各种问题，逐渐具备独立科研的能力。第一篇 SCI 让我成长了很多。从态度方面，我记得刚进组的时候，看着高年级的师兄师姐们已经发表了很多篇论文，让我有一种错觉，就是按部就班地到了他们的年纪，我也能自然而然地发表一定数量的论文，然而在我的实际科研的整个过程中，我才发现原来想要发表一篇 SCI 论文并不是一件容易的事情，想要做出一个达到发表要求的研究工作，其间需要花费大量的时间和精力，会面临着无数次的出现问题和解决问题的过程，以及需要不断地调整和修改，心情大起大落也是常事。直到论文发表后，我更加端正了对科研的态度，意识到每一个科研成果背后都需要耗费很多的心血，需要拥有百折不挠的勇气。在科研能力方面，随着第一篇 SCI 工作的接收和发表，我的科研能力得到了明显的提升，对于做科研的过程更加熟悉，很多环节变得更加容易，面对问题也有了更多的解决思路，后来的科研成果的产出也变得不再那么困难。

Q4：在你的研究过程中比较困难的是什么呢？

李雪：论文投稿后和等待审稿的过程中会面对很多困难。不同期刊的审稿周期不同，通常需要几个月的时间。我有一篇论文投稿后，等待了整整一年才收到第一轮的审稿意见，期间我的心情经历了期待、忐忑、疑惑、不安和无奈，等待了半年后我发信询问了编辑，获知是因为迟迟找不齐审稿人。

此外，在收到的审稿意见中，有些审稿人会提出非常尖锐的问题，怎样合理地解决审稿人的质疑和问题，并让他们认可自己的成果是一件令人头疼的事情。这个过程中，首先需要读懂审稿人意见中的深层含义，然后尽可能全面地通过阐述、理论解释或者实验分析来回答审稿人的疑问。有时也会遇到一些在现阶段难以圆满解答的问题，这时候就会比较忐忑，需要很小心地措辞并给出回答，使审稿人不会因此拒稿。

Q5：你认为研究生应该如何提高创新能力呢？

李雪：对于我个人而言，我觉得具有较强的创新能力是一件比较困难的事，需要长期的积累、不断的思考以及一些天赋。从后天训练的角度来说，我认为学习积累和思考是提高创新能力的两个重要的方面。学习积累是指在自己研究的领域中需要具备足够坚实的理论和实践基础，因为任何人的创新都不是凭空产生的，总是要在前人的研究和实践基础上进行的，只有厚积才能薄发。思考也很重要，在掌握了一定的基础知识以后，就需要思考，比如尝试着提出问题，在科学研究中，有时提出问题比找到解决方法更加困难和重要，如果能提出前人没有考虑过的问题，这本身就是一大创新。继而，顺着这个问题，寻找可能的解决方法，那么方法上的创新就自然而然产生了。

Q6：是什么使你选择在武大一直学习深造？

李雪：我本科就读于武汉大学遥感信息工程学院，在武汉大学本科四年的学习生活中，武大的优美的校园环境、宽松自由的学习氛围、丰富的各类活动等，都让我感到非常的享受，对于武大也建立起了难以割舍的感情。在选择研究生就读的学校时，比起学校的牌子，我更看中遥感专业的水平，武大的遥感专业一直在世界和国内名列前茅，因此留在武大继续深造也成了我们大多数同学的选择。

Q7：你认为在你的学习中有什么良好的习惯对你有帮助作用吗？

李雪：我觉得做事情一心一意、专注是一个很好的习惯，科研学习有时候是一个有些枯燥的过程，取得令人兴奋的进展或者成果的时刻往往比较短暂，更多的是一个人长时间的刻苦钻研。因此，在做科研的过程中，专注显得尤为重要，因为很多时候不够专注会造成效率低下、难以投入眼前的工作等不良后果。

Q8：你平时有压力的时候是如何释放压力的呢？

李雪：开始读研究生后，最大的感受就是身边有形或无形的压力变得更大了，面对科研学习或者生活中的压力，我一般会选择运动、听音乐、唱歌或者和人聊天倾诉。规律的运动真的非常重要，因为长期伏案工作以及压力较大，加上经常熬夜，如果不坚持锻炼，体质会明显下降，心情会受到影响，有时也会影响睡眠质量，造成恶性循环。当能一段时间坚持规律运动时，往往工作效率会明显提高，拖延症也会减轻，每天能按时完成任务，压力自然也就变小了。听音乐、唱歌也是我释放压力的一个重要途径，音乐给了我一个宣泄的途径，音乐会帮助我调整情绪。除此以外，聊天倾诉也是我释放压力的一个途径，我喜欢和人聊天、讲话，在这个过程中我会感到愉悦，会让我暂时从压力中解脱出来。

Q9：你有着明确的职业规划吗？公司、专业相关的事业单位、高校老师还是走一步看一步？

李雪：说实话，我的职业规划一开始并不明确，可能也是因为没有亲身体验过不同的职业是什么样的，所以从读研究生开始这方面想得并不多。随着学习的深入，以及通过各种途径逐渐了解到更多不同职业相关的信息后，我渐渐发现自己对哪些方面更加擅长，以及对什么更感兴趣。现在我比较想选择企业中更偏实际应用的科研岗位，希望能学有所用。

8.3.12 "我的科研心路"新老生交流会

1. 核心提示

研究生没有考试，如何评估学习效率？怎么克服科研入门困难？拖延症怎么解决？老师的任务完成不了怎么办？想拿国奖如何做好准备？如何成为竞赛达人？明年找工作，如何收获互联网大公司 offer？如果你有这些疑惑"我的科研心路"新老生交流会给你想要的答案！

2. 人物名片

宋蜜，2018 级博士在读生，导师为钟燕飞教授，研究方向为基于智能优化的遥感影像处理。在 *TGRS*、*RS* 期刊上发表 SCI 论文 2 篇，EI 论文 1 篇，获得武汉大学于刚·宋晓奖学金。曾担任精品课程新型遥感信息处理与应用技术的助教。报告将结合自身经历分享科研论文写作和助教工作等话题。

何欣，2018 级专业硕士，测绘工程专业，师从唐炉亮教授，担任实验室第十七届研究生会副主席，2018 级专硕班班长。在 2019 年秋招中，面试岗位为产品经理，斩获阿里高德、腾讯、美团、滴滴的 offer，报告将结合自己实习和招聘的经历，分享一些心得与经验。

黄百川，2018 级硕士，师从柳景斌教授，第一批实验室资助海外短期研修学生。主要研究方向是 SLAM 与室内定位。*A Survey of Simultaneous Localization and Mapping* 的作者。分享主题：新加坡南洋理工大学见闻和申请海外交流的方法。

3. 宋蜜同学关于科研工作的分享

得益于组内浓厚的科研氛围，宋蜜同学在科研上取得了优异的成绩，在 *TGRS*、*RS* 期刊上发表 SCI 论文 2 篇，EI 论文 1 篇，获得武汉大学于刚·宋晓奖学金。

首先，宋蜜同学为大家分享了科研和论文写作投稿的经验。她分三个方面进行了讲解，第一是在写论文之前，她会问自己一个问题，准备好了吗？具体要准备什么？一般需要准备写作材料以及投稿期刊规定的模板，确保自己的写作让本研究方向的"小白"能够读懂。

在写作中，宋蜜同学认为最重要的是摘要部分，在写论文的第一步开始就写一个版本，因为最初版本的摘要，可以帮助统领这篇论文的框架，然后在论文写作中不断改进，写完之后会形成一个最终版本的摘要。而摘要的核心内容是阐明已有研究的不足，并提出本论文的贡献之处。此外宋蜜同学谈到，在写英文论文的时候不要准备中文草稿，避免重复工作量和中式英语。

而在写作过程中，宋蜜同学强调：逻辑框架很重要，以优秀论文作为模板，结合研究点，构思每个章节的小标题和主要内容，这需要我们厘清小逻辑和大逻辑、创新点，并和老师讨论敲定框架；突出强调论文的创新点；写作时间建议限制在 1 个月内；为重要的观点寻找理论支撑。

此后是论文完成之后的工作，我们需要从头开始，整理细节，确保前后表述的统一、图表和文章内容的对应，进行语法检查，并寻求老师的意见。在投稿之后较长时间的审稿期内，我们可以进行新的更深入的研究。在审稿意见返回后，我们应当尊重审稿意见，给出超出审稿人预期的改进方案，此外，万一不幸被拒稿，建议再评估工作的创新性，保持自信。

最后，宋蜜同学分享了她作为课程助教的经历，在 2018 年秋季学期宋蜜同学申请担任了新型遥感信息处理与应用技术课程的助教，全程参与了课堂教学和课外任务。

宋蜜同学非常鼓励大家申请担任课程助教，因为这个过程可以让我们受益匪浅，加深对相关课题的基础理论和前沿技术的理解，对加强自身的研究基础有很大助益。同时，在助教工作中，也可以对实验室老师们严谨的教学态度和认真的教学工作有更深入的了解。

4. 黄百川同学关于海外研修的分享

黄百川同学是第一批实验室资助的海外短期研修学生。主要研究方向是 SLAM 与室内定位，本次 café 新老生交流会，他主要为我们分享了他在新加坡南洋理工大学的见闻和申请海外交流的方法。

黄百川介绍道，新加坡的教育制度在继承了英国的教育体系的基础上，又加入了自身独有的教育理念和教育模式，不仅普及普通的国民教育，同时注重精英教育。新加坡有很多公立大学，他所研修的南洋理工大学，在 2019 年的 QS 世界排名是全世界第十二，亚洲第二。

此外，黄百川同学为大家详细介绍了新加坡 SM（Senior Middle schoole scholarship）政府奖学金，是新加坡政府在 1991 年成立的，专门招收中国学生到新加坡公费留学的项目。SM 政府奖学金主要分三档，其中的 SM3 政府奖学金，比较适用于参会的本科生或硕博生。此外，由于新加坡国内 70% 是华人，所以新加坡是一个中华文化和英美文化融合的一个地方，中国学生去新加坡生活学习能够很快地融入。

之后，黄百川同学为大家介绍了申请海外交流的方式和过程，海外交流分为自费和公费交流，如果想要通过公费交流，可以申请实验室和学校的一些专门资助于短期研修的基金，此外还有国家留学基金委的资助项目，或者科研助理，多种资助基金和项目可供选择。

5. 何欣同学关于工作求职经验的分享

何欣同学是实验室 2018 级硕士生，在 2019 年秋招中，他的面试岗位为产品经理，斩获阿里高德、腾讯、美团、滴滴的 offer，此次交流会，何欣同学结合自己实习和招聘的经历，与大家分享了他的经验与心得。

何欣同学用三个发问：我是谁？我要到哪去？我要怎么去？为大家讲述了工作求职的思路和注意事项，分享了他在实习和秋招中发生的故事。

我是谁？我喜欢什么？我能做什么？这是在工作规划过程中我们要问自己的问题，首先我们需要根据自己的专业技能、性格特质、个人喜好等来规划和选择自己的工作岗位。我们需要首先搞清楚自己适合的工作岗位，譬如是适合技术岗还是非技术岗，这是由我们的专业技能和兴趣方向决定的。在对实验室部分同学进行问卷调查后得知，每个人的首选就业岗位的需求不尽相同，在所调查的同学中，60.38%的同学选择技术岗位，20.75%选择非技术岗，另外18.87%的同学还没有明晰的规划，此外，男生选择技术岗比非技术岗的比例比女生要高很多。许多因素会影响我们对于工作的选择，例如薪酬待遇、发展机会、工作地点，而在选择工作岗位时，这些因素都需要我们进行适当的考虑。

我要到哪去？在对于公司企业的选择中，不同类别的公司或者企业，其工作岗位在性质和薪酬上有所差异，例如大型互联网公司其薪酬工资普遍较高，相应的其工作时间较长；如果期望工作岗位的稳定，可能会选择进入国企；而初创公司的工作岗位往往意味着较大的发展潜力和较高的薪资，以及一定的风险。不同的岗位选择取决于我们对不同因素的重视程度。

我要怎么去？对于如何能够拿到自己心仪的 offer，何欣同学认为，"充分准备，厚积薄发"是我们需要做到的。不同的工作岗位意味着不同类型的专业技能和个人能力，例如编程技能、数理逻辑，创新思维、发散思维，团队协作、沟通能力、语言和文字能力，以及良好的身体和心理素质等，增强自身的核心竞争力是工作持续并不断发展的条件。

那如何及时有效地获取招聘信息呢？在对实验室部分同学的问卷调查中发现，学校就业网站、就业的 App 和现场招聘会、师兄师姐内推为大部分同学的信息来源，大多数同学会去寻找自己关注的心仪公司的实习信息。在工作求职的过程中，信息的有效和及时获取往往是成功的前提保障。何欣同学提到，通常在招聘和面试中，大家认为最重要的前四个因素分别是：实践和工作经验，学位学历，专业背景，岗位匹配度。

6. 互动交流

Q1：请问对于技术岗的工作求职，之前的实习经历，对面试会有非常大的帮助吗？

何欣：关于技术岗，我在去高德产品岗实习之前，我特别想作为一个技术宅，所以我其实想说最后对你面试的可能会有一定的影响，我不能说它完全没有影响，可能就是在实习的过程就改变了你对自己的人生规划。比如你说的技术岗，你先去实习，但是最后你可能秋招的时候改变想法，想去面 iOS、安卓这样的岗位，其实关系不大，而且我觉得技术岗实习这的这个必要性没有像产品岗位那么强烈，但是你如果能去到一个大厂实习，我觉得就很好。大厂一般有那种实习转正的机会，会比你秋招面试容易很多，所以我觉得对于有时间和经历的同学，提前实习的经历还是很有帮助的。

Q2：文章的创新点非常重要的，我刚才的感觉是，如何寻找创新点呢？是多读文献，然后总结文章里的一些各个作者写的方法，还是做一些实际的科研项目，然后发现什么问题，还是说导师给你提出来什么建议和想法呢？

宋蜜：我觉得在寻找创新点方面，应该是你开始做这项科研工作的时候，就有了一个想法，因为我们的研究都不是平白而来的，是站在巨人的肩膀上，但是你去看具体的工作的时候，他们必然会存在一些问题或不足，然后你就会提出你的方案去解决它，你再去实现你这个方案，这个方案其实就是你的研究工作，你的创新点就是你怎么解决的问题，应该是在你做实验之前就已经有了，而不是等到写论文的时候再去归纳你的创新点，要先有个想法，然后再去把建议和老师沟通，一般他会给你一些 idea。

Q3：各位好，我现在本科大四，目前已经保研，但是感觉比较迷茫，因为我的研究方向老师没有给，然后在学校就跟着不同的老师做课题，现在也其实做得不太好，请问要怎么解决这种迷茫感呢？

宋蜜：对于你说的这种迷茫，我大概能体会这种感觉，因为我也是大四的时候就进组，我觉得你可以和老师进行适当的沟通，并且逐渐熟悉组内的氛围。研究方向问题的话，其实不用太过着急，你入学之后再跟老师讨论这个问题其实都来得及。你现在就把你的项目做好，然后熟悉组里的研究，知道大家都在做些什么。如果你有时间的话，你可以去关注一下不同的研究方向，看一下你有没有更感兴趣的，自己可以先做一些，然后跟老师讨论你的研究方向和规划的时候，你的方向和目标就会逐渐清晰起来，迷茫也会慢慢变为充实。

8.3.13 时芳琳：如何撰写和发表高影响力期刊论文

1. 核心提示

想知道如何撰写、修改学术论文吗？想了解如何发表学术论文吗？想听听高影响力期刊论文发表者的心得体会吗？GeoScience Café 第 228 期讲座特邀时芳琳分享她撰写和发表论文的心得和体会，其论文发表在遥感领域顶刊《环境遥感》上，期刊影响因子高达 6.26，让我们一起倾听高影响力论文发表背后的故事吧！

2. 人物名片

时芳琳，2019 级博士，师从巫兆聪教授，研究方向为全球气候问题，森林碳循环，大气水汽等。2018 年由国家重点研发计划（2016YFC0202001）等项目资助，同中国科学院大气物理研究所辛金元研究员、河南理工大学杨磊库副教授、中国科学院青藏高原研究所丛志远研究员和国家卫星气象中心刘瑞霞研究员等多名研究者联合在 *Remote Sensing of Environment*（IF = 6.26）发表论文 "The first validation of the precipitable water vapor of multisensory satellites over the typical regions in China"。

3. 报告现场

2019 年 5 月 17 日晚上 7 点，时芳琳做客 GeoScience Café 第 228 期学术交流活动。时芳琳首先用一组数据说明了为什么我们要撰写英文论文。目前英文在国际上还是占主导地位，主流期刊的母语也都是英语，我们想要将自己的科研成果展现给其他学者，必须要撰写英文论文，然而我们论文发表有诸多的目的性，而编辑只关注写作质量，这使得中国的投稿接收率远远小于美国。

如何在一流的学术期刊上发表论文？

Keep your message clear. 文章要传达一个清晰的观点。

State your case with confidence. 自信地陈述你的论文，要有逻辑性，整体结构紧凑。

Beware the curse of "zombie nouns". 小心僵尸词汇，科研论文可以是严谨的、学术性的，但不是枯燥的、晦涩的，用一些僵尸词汇拼凑起来的文章没有吸引力。

Create a logical framework. 文章整体要有一个逻辑。

Prune that purple prose. 不要使用那些华而不实的、类似散文的词句。科学论文是严谨、紧凑、短小的，用最少的字来表达思想。

Aim for a wide audience. 受众广泛的文章会更受欢迎。

4. 准备阶段

（1）确定主题。

在准备阶段要确定一个主题，可以用以下四个问题为核心来探究自己的写作内容：

Is this new and interesting? why?（研究点是新的吗？并且是有趣的吗？为什么？）

How does your work relate to a currently hot topic?（研究点和目前主流的热点的话题有什么样的联系？）

What's new and challenging?（研究点里面哪些是新的东西，有没有创新点，你挑战的是什么？）

Solutions to difficult problems.（是否解决某项难题的一个方法？）

文章表达的内容要清晰，让别人能够从中找到你所要表达的内容，不然编辑会拒绝你的文章。

（2）目标期刊选择。

进行目标期刊的选择时，首先要考虑文章的受众群体有哪些，以及目标期刊的读者的需要有哪些，他们已经具备什么知识，以及希望从期刊中获得什么知识。

如何进行期刊的选择呢？首先是 self-evaluate（自我评价），自我评价一下你这篇文章适合什么样的期刊？其次就是向老师、同学，或者是之前已经在期刊上发表过论文的人，去请教一下，文章是否可以发表。最后还有一种方法，就是将你平常看的相关方向的论文所刊登的期刊统计起来，按照影响因子从大到小进行排序，然后选择一个进行投稿。注意，你可以选择多个期刊投稿，但不能同时投向很多的期刊。

确定了期刊，需要读一下该期刊的 author guidelines（作者指南），按照期刊的要求进行写作，这样就会节省很多时间和精力，避免后期返工。

（3）自我推荐。

Cover letter 是你给编辑写的一封信，你可以通过它向编辑来推销你的工作。在 cover letter 里面，你可以写一下你的文章是什么，你主要研究了些什么，文章研究的意义在哪里，有什么价值，如果编辑觉得你写的 cover letter 对他很有吸引力，他就会认真读一下原文。

（4）文章结构 or 整体框架。

第一部分包括 title、authors、abstract、keywords。作用是方便检索和浏览，具有 informative（信息性），attractive（能够吸引人），effective（有效性）。文章的主体，可以概括为 IMRAD 这五个，分别是 introduction，methods，results，and，discussion（conclusions）。最后就是 acknowledgements（致谢）、references（参考文献）、supplementary material（补充材料）。大体结构类似，但并不唯一。

①标题。

题目决定了文章是否具有吸引力。一个好的题目，它应该包含最少的词，并且还有足够的信息。有效的标题它有哪些特征呢？

Identify the main issue of the paper.（可以从这个标题里看出来研究的主要事件是什么。）

Begin with the subject of the paper.（文章的主题是什么？）

Are accurate, unambiguous , specific, and complete.（准确，不要模棱两可，完全涵盖你所研究的所有内容。）

Do not contain infrequently-used abbreviations.（不要在题目里包含不经常见的一些缩写。）

Attract readers.（吸引读者。）

②摘要。

大多数的编辑仅靠摘要写得好不好来判断文章好不好。摘要要有明确的信息，可以涵盖全文的所想表达的内容，相当于全文凝缩成的精华，要有吸引力。摘要涵盖的内容有哪些呢？

Why did you do the study?（你为什么要做这个研究？）

What did you do?（你做了些什么？）

What did you find?（研究过程中你发现了些什么？）

What did you conclude?（结论是什么？你经过研究和实验得到了一个什么样的结论？）

一个质量好的摘要应该是真实准确、简短专业的，即使脱离文章主体也可以单独存在的，没有难以理解的术语，而且不要有引用。

PARI 是一个人总结的写法，分别代表的是 problem, approach, results, impacts。这四点在摘要里面，你可以这样写：

The problem I am trying to solve in this paper is...（我文章主要解决的问题是……）

The approach I adopt to solve the problem is...（解决这个问题的方法是……）

The results obtained in this research include...（这个研究包含的结果是……）

The impacts of our obtained results are...（我获得的结果，它的影响是……）

把这四句话按照这样的方式，把研究点写出来，就会获得一个比较准确的摘要了。同时你摘要的质量可能会决定编辑最终的决策。

③正文。

读者通篇阅读你的文章，他应该要得到三条信息：

Where they have come from... （他的背景是什么?）

Where they are now... （它的现状是什么?）

Where they are going... （他未来的发展方向是什么?）

IMRAD（introduction/methods/results/and/discussion（conclusions））就是文章的主体部分。

（5）有效写作。

Introduction 部分是把前人发表过的一些结论、结果呈现在文章里，把一些通用的信息来具体化，从一个大的背景下来具化到小的研究的东西，要简单扼要。要强调一下，你对文章主题有什么样的贡献。Introduction 结尾要声明一下，你的研究想要表达一个什么东西？然后猜测是什么？你根据阅读前人的一些研究，总结出来了什么？你将要研究什么？你对他们的研究有什么样的猜测？Introduction 部分其实就是要抓住读者的注意力。尽量避免 literature review（文献综述）的形式。前人所做的工作一定要在参考文献上做一个批注，做一个引用。

具体的写法：开头的几句话直接点题；要包括重要的细节；简短的总结，将目前有争议的问题总结一下；最后以一个研究问题来结束，以及你如何回答这个问题。还有写作的语态问题，要用主动语态，而不是被动语态。

（6）方法。

把方法写得足够详细，让读者能够根据你写的方法来复述你的实验过程，但不需要把操作步骤写出来。实验操作流程可以写在论文补充材料 supplementary material。记住不要隐藏一些东西。

四种不同的研究论文需要具备的内容：

Empirical papers（实证探究论文）：

material studied, area descriptions（研究材料，区域描述）

methods, techniques, theories applied（方法，技术，理论应用）

Case study papers（案例研究论文）：

Application of existing methods, theory or tools（现成的一些方法应用，理论或工具）

Special settings in this piece of work（文中的特殊设置）

Methodology papers（方法论研究论文）：

Materials and detailed procedure of a novel experimentation（实验材料和详细程序）

Scheme, flow, and performance analysis of a new algorithm（实验方案，流程图和操作分析）

Theory papers（理论研究论文）：

Principles, concepts, and models（原理，概念和模型）

Major framework and derivation（主要框架和推导）

编辑关注的五件事情：

Was a qualitative approach appropriate？（定性的方法合理吗？）

Qualitative：what leads to a change？（定性：是什么导致了变化？）

Quantitative：what proportion of land use has changed？（定量：这个变化已经变化了多少，是一个具体的数值。如：土地利用的比例变化了多少？）

How were the setting and the subjects selected？（设置的流程和主题）

Have the authors been explicit about their own views on the issue being studied？（作者有没有把他自己的观点在这个方法里面体现出来，而不是完全借用前人所用过的方法？有没有什么新的创新点？）

What methods did the researcher use for collecting data，and are these described in enough detail？（用什么方法收集数据，这些方法是否足够详细？）

What methods did the researcher use to analyze the data，and what quality control measures were implemented？（使用哪些方法来分析数据，以及实施了哪些质量控制措施？就是一些你具体的方法和设计的东西，这部分编辑和审稿人会问得比较详细。）

5. 结论

结果部分就是把方法和数据做出的东西进行简单的呈现，不需要对结果进行一定的分析，根据方法部分的顺序来组织结果的，有选择性地把一些重要的部分呈现出来。

在结果部分可以把数据整理一下，以图表或表格的形式呈现在结构的部分，文字部分一般是你归纳总结过的结果，而图或表则反映了具体哪些内容发生了变化。结果部分呈现的就是一个事实，而不是自己归纳出来一个什么东西，你猜测出来什么东西。

需要在结果部分呈现的有：在方法部分主要发现的东西；你与别人做的类似的东西所不同的地方；一些统计分析，算法或者是一些方法。

不要试图在结果部分进行结果评价，要在 discussion 部分评价结果。细节表现在图的图例里面。不要把所有的数据都写在表里，而是用一些均值加方差之类的统计值写在里面。

6. 讨论部分

Discussion 部分可以解释一下，我得到的结果是什么？为什么会产生这样的结果？为什么我的结果和其他人做的结果是不同的。结论一定要依据数据来组织，是数据可以支持的。还要有一个 future discussion，你将来想怎么样？这个研究将来还能往哪些方向发展？根据数据有没有可能会往某些方向发展？在这个部分你同其他学者他的成进行对比的时候，你需要引用一下参考文献。

在 discussion 部分，你需要确定一下以下几个部分：

How do your results relate to the original question or objectives outlined in the introduction section？（在引言部分的最后一段话是提出来的问题，所以在这个部分你要回复这个问题，突出这个问题是怎么样的？）

Can you reach your conclusion smoothly after your discussion？（通过讨论，你能顺利地得

到这个结论吗？)

Do you provide interpretation for each of your results presented？（你对你每部分的结论都解释到了吗？）

Are your results consistent with what other investigators have reported？Or are there any differences？Why？（结果包括了其他已经发表的研究的内容了吗，或者是你们之间有什么不同吗？为什么不同？这些不同产生的原因是什么？）

Are there any limitations？（有什么限制性的问题吗？讨论部分存在哪些局限性，不能解决的地方吗？讨论不仅要讨论你结果好的部分，也要讨论一些结果有些差强人意的地方。）

最好不要在 Discussion 部分出现的一些东西：

Make statements that go beyond what the results can support.（不要在结果不能支持的情况下讨论一些东西。）

Suddenly introduce new terms or ideas.（不要突然之间提出一些新的想法或新的思考。）

Write an expansive essay that extrapolates widely from what you found.（不要做太过宽泛的推断。）

Start the discussion with a single sentence that states your main findings.（不要只用一句简单的话陈述你主要的发现是什么。）

Discuss only strengths or weaknesses.（强的地方和弱的地方都需要讨论一下。）

Discussion 部分的写作：第一段要解释和回答一下你主要的发现，以及支持你结果的一些证据是什么？第二部分，和之前的研究进行一些对比和比对。最后是把假设或者模型体现出来。结尾总结一下结果有什么重要性，或者是以后需要研究的东西，把你现在回答不了，归于以后所想研究的东西，写到最后一句话里面。

7. 拒稿

可以考虑一下文章会被拒绝的原因有哪些，其实就是两点，写作水平和行文结构。写作水平体现在语言组织能力、英文表达能力；行文结构就是逻辑性的问题，文章是否紧凑？是否有一定的逻辑性？比如总分总的结构，先是总结上文，然后讲一下叙述内容，最后再进行一下总结。

从内容角度来看：

Paper is of limited interest or covers local issues only（sample type, geography, specific product, etc.）（文章的研究兴趣是有限的，并不是别人感兴趣的。）

Paper is a routine application of well-known methods.（只是一个所有人都知道的方法，或者是别人已经做过的方法，没有创新。）

Paper presents an incremental advance or is limited in scope.（文章研究的范围有限。）

Novelty and significance are not immediately evident or sufficiently well-justified.（创新性和重要性不明显。）

从准备角度来看：文章格式、字体、图片修改不好。

师姐将她的文章被拒的原因和如何修改投稿的经历——叙述给我们。经过多次修改，从最开始三个审稿人全部拒绝到后面给予作者高度评价。

对于如何回复：

Keep to the point：response to each point raised by the reviewers.（逐条回复，要回复每一点。）

Keep it objective：keep the emotion out of it.（客观公正，不要带有感情色彩。）

Keep things under control：to see whether there are additional suggested experiments that are required for resubmission.（你要把握主控权，仔细地阅读他们审稿人员的信，主动修改潜在的问题。）

The scope of things：Say clearly and succinctly if something is unfeasible.（对于超出了你专业领域之外的建议要引用文献，说明一下为什么我做不到。）

8. 互动交流

Q1：写英文文章的时候，是先写成中文，再翻译？还是直接写英文？

时芳琳：我是先写的中文再翻译的，需要拿到专业的机构去修改。

Q2：Cover letter 是我投稿之后就提交的吗？

时芳琳：投稿的时候要同时提交 cover letter，原稿，包括 highlights。

Q3：你修改题目时，加了 the first validation，受限于接触范围，不敢加上这种标题，感觉不是很严谨，这个你是怎么想的呢？

时芳琳：我的文章做的主要是数据验证，我查阅过很多文章，看看是否有其他人做过。如果有其他人做过，我就不会做这个验证，因为简单的验证发表到 RSE 上，确实它的范围是有限的。所以说加 the first validation 就是我和我的那些合作者讨论出来的，我们就觉得加上去会更加有吸引力。

Q4：如何去进行深入分析的呢？

时芳琳：假如你得到的结果很简单，但是你可以从另一个角度来解读这个信息，比如你在分析水汽分布情况时，可以结合人文情况、气候类型、地势地貌等进行分析。你要把你得出的表面现象分层次地写出来，去找一些别的资料对它产生的原因进行分析。

Q5：我想问一下文章的时态和语态的问题。

时芳琳：背景介绍用现在时的。自己做的东西就过去时。

Q6：Results 和 discussions 如何分开写，一般呈现结果都有一些描述分析，这要怎么处理比较好？

时芳琳：其实 results 和 discussions 是可以作为一个整体的。

Q7：关于论文给专业机构修改，你有没有什么建议的专业机构，因为我也有尝试过专业机构，不太靠谱。

时芳琳：我当时投的专业机构其实是中科院的一个出版社，这个出版社他有专门的 native speaker 作为他们的员工进行文章的修改，你投稿的时候，可以参考一下。有些出版社会给你提供这种服务。

8.3.14 毕业的十字路口，找到更适合自己的未来

1. 核心提示

毕业后的出路除了大热的互联网企业和行业公司还有哪些其他选项？如何找到最适合自己的未来道路？测绘遥感信息工程国家重点实验室的 19 届硕士毕业生蔡家骏、陈雨璇、王超和王振林分别为大家带来了自己香港中文大学博士申请、实验室考博、银行系统求职及选调生选拔中的个人经验和心得体会。

2. 人物名片

蔡家骏，测绘遥感信息工程国家重点实验室 16 级硕士研究生，师从邵振峰老师。研究方向为遥感图像融合，以通讯作者或第一作者发表 SCI 文章 2 篇、EI 文章 1 篇。已收到香港中文大学地理系博士 offer。

陈雨璇，测绘遥感信息工程国家重点实验室 17 级硕士研究生，师从陈静老师。研究方向为三维 GIS，获得"武汉大学 2019 届优秀毕业研究生"称号。已考取测绘遥感信息工程国家重点实验室 19 级博士。

王超，测绘遥感信息工程国家重点实验室 17 级硕士研究生，师从张洪艳老师。研究方向为基于深度学习的目标检测与识别，申请两项专利。已收到招商银行武汉分行 offer。

王振林，测绘遥感信息工程国家重点实验室 16 级硕士研究生，师从廖明生老师。研究方向为时序 InSAR 技术在山区滑坡形变监测中的应用。已考取 2019 年四川省选调生。

3. 报告现场

条条大路通罗马，面对纷繁复杂的未来道路，不同的选择需要做哪些不同的准备？如何作出最适合自己的人生规划？

5 月 31 日，测绘遥感信息工程国家重点实验室 2019 届硕士毕业生蔡家骏、陈雨璇、王超和王振林做客 GeoScience Café 第 230 期学术交流活动。他们结合亲身经历，分别就出境深造、校内读博、银行系统从业和选调生选拔分享了自己的经验和个人建议，让听众受益匪浅。

4. 香港中文大学博士申请经验分享

蔡家骏首先介绍了申请境外博士需要做的准备。不同的学校有不同的语言成绩要求，需要做好准确的调研。简历包括文章、项目、实习经历等成果，以及获得的奖励和个人的技能。蔡家骏表示香港的老师对于内地的国家奖学金含金量有一定的了解，若有获得过国奖，最好写在获得奖励中靠前易于注意到的位置。

接着，蔡家骏讲解了申请的步骤。在"套磁"的过程中，首先是自我介绍，表明自己发邮件的目的。然后讲述自己的研究方向与老师的契合之处，这是比较容易打动老师的地方，明确自己的定位，找准研究方向比较相似的老师，"套磁"的胜算会更高。"套磁"信中还须包括自身技能和语言成绩。得到老师一个相对肯定的答复后，就可以开始考虑申请

这所学校。申请一般是在学校的主页上寻找需要的信息，以香港中文大学为例，点击学校主页的上方的"ADMISSIONS"中的"Postgraduate"，在弹出页面的上方点击"Programmes"便会出现很多学科大类，根据自己申请的方向进行选择，来查看相应的招生项目和招生要求。同页面上方"Admissions"中的"Requirements"和"Documents Required"中则包含了需要达到的语言学历要求和需要提交的材料(一般包括成绩单，论文和 research proposal)。香港学校的申请时间一般是每年的 12 月，申请系统会在每年 9 月开放，中间的时间就可以用来准备相关的材料，其中比较重要的就是你和老师联系中要写的 research proposal。每个学院的截止时间会有些许的不同，也可能在基本材料外有额外的要求。

蔡家骏分享了自己准备过程的时间线，他在 2017 年 10 月完成了托福考试，他建议专硕的同学可以在研究生入学就开始准备语言考试，学硕的同学可以在研一结束开始准备。他在 2018 年 7 月开始和老师"套磁"，他认为当语言成绩已经准备妥当且近期没有论文等成果可以添加进材料的时候是比较合适的"套磁"时机，此时能尽早了解老师的招生情况和老师目前的研究领域。蔡家骏在 2018 年 8 月和老师进行了电话面试并得到了口头 offer。老师的电话面试一般是提问你简历中提到的论文和项目以及在他所做的研究中你过去后想做的方向，老师会考虑你的回答与他那边想做的东西是否相契合，如果你硕士期间所做的研究能在博士期间得到延续，电话面试会轻松很多。2018 年 10 月，蔡家骏就开始进行申请材料的准备，他提到其中最重要的 research proposal 比较像我们写的开题报告。如果已经和老师联系好了，老师会告诉你他那边已有的数据和研究方向，以及比较希望你过去后进行的工作，你就可以根据老师提供的信息来有针对性地挑选材料。在 2018 年 12 月蔡家骏接受了地理系的英文电话面试。部分香港学校的专业可能会要求接受在深圳的当面面试。香港学校的奖学金分为学校颁发和政府颁发，政府颁发的奖学金数额会比学校的多很多。政府的奖学金申请会经过院系、学校和政府三道筛选，若获得了政府奖学金，拿到offer 的时间也会有不同。

5. 校内考博的心路历程

陈雨璇认为在是否选择读博的自我定位中，未来想要从事的工作方向、对科研是否有兴趣、个人的性格特点和求职的实际情况是四个需要注意的方面。与导师沟通是很重要的一个环节，导师会根据对你能力和潜力的评价来帮你分析你是否适合读博。心仪的导师当年是否有招收博士的指标也需要纳入考虑。同时也可以与师兄师姐多做交流，了解师兄师姐当初为什么选择读博，就他们的经历分析读博有哪些利弊，以及他们日常科研生活的感受。

陈雨璇分析了她选择读博继续留在硕士期间的实验室的原因，一个是相对熟悉的环境，对老师的特点和培养计划都比较了解，磨合期会比较短；另一个是小组共同学习的氛围让她觉得自己读博的生活不会是孤军奋战的。

联系导师时，要比较全面地了解老师对博士的培养要求，有的导师对论文抓得很严，有的导师会更多地关注项目。尽早联系老师可以让自己免于处于过于被动的境地，在 9~10 月会比较合适。

博士考试一般是 11~12 月进行网上报名，如果有发表过 SCI 论文可以申请英语免试。

如果没有申请英语免试，就需要在次年的 3 月进行英语初试考试。英语初始可以根据个人功底进行准备，陈雨璇提前了一个月复习。她提到英语初始题型从今年开始进行了修改，对单词掌握的要求有了提高。4 月份的复试包括专业笔试和综合面试。实验室的专业笔试包括四道选做题和一道必做算法题。综合面试包括对硕士期间科研经历的回顾和博士期间的计划。

陈雨璇最后建议如果决定了要继续深造，最好尽早做好身份的转变，提前进入学习状态，静心科研，多出成果。

6. 拥抱金融科技的未来

银行的业务，主要包括零售、对公、同业业务、销售理财基金类产品、金融智能终端业务消费获利、对冲业务、票据业务等。银行种类包括 6 家国有银行，12 家股份制银行，137 家城市商业银行以及政策性银行，农村商业银行和外资银行。

现今银行也面临着包括互联网金融的快速发展、人们消费习惯的转变、经济形势走向变化等挑战，发展受到一定的阻碍。市场饱和，传统业务受到冲击，资本压力增大也是银行目前遇到的几个问题。上述几点都导致现在的银行业不如之前那么吃香，但是正如互联网行业也有寒冬，王超表示大家需要辩证去看待这个情况。

银行业也在积极进行相应的改革，比如增加互联网业务，把业务人群从高收入者向普通大众拓展，同时提升自身包括处理海量数据等的业务能力。银行业因为背靠政府在"互联网+"时代有自身的优势，包括信誉、规模、数据、渠道等，若能恰当地将其与互联网相结合，大力发展金融科技，这个行业未来也是有一定前景的。

王超接着详细介绍了金融科技岗位的相关情况。金融科技（Fintech：Financial + Technology）即利用各类科技手段（大数据、区块链、云计算、人工智能）创新传统金融行业所提供的产品和服务，提升效率并有效降低运营成本。金融科技岗包括金融+IT 和金融+DT 两个方向。金融+IT 偏向软件开发，可以渗透进具体的行业，进行需求分析和相应 App 的开发。DT 指数据科技，金融+DT 主要是进行数据的分析，比如获得用户数据后，对用户的信用等进行分析，估计其违约的可能；或者是对整个银行的业务规模和业务发展情况进行分析；以及对趋势政策的分析。

王超在多次走访自己签约的武汉招商银行的过程中，观察到了很多实际落地的金融科技具体应用，金融+IT 的应用有智慧医疗、智能停车收费系统和人脸识别应用等，金融+DT 的应用有摩羯智投（运用大数据来进行投资的相关建议）、智能服务终端和掌上生活 App 等。王超表示金融科技在银行系统中的应用起到了很多颠覆性的作用。

王超接着展示了一个智能收费系统的应用实例。他总结道，一个相关 App 的产生需要开发者有敏锐的需求挖掘能力，同时准确的技术可实现性分析、市场定位和有效的推广也必不可少。根据上述的要求，想从事金融科技岗可以有两个选择。对于编程能力比较强的同学，可以选择信息科学岗，进行具体的应用开发和数据分析。对编程不那么感兴趣的同学也可以选择业务部分，深入具体的条线（零售、对公、信贷、风险）中，熟悉业务，挖掘需求，参与开发。深入具体的条线对于以后在银行中的发展也是有一定的好处的。

应届生薪酬方面，总体而言，国有银行、政策性银行、城/农商银行、股份制银行的待遇依次升高。一般银行分为总行、分行和支行，总行、分行各有优劣。总行资源更多，离权力中心更近，但一般分布在北上广（交通银行、浦发银行总部在上海，招商银行、平安银行总行在深圳，广发银行在广州，其余基本在北京），压力比较大。个人成长方面，国有银行的业务比较综合规模比较大，个人的整体发展空间更好，后续也可以跳槽到其他的银行，之后依次是股份制银行、城/农商银行和政策性银行。工作压力方面，股份制银行由于秉持效益第一，工作压力相对比较大；政策性银行比较类似于公务员系统，压力会比较小；城/农商银行和国有银行介于两者之间。具体要求上，政策性银行要求最高，招聘数量少；国有银行和股份制银行的金融科技岗一般要求硕士，但整体要求较低。整体上来说银行对技术要求不高，对学历和学校会有要求。外资银行对英语水平要求高，面试和之后工作的主要语言都是英语，但是工作较为轻松，待遇也较好。

王超最后给出了具体的求职建议。招聘信息可以从就业信息网、就业群、各银行官网、牛客网、求职网站、公众号等获取，他特别推荐了实验室就业群，因为其中的招聘信息一般重点面向武汉大学甚至是专门面向实验室，求职成功率会比较高。简历投递时，需要突出重点，表明自己的优势，要根据不同的岗位进行调整。相对于互联网公司笔试比较常见的推导公式，银行系统的笔试更注重基础，英语、逻辑推理题、图表题、语言表达题都有涉及，基本没有经济类题目，题量特别大。结构化面试的题目多为前沿科技结合金融与经济的题目，需要在有限的时间内尽可能地多记录、多发表意见。在单独面试时，考官可能会特意给你一些压力，自信应对答不上来也没有太大的关系。提前了解对方企业的特点和业务，多提及一些和应聘岗位相匹配的内容。薪资、待遇、工作岗位和工作内容等可以在终面和 offer 面中谈到。

因为求职季招聘扎堆，王超建议大家明确自己的求职目标，可选择互联网、公务员、事业单位、国企/研究所、银行等中的 1~2 个方向，针对性地投简历。除了实习，心仪公司组织的训练营也建议参加，有些训练营通过可以提前拿到 offer。算法和数据结构的掌握是我们专业在找工作中的优势，学有余力的同学可以在这两个方面进行加强。

总体而言，银行加班较少，有更多时间从事其他活动，相对就是工资没有互联网企业高；招聘时的要求也比互联网行业要低，更注重基础和综合素质，技术前沿性没有互联网好；工作压力相对小，氛围相对宽松，对应的升职没有互联网行业快；福利更全面，隐形福利较多。

7. 选调生：另一种选择

王振林表示毕业之后在进行选择时需要综合多方面的因素考虑，包括南北方、大小城市、是否和男女朋友选择同一地方等的地域选择，和是否与本专业相关、国私企、工资待遇、工作强度等的工作方向选择。综合上述考虑，王振林根据自身情况，选择了去四川成都当一名选调生。

选调生是指各党委组织部门有计划地从高等院校选调品学兼优的应届大学本科及其以上毕业生到基层工作，作为党政领导干部后备人选和县级以上党政机关高素质的工作人员人选进行重点培养的群体。

选调生一般是先招人后定岗位，也有部分先公布岗位再进行人员招聘，而公务员一般都是先岗后人。选调生也属于公务员系统，主要有六点区别：一是报名条件不同，选调生除公务员条件外，须为应届毕业生，要求中共党员、学生干部等；二是培养目标不同，选调生是党政领导干部后备人选和县级以上党政机关高素质工作人员人选；三是选拔程序不同，选调生一般还需要院校党组织部门推荐；四是培养措施不同，选调生到基层工作采取岗位培训、脱产轮训等多种形式；五是管理使用不同，选调生要放到基层锻炼，人事权归组织部管辖，委托接收单位考评；六是发展前景不同，选调生是省、市、县委组织部掌握的后备干部。总结来说，选调生比公务员选拔要求更高，但是发展前景也更好。

选调生按区域可以分为中央选调、省级选调和市级选调。中央选调可以直接进入中央机关工作，要求比较高，需要学校推荐，推荐名额很有限，之后也会有更严格的招募考试。省级选调由各省省委组织部负责宣传、考试及招录工作。市级选调一般较少，由相应市委组织部负责相关工作。按性质可以分为定向选调、急需紧缺选调和普通选调。定向选调指面向"985 高校""211 高校"或"双一流高校"及境外知名高校进行的选拔。急需紧缺选调是在定向选调的基础上，面向紧需急缺专业名校毕业生，不过大部分专业在其中。普通选调面向省内外高校应届毕业生，要求相对较低。

王振林按时间顺序介绍了选调的流程。定向选调一般在每年 9～10 月发布选调生公告，普通选调会在来年 3 月发布第二批公告。在就业信息网获取消息后，就需要按要求提交报名材料，需满足相关要求条件。通过网上信息初审后，填写学校院系的报名推荐表。之后到指定考点参加笔试、面试和资格复审，部分省这三个部分有先后，部分省同时完成。笔试是行测加申论或者思维能力测试。面试一般为结构化面试，即针对题目发表观点。然后根据成绩、志愿、推荐意见等确定体检名单，到指定地点参加公务员体检，体检时一般就会签订三方协议。大约在来年的 4、5 月份，选调生录用名单在相关平台公示后确定。最后，组织部根据成绩、专业、个人报名意向及用人单位需求，合理安排岗位，大约 7 月初入职。一般在入职后会集中安排岗前培训，帮助适应工作内容。

选调生的笔试有行测和申论两个部分，行测包括言语理解、逻辑推理、数量关系、资料分析和常识题五个题型，全都是选择题，题量比较大，需要做得又快又准。王振林建议行测部分的准备阶段可以观看教学视频进行一些专题训练，到考前冲刺时做真题的计时训练。重点就是多刷题、多总结以及放平心态。申论的备考也可以观看教学视频，多关注社会热点。面试自信沉着，表达清晰通顺即可。

在招录、培训完成后，一般就是一年左右的实习工作，这期间所做的事情和公务员常做的类似。之后就是在基层的挂职锻炼，这个阶段至少两年，接下来就可以选择扎根基层或者回原单位。王振林表示这两种没有好坏之说，结合自身的实际情况和当时的心境做出选择即可。之后的晋升基本就是组织部根据你个人的定期考核结果，依据用人单位的需求来进行决断。

岗位发展方面，一般在工作一年后，本科定科员，硕士研究生定副科，博士研究生定正科。部分省份会给实际的职称，部分省份只是享受相应的待遇。作为后备干部，选调生提拔速度相比一般公务员较快。

王振林分享了自己在求职过程中的个人历程：感到自己对科研兴趣不高后放弃了硕博连读，选择了就业，并最终在综合了地域、个人技能、对工作强度的承受力和期望拥有的生活空间后，选择了走选调生的道路。王振林特别提到在面试阶段要多去尝试，不断积累经验，才能在较为关键的面试中游刃有余。

最后王振林给出了自己对同学们的寄语：适合你的才是最好的，若想赚大钱还是得去互联网企业；选调生是服务于人的，要守得住清贫，耐得了枯燥；如果你真的感到迷茫，不妨准备下行测和申论考试，这些知识和银行系统求职考试和国考的知识点都有较大重叠。

8. 问答环节

Q1：请问你在研究生阶段发表了什么样的论文，级别大概是怎样的？你在申请博士的时候，选择的导师的方向是什么？是具体的遥感的哪一块应用？还是去做开发？

蔡家骏：刚刚我讲的东西比较泛，因为我想分享一些比较通用的东西，并没有具体到哪一个研究方向。我申请的材料包含 2 篇 SCI 和 1 篇 EI，1 篇 SCI 是三区的，1 篇投的期刊应该是最近被降到三区，EI 就是普通的 EI。我的研究方向是遥感图像的融合，我找老师的时候了解到他做的是遥感图像的时空融合。所以我过去的话，可能还是继续做融合这方面的算法研究。

Q2：我有两个问题想了解一下。第一个就是你说的香港那边的高校对简历中的国家奖学金比较看重，我想问这个特指的是硕士研究生期间的吗？本科期间的国家奖学金是否可以写入简历？第二个问题是香港高校的奖学金待遇比较好，具体的项目可以讲解下吗？

蔡家骏：首先是国家奖学金，其实本科硕士都很重要，因为他们那边的老师都知道国奖的分量很重，本科能拿到说明你的 GPA 很高，硕士能拿到说明文章发得多或者成果比较多，如果有的话，两个都可以写。提到国奖，香港的老师都比较清楚，你写一些其他方面的东西，反而人家不太知道是什么。第二个问题，这个在网上可以查到，学校这边给的奖学金是接近 20 万港币一年，HKPFS 是 30 万港币一年。不过香港这边消费水平比较高，虽然有 20 万的奖学金，但是稍微住得一般一点，吃得正常一点，差不多都会用完。所以还是需要实际了解下学校周边的房租、食堂价位，综合考虑要不要去香港读博。

Q3：感谢四位嘉宾的分享，刚刚四位都有提到自我定位和选择的问题。我想问王超一个问题，在我的认知中，可能进入银行企业很多工作会很程序化，相对于互联网公司比较死板，会有些类似国企上升空间有限的问题，你对这方面是什么看法，或者有什么了解？

王超：金融科技岗中的信息科技岗上升很快，别的条线都是在行内部晋升，信息科技岗可能直接就把你提到总行任职。

8.3.15 境外访学分享——认识更好的自己

1. 人物名片

高华，测绘遥感信息工程国家重点实验室 2018 级博士；研究方向为 InSAR 地震反演；硕士期间以第一作者或通讯作者发表 SCI 论文 2 篇，合作发表 SCI 和 EI 论文 4 篇；曾获得国家奖学金、"优秀毕业生"、优秀毕业论文等荣誉；硕士期间曾在香港理工大学土地测量与地理资讯学系担任科研助理 9 个月。2018 年 12 月 4—8 日，随测绘遥感信息工程国家重点实验室与南极中心 8 位老师和其他 21 位博士研究生组团赴香港理工大学、香港浸会大学和香港中文大学三所高校交流访学；报告将以一个访学成员的视角介绍此次访学的行程、主要活动、收获与感悟。

冯鹏，测绘遥感信息工程国家重点实验室 2018 级博士，主要研究方向为深空探测中的介质改正。2017 年和 2018 年，跟随实验室外专千人 BARRIOT 教授赴法属波利尼西亚大溪地大地测量实验室访问学习。大溪地为法国海外领土，位于南太平洋，美丽又遥远，是旅游胜地，也是一个有趣的地球科学实验室。报告主要分享在大溪地的学习与见闻，以及小岛的人文和科学研究环境。

2. 香港的奇妙"旅行"

高华博士与大家分享的是 2018 年前往香港进行交流学习的经历，由实验室的 8 位老师及 20 位博士组团参与，前往香港理工大学、香港浸会大学及香港中文大学进行交流。

香港理工大学是全港人数最多的大学，有两万多名全日制及兼读制研究生。该校的土地测量与地理资讯学系是香港唯一的提供测绘与 GIS 高等教育的学系，该系共有来自不同文化背景的教师 15 名，实验室包括 GIS 实验室、制图实验室、计算机实验室、导航实验室、测量科学实验室、水道测量实验室及地籍测量实验室。重点研究领域是环境与灾害监测，综合导航与智能交通及数字城市关键技术等。

香港浸会大学的校徽由圣经、波浪和绳结组成，反映了该大学的宗教背景。该校地理系目前有 18 名全职学术和教学人员，研究内容包括人类、自然和技术地理学等领域。目前该系有 3 个研究中心，分别是中国城市与区域研究中心、亚洲能源研究中心及地球计算研究中心。

香港中文大学是全港唯一实行书院制的大学，所有中大全日制本科生都可选择一所书院，成为该院的一分子。该校十分重视通识教育，采用两文(中文、英文)三语(汉语、英语、粤语)的教学方式。香港中文大学的太空与地球信息科学研究所是中国国家遥感中心的香港基地，其基础为中国科学院暨香港中文大学地球信息科学联合实验室。

在介绍完三所大学的访学交流经验后，高华博士与我们分享了自己在香港做科研助理的经历，从吃、住、行等方面让我们更清晰地了解到香港的文化及生活。

3. 大溪地的美丽"旅行"

冯鹏博士向大家分享的是自己在 2017 年和 2018 年，跟随实验室外专千人 BARRIOT 教授赴法属波利尼西亚大溪地大地测量实验室访问学习的经历。

冯鹏博士首先介绍了自己在大溪地进行的科学研究，随后，向大家介绍了大溪地的基本情况、岛上的日常生活、法属波利尼西亚大学与 OGT 等内容。

法属波利尼西亚是法国海外领地，联合国非自治领土，绵延 2000 公里，有 118 个岛屿，主岛是大溪地，地处太平洋中心。岛上的 5% 人口为华裔，拥有一些华人商铺，如文华饭店、春和堂、信义堂等。

岛上有各种各样的动物和热带水果，特产是非常美丽的黑珍珠。在这里，一年分两季，雨季和"旱季"。服装非常简单，仅需短裤和拖鞋即可。食物以面包和生鱼片为主，由于地形崎岖，出行较为不便。

法属波利尼西亚大学拥有 4000 多名学生，40 位博士，涵盖海洋科学、地球科学、人类学、语言学等学科，冯鹏博士所在的实验室是 OGT(Observatory of Geodesy in Tahiti)。年终总结的会议上，也有一些具备当地特色的相关研究，例如计算机科学与黑珍珠自动识别、云的"记忆"等。

大溪地风雨变幻，阳光明媚，最后，冯鹏博士以数张大溪地的美丽彩虹结束了此次精彩的分享，祝福大家风雨之后终将见到彩虹。

4. 互动交流

Q1：请问去香港求学时，老师是否会在资金方面给予一定的支持？

高华：我在香港做科研助理时有工资，可以满足日常生活及求学的需求。

Q2：如果我想去香港求学，请问应该如何联系导师？

高华：有三种方式，第一，由自己的老师向香港那边的导师推荐，第二，看一些我们想联系的导师的文章，向其发邮件表达求学意愿。第三，自己发高质量的文章，吸引老师来联系你。

Q3：请问冯鹏博士为什么会选择去大溪地这个地方？

冯鹏：大溪地在太平洋中央，是我们做地球科学的一个研究站，BARRIOT 教授是 OGT 的主任，我借助这个机会去了那里。

Q4：请问大溪地是一个文化较为落后的地方吗？

冯鹏：这个问题，不能一概而论，在大溪地有很先进的地方，也有落后的传统习俗。例如他们的医疗教育免费，两层的宿舍也有无障碍电梯，停车场都有残疾人专用车位，但是存在部分女孩结婚生育年龄较小的情况。

Q5：在大溪地，是否会因为文化差异而难以融入当地的生活呢？

冯鹏：确实，大溪地本土文化与中国的文化差异非常大，体现在宗教、思维等各方面，但是由于当地人比较友好，暴力犯罪很少。而且身边有很多同样来自其他国家的同伴，大家都来自远方，融入当地生活并不困难。

参 考 文 献

[1]臧文君．新时代研究生教育质量保障体系建构：价值，挑战与路径[J]．中国成人教育，2021(06)：16-19.

[2]李芳．新文科背景下地方高校研究生培养质量提升探索[J]．教育教学论坛，2021(20)：4.

[3]任少波．以高质量党建引领卓越研究生教育，奋力培育心怀"国之大者"的时代新人[J]．中国研究生，2022(04)：13-16.

[4]张颖南．我国工科硕士研究生培养模式改革与实践研究[D]．哈尔滨：哈尔滨工业大学，2007.

[5]赵贺．我国工科硕士研究生科研能力培养问题研究[D]．沈阳：东北大学，2011.

[6]王亚青．近三十年国内研究生科研状况的研究述评[J]．华北电力大学学报(社会科学版)，2008(04)：124-127.

[7]董帆，傅敏，钟成华，等．提高工科研究生科研创新能力的培养模式及对策[J]．广州化工，2013，41(04)：187-188.

[8]马楠．基于课题培养研究生科研能力的研究[D]．南昌：江西师范大学，2010.

[9]刘琼．硕士研究生参与导师科研项目的现状研究[D]．上海：上海师范大学，2014.

[10]文潘多．硕士研究生探究感影响因素及培养研究[D]．上海：上海师范大学，2017.

[11]王建美．跨学科团队科研中研究生科研能力培养探究[D]．上海：复旦大学，2012.

[12]《科学研究方法与学术论文写作——理论·技巧·案例》[J]．西南林业大学学报，2012，32(03)：20.

[13]叶宾，解晓芬．中德理工科博士生培养和教育的比较与思考[J]．中国电力教育，2014(06)：13-14.

[14]解茂昭．从传统走向未来——德国研究生教育的特点、动向及其启示[J]．郑州：学位与研究生教育，1996(06)：60-64.

[15]贾萌萌．河南大学硕士研究生科研能力分析[D]．郑州：河南大学，2014.

[16]廉波．中医学研究生科研创新能力培养的研究[D]．北京：中国中医科学院，2021.

[17]杨春梅，陶红．论研究生课程学习与科研训练的整合[J]．学位与研究生教育，2008(03)：9-12.

[18]周光召．科学技术与建设精神文明[J]．瞭望新闻周刊，1999(44)：6-7.

[19]睦平．两大科研实验室的主研究方向选择与转变比较——卡文迪许实验室和贝尔实验室创新机制的比较研究[J]．实验室研究与探索，2011，30(11)：95-99.

[20]信忠保．青年教师的科研方向规划[J]．科技导报，2017，35(09)：111.

[21]熊英．浅析导师对研究生培养的作用[J]．文学界(理论版)，2011(11)：229-230．

[22]陶诚，张志强，陈云伟．关于我国建设基础科学研究强国的若干思考[J]．世界科技研究与发展，2019，41(01)：1-15．

[23]蔡翔．硕士论文选题应注意的几个问题[J]．高等工程教育研究，2004(03)：57-59．

[24]雷伟伟，袁占良．研究生学位论文选题与创新能力培养[J]．中国电力教育，2008(15)：56-57．

[25]严汇．论硕士研究生学位论文质量保障体系的建设[J]．宁波教育学院学报，2012，14(04)：8-10．

[26]徐金平，韩延伦．当前硕士研究生学位论文选题存在的问题及建议[J]．学位与研究生教育，2006(01)：42-45．

[27]刘浴辉，向东，陈少才．从牛津大学实验室安全管理看可操作性的重要作用[J]．实验室研究与探索，2011，30(08)：181-185．

[28]周玉芝，刘钟，任凤英．基于学术诚信的高校图书馆用户教育职能的拓展研究[J]．河北农业大学学报(农林教育版)，2012，14(01)：125-128．

[29]汤曾．浅议学术诚信[J]．广西社会科学，2004(03)：33-35．

[30]卫一格．基于大学生学科竞赛活动对高校人才培养的影响研究[J]．产业与科技论坛，2022，21(10)：178-180．

[31]徐辉，王冬晓．大学生学科竞赛的实践[J]．实验室研究与探索，2012，31(10)：141-143，149．

[32]朱艳红，曹晓莹，李群．地方工科高校硕士研究生科研与实践能力培养探索[J]．教育教学论坛，2019(24)：128-129．

[33]王振中．谈谈研究生学位论文的组织和写作原则[J]．学位与研究生教育，2008(01)：7-9．

[34]杨院，王荧婷．我国硕士研究生毕业去向及趋势研究——基于教育部直属高校2014—2018年数据的分析[J]．研究生教育研究，2020(05)：58-65，73．

[35]高耀，乔文琦，杨佳乐．一流大学的博士去了哪里——X大学2011—2015年博士毕业生就业趋势分析[J]．学位与研究生教育，2021(03)：53-60．

[36]蒋琳．职业生涯规划在大学生就业指导工作中的研究[J]．文化创新比较研究，2020，4(30)：40-42．

[37]张波．创意时代知识产权的伦理性之争[J]．创意与设计，2019(06)：72-77．